John Knox

존 녹스

하나님과 역사 앞에 살았던 진리의 나팔수

존 녹스

하나님과 역사 앞에 살았던 진리의 나팔수

김요섭 지음

익투스

| 추천사 |

박용규 (총신대학교 신학대학원 역사신학 교수, 한국기독교사연구소 소장)

 하나님과 역사 앞에 살았던 개혁자 존 녹스. 한국교회는 장로교의 아버지요, 스코틀랜드 개혁자 존 녹스에 대한 전기를 오랫동안 기다려 왔다. 종교개혁자 존 녹스는 하나님 앞에 서는 것과 역사 앞에 서는 것을 별개로 이해하지 않았다. 신사참배반대운동의 주역이자 참 목회자로 모든 이들의 존경을 받는 주기철 목사님에게 가장 지대한 영향을 미친 인물은 초대교회 교부 폴리갑과 존 녹스였다. 또한 녹스는 종교개혁의 이상을 구현하여 한 국가와 사회를 바꾼 사람이다. 그럼에도 불구하고 제네바의 개혁자 존 칼빈의 그늘에 가려 한국에서는 제대로 빛을 보지 못했던 것이 사실이다. 이번 김요섭 교수의 『존 녹스』는 그런 의미에서 매우 값진 선물을 한국교회에 제공해준 셈이다.

김 교수는 존 녹스를 '개혁자'라는 본질적인 성격에 초점을 맞추어 개혁자로의 부르심, 개혁자로의 성장, 개혁자의 사역, 그리고 개혁자의 헌신이라는 네 가지 주제로 그의 생애를 조명하였다. 특히 저자는 종교개혁이 본질적으로 신앙회복운동이었다는 종교개혁에 대한 역사적 해석에 기초하면서도 해박한 전문성을 가지고 존 녹스의 삶을 아주 훌륭하게 조명하였다. 교회사를 전공하고 존 칼빈의 교회론으로 박사학위를 받은 저자의 해박한 종교개혁의 배경 지식이 본서를 더욱 빛나게 한다.

　본서는 장로교의 아버지요, 진정한 종교개혁자 존 녹스가 시대를 넘어 오늘의 한국교회에 주는 깊은 교훈을 되새기게 만들어준다. 녹스는 자기 자신을 드러내지 않고 오직 하나님의 영광을 위하여 자신의 온 생애를 불태웠다. 이름 없이 묻혀 있는 그의 모습은 시대를 넘어 우리 모두에게 귀감이 되고 있다.

　본서는 종교개혁이 오늘을 살아가는 우리 모두에게 무엇을 의미하는지를 교훈해준다. 개혁신학을 외치면서도 정작 종교개혁의 전통에 충실하지 못한 한국교회의 모습을 지적하는 저자의 예리함이 돋보인다. 한국장로교는 존 녹스에 의해 시작된 장로교회의 아름다운 전통을 계승하고 더욱 발전시킬 시대적 사명을 부여받았다. 따라서 본서가 한국교회를 한 단계 더 성숙하게 만드는 작은 밑거름이 되길 간절히 바란다. 종교개혁 502주년을 맞는 이 중요한 때 녹스의 전기가 출간된 것은 참으로 감사하고 고무적인 일이다.

박영실 (총신대학교 신학대학원 역사신학 교수)

오래전에 나는 장로교회사를 가르친 적이 있는데 당시 장로교 역사에서 큰 비중을 차지하는 스코틀랜드 교회와 존 녹스에 관해 일목요연하게 소개하는 책을 찾지 못해 안타까웠던 적이 있다. 만약 김요섭 교수의 존 녹스 평전이 그 때 있었더라면 매우 반가웠을 것이다.

나는 장로교 정치가 성경적 그리고 역사적 우선성을 지녔다고 믿는다. 스코틀랜드는 국가적 차원에서 장로교의 제도적 정착이 실험되었던 곳이며 존 녹스를 모르고는 스코틀랜드 교회사를 제대로 안다고 말할 수 없을 것이다. 존 녹스에게는 신앙적 정통성과 "마음을 다하고 목숨을 다하고 뜻을 다하는" 치열한 삶이 있기 때문에 그에 대한 평전은 한국 장로교 이해를 위해서 대단히 의미 있는 생산적 작업이라 할 수 있다.

본 녹스 평전은 신학도의 참고서가 될 수 있으리만큼 학문적 깊이가 있는가 하면 평신도도 쉽게 읽을 수 있도록 저술된 책이다. 본서는 다음 두 가지 점에서 학문성을 확보했다. 첫째는 매우 가치 있는 연구사(硏究史)를 제시했다는 점이고, 둘째는 녹스의 관한 이야기를 그 사상 원전(原典)을 바탕으로 기술해 간다는 점이다. 필자는 간략한 연구사를 제시함으로 녹스의 집필 작업이 어떤 기조에서 이루어졌는지를 분명히 드러낸다.

역사적 연구물을 편찬한다는 것은 본질적으로 다른 사람들의 어깨 위에 올라서는 것이라고 하지 않는가? 필자는 녹스의 글을 인용하거나 참조할 때 그의 생애와 사상에 관해서 가장 권위 있는 원전인 랭(David Laing)의 『녹스 저작전집』과 디킨슨(William C. Dickinson)이 편집한 존 녹스의 『스코틀랜드 종교개혁의 역사』를 사용하고 있다. 역사는 기본적으로 믿을 만한 자료에 기초해야 한다.

일찍이 역사학자 카(E. H. Carr)는 역사를 과거와 현재의 끊임없는 대화로 규정했다. 하지만 자료와 그 해석은 별개의 작업으로 해석은 자료에 기초해야 하고 자료는 해석에 의해 되살아나야 한다. 그런데 본서의 저자는 이런 전기류의 작품들이 빈번하게 범하는 칭송 일변도의 오류에 빠지지 않았다. 예를 들어 녹스는 자기 시대의 여성 통치를 비판한다. 이 점은 녹스의 시대적 상황 속에서 이해되어야 하지만 필자는 녹스가 가졌던 편견을 보여준다는 여러 연구자들의 보편적인 시각을 유지한다. 이 외에도 수려한 문장, 깔끔한 삽화, 참신한 사진들은 이 책을 쉽게 손에서 놓지 못하게 하는 매력이 있다.

나는 종교개혁자 존 녹스에 관한 참신한 평전이 출간됨을 축하한다. 그리고 이 책은 지속적으로 읽혀질 책이 되리라 믿는다. 스코틀랜드의 교회사나 존 녹스에 대해서 알고자 하는 이들은 이 책을 읽으면서 이해를 시작하는 것이 좋을 것이다.

정원래 (총신대학교 신학대학원 역사신학 교수)

종교개혁 이후 500년이 지난 오늘날 한국교회에 주는 의미와 과제 등에 대한 많은 담론에도 불구하고, 유행처럼 종교개혁자들의 삶과 신학에 대한 찬사와 환호가 있다. 하지만 그것이 한국교회와 성도들의 삶에 실질적인 변화를 가져왔을까? 김요섭 교수의 『존 녹스』 평전을 읽으며 스스로 반추해 본다.

김요섭 교수의 저서 『존 녹스』는 존 녹스의 다양한 삶의 경험과 고난 속에서 신앙이 연단되고 참된 개혁자로서 부름 받음과 성장 그리고 그가 교회와 사회 속에서 보여준 헌신과 활동을 매우 역동적으로 잘 그려주고 있다. 이처럼 역사적 인물의 생애와 사상, 활동을 잘 정돈하고, 간결하면서도 쉽게 이해 되도록 한 권에 잘 담아내고 있는 저술도 찾기 어렵다. 이전에 등장한 존 녹스에 관한 어떠한 저술보다도 '하나님의 영광'을 위해 정진했던 그의 삶을 풍성히 드러내며 많은 도전을 준다.

그러면서도 그는 역사적 탐구가 결코 과거의 것들을 살펴보는 것에만 있는 것이 아니라 현재적 과제도 있음을 잘 보여준다. 김요섭 교수는 존 녹스에게서 시작된 신학적·교회적 개혁이 많은 결과를 낳기도 하였지만, 아직도 남아 있는 개혁의 지속에 대한 주의를 촉구함으로 우리의 과제에 대하여도 사유하도록 촉구한다.

| 저자서문 |

오늘날 종교개혁은 개신교회의 위대한 사건으로 기념되며 종교개혁자들은 일종의 영웅으로 추앙받고 있습니다. 그러나 사실 500년 전 종교개혁자들은 내일을 예측할 수 없는 두려움, 끊임없는 비난과 회유로 인한 고뇌와 갈등을 경험했던 우리와 똑같은 사람들이었습니다. 그들이 외쳤던 '종교개혁'의 대의 역시 그 당시에는 성공 여부를 확신할 수 없는 위험한 도전이었습니다. 그러나 이 모든 어려움과 불확실성에도 불구하고 하나님 말씀의 진리에 대한 열심과 구원의 은혜에 대한 감격은 소심했던 수도사와 젊은 대학생 그리고 시골 출신의 하급사제를 종교개혁자의 삶으로 이끌었습니다.

그런 의미에서 종교개혁의 후예임을 자처하는 21세기 한국교회에 필요한 것은 종교개혁의 역사적 유산을 누가 더 많이 이어받았는지를 경쟁하거나, 자신의 종교적 성취를 자랑하거나, 해마다 이슈를 선점해서 상품화하려는 노력이 되어서는 안 됩니다. 우리에게 필요한 태도는 종교개혁자들이 보여준 신앙적 결단과 자기 부인의 헌신입니다. 우리가 살펴볼 종교개혁자 존 녹스는 하나님의 영광을 드러내려는 종교개혁을 위해 헌신했습니다. 그에게는 당대나 후대에 자신의 이름을 남기려는 욕망조차 자기 부인을 위한 영적 싸움의 한 과제였습니다.

이 책이 완성되는 데에는 많은 분들의 도움이 있었습니다. 가장 먼저 늘 변함없이 기도와 충고로 격려해주시는 부모님과 여러 차례 글쓰기 전공자로서의 전문적 능력을 통해 책의 각 문장을 다듬고 교정을 보아준 아내에게 감사의 마음을 전합니다. 또한 종교개혁 연구를 처음 격려해주시고 퇴임 이후 뒤를 이어 이 과목을 강의하게 해주신 은사 박건택 교수님께 감사드립니다. 더불어 지난 2년간의 어려운 상황 속에서도 자주 시간을 내어 만나주시고 위로와 충고를 아낌없이 베풀어주신 총신대학교 신학대학원 교회사학과의 은사 박용규 교수님과 박영실 교수님 그리고 선배 정원래 교수님께 진심으로 감사의 마음을 전합니다. 부족한 제자와 후배를 동역자로 여겨주시고 추천사를 부탁드렸을 때 흔쾌히 응해주신 세 분의 격려가 없었다면 이 책은 세상에 나올 수 없었을 것입니다. 또 스코틀랜드를 직접 방문해 존 녹스와 종교개혁의 유산을 돌아보며 자료와 필요한 사진을 확보하는 여정에 동행하여 격려와 조언을 아끼지 않고 해준 선배 김재윤 교수님께도 감사의 마음을 전합니다. 그리고 마지막으로 제가 맞이했던 어려운 여건을 배려해주셔서 집필이 완료되기를 기다려주시고 적극 지원해주신 총회교육출판국에도 진심으로 감사를 드립니다.

이 전기 출간을 통해 16년 전 에딘버러 대학의 뉴컬리지 교정을 오가면서 존 녹스의 동상을 바라보며 그를 향해 가졌던 마음의 빚을 조금이라도 갚은 느낌입니다. 모쪼록 한국교회가 종교개혁의 본질을 재확인하고, 특별히 장로교회 제도의 역사적 유산과 신학적 기초를 바르게 살피는 바른 개혁의 시도에 이 전기가 작은 보탬이 되기를 기도합니다.

2019년 7월
양지에서 김요섭

차례

추천사　5
저자서문　11

서론　19

Chapter 01
개혁자로의 부르심　31
출생 - 종교개혁자의 삶 | 33
배경 - 스코틀랜드의 종교와 정치 상황 | 38
교육 - 새로운 사상들 | 48
회심 - 위샤트의 순교 | 54
소명 - 세인트앤드루스 반란 | 59
연단 - 프랑스 갤리선의 노예 | 76
성장 - 잉글랜드 사역 | 84
가정 - 신앙적 교제와 결혼 | 90
예배 - 잉글랜드 국교회 예배의 개혁 | 96
갈등 - 흑주 사건 | 107
좌절 - 로마 가톨릭의 복구 | 117

Chapter 02
개혁자로의 성장   125
망명 – 프랑스로 피난 | 127

방문 – 스위스 개혁자들과의 만남 | 132

편지 – 잉글랜드를 향한 목회서신 | 137

사역 – 프랑크푸르트 피난민 교회 목회 | 147

대립 – 예배 개혁 시도의 의의 | 157

회복 – 제네바 피난민 교회 목회 | 167

모험 – 스코틀랜드 방문 설교 사역 | 186

외침 – 정치적 저술들 | 198

차례

Chapter 03
개혁자의 사역   211

귀국 - 스코틀랜드로의 복귀 | 213

전투 - 양 진영의 군사적 충돌 | 219

외교 - 외교적 대화 시도와 정치적 노력 | 231

설전 - 정치적 혼란 속에서의 설교 사역 | 238

승리 - 개신교 국가 수립 | 248

기준 - 스코틀랜드 신앙고백의 배경과 내용 | 258

방안 - 제1 치리서의 배경과 내용 | 273

충돌 - 스코틀랜드 귀족들의 미온적 태도 | 289

Chapter 04

개혁자의 헌신 297

본분 - 스코틀랜드 장로교회의 개혁시도 | 299

위기 - 여왕의 귀국으로 인한 새로운 위기 | 309

공세 - 종교개혁에 대한 위협과 반대 | 315

충언 - 메리 여왕과의 대화 | 322

변호 - 종교개혁의 정당성 옹호 | 330

몰락 - 메리 여왕의 실각 | 339

혼란 - 개신교 지도자들의 권력 투쟁 | 348

결별 - 정치 지도자들과의 의견 대립 | 358

후퇴 - 세인트앤드루스로 이주와 논쟁들 | 366

유산 - 에딘버러 복귀와 마지막 시간들 | 374

결론 379

서론

서론

종교개혁자들은 당대의 기독교 종교를 "개혁"(reformation)하려 했다. 인간성 계발과 사회적 진보를 위한 개선 제안이나 파괴적 혁명 시도는 16세기 개신교 종교개혁의 길이 아니었다. 종교개혁자들이 추구한 개혁은 근본적으로 회복, 혹은 본래의 원천으로(ad fontes) 돌아감을 의미한다.

종교개혁 502년이라는 변화의 시점에 존 녹스(John Knox)의 삶과 사상을 돌아보는 것은 무슨 의미가 있을까?[1] 사실 2017년 종교개혁 500주년을 각종 행사와 출판으로 기념했던

---

1) 이 책에서는 "존 녹스"라는 호칭을 사용하려 한다. John Knox는 한글 발음상 여러 가지 표기가 가능하기 때문에 특정 호칭만이 옳다고 논쟁을 벌이는 것은 무의미하며 소모적이다. 다만 "잔 낙스"라는 미국식 표기나 "존 낙스"라는 혼합식 표기보다는 Knox의 모국인 오늘날 영국식 발음을 통일성 있게 적용하는 것이 더 타당하고 생각된다. Jean Calvin의 경우에는 Calvin의 고국인 불어식 "장 칼뱅"보다는 국내 독자들에게 훨씬 더 익숙한 "칼빈"이라는 호칭을 사용한다. "Calvin"은 "Calvinus"라는 필명의 약자로서 그가 "꼬뱅(Cauvin)"이라는 본래 이름을 여러 나라의 독자들을 위해 라틴어식으로 표기한 것이다. 따라서 16세기 당시에도 Calvinus라는 이름을 접했던 여러 나라의 독자들은 각 나라의 편의대로 이 이름을 발음했을 것으로 볼 수 있다.

열띤 분위기는 불과 2년 만에 민망할 정도로 잦아들었다. 또 다른 기념비적 사건과 인물을 찾아 행사를 치르고 관련 서적을 발간하는 동안 이제 500주년 기념을 끝낸 열기는 한 구석으로 밀려나 잊혀가고 있다. 이제 종교개혁은 600주년이 될 92년 후에나 다시 창고에서 끄집어내 기념할 과거의 유산일 뿐인가?

그렇지 않다. 첫째, 16세기 유럽의 종교개혁은 500여 년 전의 과거사에 불과하다고 외면하기에는 여전히 한국교회의 역사적·신학적 정체성의 든든한 뿌리이다. 둘째, 종교개혁자들이 재조명했던 성경의 진리와 그 진리를 기준으로 삼은 "계속되어야 할 개혁"의 명분은 시대와 지역을 뛰어넘는 보편타당한 신앙의 본질이다. 셋째, 21세기 한국교회의 문제 많은 현실은 종교개혁의 역사적 정체성과 지속적 개혁이라는 보편적 대의를 여전히 요청하고 있다. 개혁은 단순한 명분이 아니라 이 시대 한국교회의 절박한 현실이다. 500주년인가 아니면 502주년인가의 숫자놀음이 의미가 없는 것은 우리 교회의 현실이 기념에 머물 수 없는 개혁의 절박한 요구 앞에 서 있기 때문이다.

혹자는 아무 일도 일어나지 않았기 때문에 한국교회의 종교개혁 기념은 실패했다고 말한다. 그러나 많은 행사와 일정에도 불구하고 종교개혁을 '기념'하는 데 성공하지 못한 것은 아무 변화도 나타나지 않았기 때문이라기보다는 자신의 사적인 목적에 따라 종교개혁을 정의하고 남용하는 데 몰두하는 동안 정작 16세기 종교개혁을 '기념'하는 데 실패했기 때문이 아닐까? 종교개혁을 빌미로 삼아 각 교회의 각성과 재성장, 교인 개개인 권리 확보와 교회의 민주화, 기독교 인문학 혹은 기독교 사상의 진작, 경제적 변화와 세속 정치의 변화에서 남북통일, 심지어 자신의 이름을 내려는 사적인 자아실현 추구에 이르기까지 너무 많은 이야기를 펼치는 가운데 종교개혁은 반성과 변화를 요구했던 '개혁운동'이었다는 당연한 사실을 혹시 놓쳐버린 것은 아닌지 도리어 '반성'해야 하지 않을까?

16세기 개혁자들이 추구했던 '종교개혁'은 기본적으로 신앙회복운동이었다. 어쩌면 너무 뻔한 이 명제를 녹스의 전기를 시작하면서 새삼 다시 말하는 것은 종교개혁 500주년 기념의 열기가 사그라진 지금에서야 종교개혁의 근본적 성격을 확인할 수 있으리라 기대하기 때문이다. 16세기 종교개혁자들에게 종교(religio)는 단순한 개인의 신앙적 취향이나 추상적인 이념 체계가 아니었다. 츠빙글리가 그의 개혁의 내용을 제시하기 위해 저술한 책의 제목인 『참 종교와 거짓 종교에 대한 주해』(*Commentarius de Vera et Falsa Religone*)와 칼빈이 여러 차례 걸쳐 증보한 저작의 본래 제목인 『기독교 종교에 대한 강요』(Institutio Christinae Religionis)가 대변하듯이 종교개혁자들은 '참된 기독교 종교'의 의미와 회복을 궁극의 사명으로 삼았다. 개혁자들에게 '종교'란 삼위일체 하나님에 대한 바른 지식과 그 지식에 따라 인간이 마땅히 가져야 할 합당한 반응 전체를 일컫는 포괄적이며 신앙적 개념이었다. 종교개혁자들이 개혁하려 한 '종교'는 개인의 신앙생활, 교회의 구조와 예배 그리고 기독교가 이 세상 속에서 가지고 보여주어야 할 태도와 메시지를 모두 포괄하는 개념이었다. 그런 의미에서 종교개혁은 가장 먼저는 '하나님 앞에서'(coram Deo) 신자와 교회의 태도를 올바르게 바로잡는 신앙적 운동이었다. 그리고 이어서 하나님 앞에서 가져야 할 '종교'와 관련된 여러 영역을 변화시키려 한 시도였다고 말할 수 있다.

종교개혁자들은 당대의 기독교 종교를 '개혁'(reformation)하려 했다. 인간성 계발과 사회적 진보를 위한 개선 제안이나 파괴적 혁명 시도는 16세기 개신교 종교개혁의 길이 아니었다. 종교개혁자들이 추구한 개혁은 근본적으로 회복, 혹은 본래의 원천으로(ad fontes) 돌아감을 의미한다. 근본적 회복으로서의 개혁은 외형적 수정이나 개별 구성원들의 개선에 그치는 수준을 넘어서 기독교 종교의 근본을 다루겠다는 의미이다. 그런 이해로 인해 루터는 인간 자유의지의 가능성을 포기하지 않았던 에라스무스와 함께 할 수 없었으며 칼빈은 자신의 첫 작품 『세네카 관용론 주석』의 인문주의와 결별할 수밖에 없었다. 다른 한편 원천으로의 복귀를 의미하는 개혁은 성경의 분명한 가르침과 더불어 그 가르침에 충실한 초대 교회의 모범까지를 기독교 종교 회복의 기준으로 삼았다. 이는 종교개혁자들이 추구한 개혁이 기존의 모든 가르침과 질서를 부정하고 완전히 새로운 계시 종교를 수립하려 한 급진 세력의 시도와는 분명 다른 길이었음을 의미한다. 성경의 가르침을 재확인하고 그 기준에 따라 끊임없이 과거의 유산과 현재의 모습과 미래에 대한 계획을 점검하고 반성하는 것이 종교개혁이 추구했던 "오직 성경으로"(sola scriptura)였다. "오직 성경으로"의 원칙 하에서 교회의 과거와 현재 그리고 미래를 점검했을 때 개혁의 대상인 오류와 왜곡이 적나라하게 드러났다. 다른 한편 "오직 성경으로"의 원칙으로 인해 교회를 보존하셨고 지속적으로 지켜주실 하나님의 은혜를 확인하고 소망 가운데 다시 개혁의 길로 나아갈 수 있었다. 이 점에서 종교개혁은 반성적이며 동시에 건설적이었다.

종교개혁은 16세기 서유럽의 독특한 상황에서 전개된 시대적 운동이었다. 녹스가 활동했던 16세기 스코틀랜드 역시 다른 여러 유럽의 국가들처럼 정치·사회적 변화를 맞이했다. 유서 깊은 스코틀랜드 내학들에서도 내륙에서 유입된 인문주의가 가르쳐지기 시작했고 그 물결과 함께 독일과 스위스에서 유학하고 돌아온 학자들을 통해 종교개혁 신앙이 도입되었다. 비록 지중해 연안의 무역도시들처럼 활발한 경제·사회적 변화가 일어났다고 할 수는 없지만 스코틀랜드 역시 도시를 중심으로 상업과 수공업에 종사하는 자유 시민 계급이 나타났다. 16세기 종교개혁을 맞이한 스코틀랜드를 이해하기 위해 놓치지 말아야 할 특징은 스코틀랜드의 유구한 씨족(clan) 사회로서의 특징과 이웃나라 잉글랜드와의 애증관계이다. 스코틀랜드는 특유의 타탄(tartan) 문양으로 각자의 정체성을 대변했던 씨족 가문들이 상호 협조 혹은 적대 관계를 맺으며 발전해온 지역 권력이 강한 국가였다. 왕실은 존재했지만 스코틀랜드 전체를 통치한 중앙집권적 권력을 수립하기 어려웠다. 잉글랜드는 프랑스와의 백년전쟁(1337-1453)과 장미전쟁(1455-1485)을 거치면서 스코틀랜드와 비교할 때 더 강력한 왕실 중심의 중앙집권화로 나아가고 있었다. 잉글랜드는 북쪽 이웃 스코틀랜드와는 또 다른 섬나라 아일랜드처럼 서로 동등한 관계보다는 잉글랜드의 우위를 지키는 지배-종속적 관계를 유지하려 했다. 이에 맞서 스코틀랜드는 때로는 아일랜드와 때로는 프랑스와 우호 관계를 강화했다. 그러나 때때로 잉글랜드를 새로운 동맹으로 설정하기도 했다. 이와 같은 씨족 중심의 스코틀랜드의 권력 구조와 잉글랜드와의 관계를 중심으로 한 국제 외교적 관계가 16세기 스코틀랜드 종교개혁을 이해하는 데 가장 중요한 배경을 이루었다. 녹스의 종교개혁을 바르게 평가하려면 우선 그의 개혁 사상과 활동을 16세기 스코틀랜드의 복잡한 정치적·외교적 상황이 만들어낸 세속적 욕구 가운데 바른 신앙을 회복하려 한 개혁운동으로 이해해야 할 것이다.

존 녹스 하우스의 스테인드글라스

녹스의 사상과 활동에 대한 다양한 해석의 관점은 많은 전기들을 양산해 왔다. 그 가운데 녹스가 스스로 기록한 『스코틀랜드 종교개혁의 역사』는 여전히 녹스의 생애와 사상 그리고 그 역사적 상황을 이해하는 데 가장 풍부하고 유용한 자료이다. 19세기 랭(David Laing)이 6권으로 편집한 『녹스 저작 전집』(The Works of John Knox)은 『역사』뿐 아니라 녹스의 주요 저작을 대부분 포함하고 있다.[2] 본 전기는 녹스의 글을 인용

---

2) David Laing (ed.), *The Works of John Knox*, 6 vols. (Edinburgh: Wodrow Society, 1846-1848), 이하 본문에서는 Works로 표기하고 이후 인용한 출처의 권과 페이지를 밝힌다.

할 때 랭의 저작선집을 기본적인 판본으로 사용할 것이다. 다만 랭의 편집본이 16세기 고영어를 그대로 사용하기 때문에 『역사』를 인용할 때에는 디킨슨(Dickinson)이 2권으로 정리해 현대 영어로 편집한 본문이 더 유용하다.[3]

녹스의 생애에 대한 여러 전기들도 이미 많이 출간되었다. 일찍이 녹스와 함께 동역했던 비서 반나타인(Richard Bannatyne, ?-1605)과 16세기 후반 스코틀랜드 장로교의 확립을 위해 삼촌인 앤드루 멜빌(Andrew Melville, 1545-1622)과 함께 동역했던 제임스 멜빌(James Melville, 1556-1614)은 직접 경험하고 목격한 녹스에 대한 전기적 기록을 남겼다.[4] 19세기에 들어서 로리머(Peter Lorimer)의 고전적 전기에 이어 1937년 등장한 퍼시(Eustace Percy)의 전기는 개혁자의 생애와 업적에 대한 일방적 칭송보다는 영국 국교회의 입장에서 객관적이며 비판적인 시각으로 녹스의 사상과 활동을 평가했다.[5] 20세기에는 1967

---

3) William C. Dickinson (ed.), *John Knox's History of the Reformation in Scotland*, 2 vols. (London: Nelson, 1949). 이하 History로 표기하고 인용한 출처의 권과 페이지를 밝힌다.
4) Richard Bannatyne, *Memorials of Transactions in Scotland* (Edinburgh: Edinburgh Printing Company, 1836); James Melville, *The Autobiography and Diary of Mr James Melville*, ed. Robert Pitcairn (Edinburgh: Wodrow Society, 1841).
5) Peter Lorimer, *John Knox and the Church of England* (London: Henry S. King & Co, 1875); Eustace Percy, John Knox (London: Hodder and

년 프랑스어로 출간된 얀톤(Pierre Janton)의 전기와 1968년 출간된 리들리(Jasper Ridley)의 전기가 실증적 관점에 입각해 녹스의 생애와 사상을 객관적으로 조망했다.[6] 1982년 스코틀랜드 종교개혁과 녹스에 대한 여러 논문을 발표했던 캐나다 학자 리드(Stanford W. Reid)는 장로교 신학의 관점에서 설교자로서 녹스의 삶을 조명하고 그의 개혁 사상을 해석했다.[7] 이 전기는 분명 녹스에 대한 우호적인 평가를 보여주지만 그 평가를 확실한 문헌 자료로서 뒷받침한다는 점에서 녹스 이해에 유용한 자료로 남아 있다. 리드의 뒤를 이어 21세기 초까지 활발하게 녹스의 생애와 사상을 연구해온 카일(Richard G. Kyle)은 존슨(Dale W. Johnson)과 함께 편집한 개론적 전기와 카일 자신의 연구 논문들을 묶어 편집한 전기에서 더 포괄적이고 객관적인 관점을 가지고 녹스의 사상을 분석 평가했다.[8] 카일이 조금 더 특정 주제에 집중해 학문적인 관심에서

Stoughton, 1937).

6) Pierre Janton, *John Knox: L'homme et l'oeuvre* (Paris: Didier, 1967); Jasper Ridley, *John Knox* (Oxford: Oxford University Press, 1968).

7) Stanford W. Reid, *Trumpeter of God: A Biography of John Knox* (Grand Rapids: Baker, 1982), 『하나님의 나팔수 존 낙스의 생애와 사상』, 서영일 역 (서울: CLC, 2016).

8) Richard G. Kyle and Johnston, Dale W., *John Knox: An Introduction to His Life and Works* (Eugene: Wipf & Stock, 2009); Richard G. Kyle, *God's Watchman: John Knox's Faith and Vocation* (Eugene: Wipf & Stock, 2014).

전기를 출간했다면 마샬(Rosalind K. Marshall)은 여성 특유의 관점에서 녹스의 생애를 조망하는 읽기 쉬운 평전을 출간했다.[9] 가장 최근에는 에딘버러 대학의 교회사 교수인 도슨(Jane Dawson)이 자신이 발견한 녹스의 서신을 바탕으로 지난 전기들의 관점과 기여들을 반영한 녹스 전기를 출판했다.[10]

본 전기는 장로교회 신학의 입장을 대변하는 리드의 전기와 더불어 최근에 출간된 녹스 전기가 제공한 유용한 정보들을 다수 사용했다. 본 전기는 이 두 전기가 공통적으로 취한 녹스에 대한 신학적 평가에 기본적으로 공감한다. 다만 한국교회, 특히 오늘날 한국장로교회의 상황을 염두에 두고 존 녹스의 개혁 사상과 개혁을 위한 노력이 오늘날 우리에게 남겨줄 수 있는 의의를 곳곳에 제시하는 데에도 관심을 기울였다. 이 관심은 녹스 자신의 의도나 역사적 해석의 권위 있는 견해라기보다는 저자가 제안하는 적용 차원의 의견으로 이해하면 충분할 것이다.

---

9) Rosalind K. Marshall, John Knox (Edinburgh: Birlinn, 2000).
10) Jane Dawson, *John Knox* (New Haven: Yale University Press, 2015).

1
개혁자로의 부르심

세인트앤드루스의 세인트메리스 대학

Chapter 01

개혁자로의 부르심

누구라도 지금 이 자리에서 제가 성경이나 교부 혹은 교회 역사가 기록하고 있는 것과 달리 억지 주장을 했다고 말한다면 충분한 증인들과 함께 저에게 찾아오시기 바랍니다.

출생 – 종교개혁자의 삶

서구 유럽 사회는 15세기 후반부터 새로운 지리적 확장과 사상의 변화를 경험했다. 십자군 전쟁이 종식된 이후 막혀 있던 동쪽 육상 무역로가 열렸을 뿐 아니라 용감한 탐험가들에 의해 서쪽 대서양 해상로도 열렸다. 새로운 문화권과의 접촉은 유럽 지성인들에게 자신들의 정체성에 대해 질문하게 만들었다. 그리하여 그들이 이 질문에 대한 답을 찾기 위해 눈을 돌린 곳은 중세 이전 과거 그리스·로마의 문화였다. 고대 그리스·로마 문명에 대한 재조명은 '새로운 단생', 곧 르네상스 운동의 시작점이었다. 르네상스는 새로운 문화를 가장 활발하게 접촉했을 뿐 아니라 고대 그리스·로마 시대의 유산을 가장 잘 간직하고 있던 이탈리아로부터 시작되었다. 많은 문필가와 화가, 사상가들이 르네상스의 이상을 추구했다. 대학 사이의 학문적 교류, 상인들을 통한 자료들의 유통, 무엇보다 새로움을 향한 열망의 공유를 통해 르네상스는 알프스를 넘어 유럽 전체로 확산되었다. 그리고 새로운 재발견으로 인해 그동안 유럽을 지배하던 중세시대 스콜라적 세계관이 흔들리기 시작했다. 바야흐로 15세기 후반 서유럽 기독교 사회는 새로운 변화를 목전에 두고 있었다.

그럼에도 불구하고 16세기의 서유럽은 여전히 기독교 사회였다. 교회 성직자는 귀족과 평민으로 구성되는 위계질서 체계 속에서 여전히 제1계급의 위치를 놓치지 않고 있었다. 대부분의 유럽인들은 삶의 문제뿐 아니라 사회적 문제들에 대해 교회가 확인해주는 신앙적 해답을 가장 권위 있게 여겼다. 종교개혁은 한편으로는 르네상스의 변화를 향한 열망으로부터, 다른 한편으로는 종교적 권위에 의존하려 했던 기독교적 세계관으로부터 동기와 동력을 동시에 얻었다. 16세기의 지적·종교적 환경 속에서 대부분의 종교개혁자들은 유력한 계급에 속해 있었다. 그들은 인문주의적 소양이나 사제로서의 지위 그리고 정치적 관계를 통해 큰 문제없이 로마 가톨릭 체제 속에서 평탄한 삶을 누릴 수 있었다. 그러나 종교개혁자들은 그들이 재발견한 성경의 진리를 붙잡고 기성 교회와 사회 체제를 비판하며 바른 신앙을 회복하는 길을 선택했다. 종교개혁자로서의 삶을 선택한다는 것은 무엇보다도 자신들에게 주어진 안락한 삶의 보장과 사회적 성공의 기회를 포기한다는 의미였다.

스코틀랜드의 종교개혁자 녹스도 개혁자로의 삶을 걷기 위해 다른 종교개혁자들과 같은 선택을 해야 했다. 그는 종교개혁에 동참하면서 로마 가톨릭의 사제로서 그리고 전도유망한 신학자로서의 기회를 포기해야 했다. 녹스의 선택은 부득이한 상황 때문이 아니었다. 그는 하나님께서 자신을 스코틀랜드의 종교개혁을 위한 선지자적 직무로 부르셨다는 사명의식에 헌신했다. 녹스가 평생 종교개혁자로서 살아가면서 놓치지 않았던 사명의식은 그가 남긴 여러 서신들과 특별히 『스코틀랜드 종교개혁의 역사』에서 발견할 수 있다. 녹스는 그의 여러 글 속에서 종교개혁자로서의 사역이 철저히 하나님의 뜻이었음을 강조한다. 하지만 상대적으로 자신의 유년기 가정환경이나 학창 시절에 대해서는 별로 언급하지 않는다. 그는 이 점에서 칼빈을 닮았다. 칼빈은 목회 사역을 하면서도 설교나 저술을 통해 자신의 유년기나 사생활에 대해 잘 언급하지 않았다. 자신의 과거를 말하지 않으려 하는 이러한 공통적인 특징은 녹스와 칼빈의 소극적인 성품 탓일까? 아니면 예수 그리스도만을 드러내기 위해 자신을 감추려 하는 신학적 입장에 따른 것일까? 이 질문에 대해서조차도 그들은 분명히 말해주지 않기 때문에 칼빈과 녹스가 자신을 잘 드러내지 않는 의도를 우리는 분명히 알 수 없다. 하지만 한 가지 명백한 것은 이들 모두 일관되고 분명한 사명의식을 발견했고, 이를 위해 최선을 다했다는 점이다. 녹스는 하나님의 심판과 구원의 과정으로 당시 시대를 해석하려 하는 역사관에 충실했다. 그래서 자신의 사명과 큰 관련이 없는 개인적 경험을 굳이 설명할 필요를 느끼지 못했을 것이라고 말할 수 있다.

자신에 대해 잘 말해주지 않는 태도는 녹스의 삶에 대해 호기심을 가진 독자들뿐 아니라 그의 개혁사상을 연구하려는 학자들을 곤혹스럽게 한다. 심지어 녹스의 출생연도조차 정확하게 알 수 없기 때문이다. 16세기 이래 400년 동안 역사가들은 베자의 『초상들』을 바탕으로 녹스가 1505년에 출생한 것으로 생각해왔다. 그러나 1904년 세인트앤드루스 대학의 플레밍(D. Hay Fleming)이 녹스가 1514년경 출생했을 것이라고 주장한 이후에는 1514년 출생설이 널리 받아들여지고 있다.[1] 출생지와 관련해서는 녹스가 스코틀랜드 이스트로

---

1) Richard G. Kyle and Dale W. Johnson, *John Knox: An Introduction to His life and Works* (Eugene: Wipf and Stock, 2009), 40. 이하 Kyle, *John Knox*로

디언(East Lothian)의 해딩턴(Haddington) 혹은 근방 도시에서 태어났다는 사실에 큰 이견이 없다.[2] 그러나 그의 가정 배경에 대한 정보는 대부분 추정일 뿐이다. 우선 녹스의 어머니 쪽 가문이 해딩턴이 속해 있는 이스트로디언 지역의 귀족 가문과 관련이 있었을 것으로 여겨진다. 그러나 녹스의 아버지 쪽 가정 배경은 거의 알 수 없다. 다만 녹스의 아버지가 둘째 아들인 그를 대학에 보내 교육을 받게 했고, 사제로 살게 하려는 계획을 세울 정도로 교육에 대한 열의와 이를 실현할 수 있는 능력을 가지고 있었음을 추

해딩턴 소재 세인트메리스 교회

표기한다.

2) 1580년 출판된 베자의 『초상』(Icones)은 녹스를 기포드 출신이라고 말한다. "Jean Cnox, de Gifford, en Escosse", Beze, Theodore de, 『종교개혁 영웅들의 초상』, 박건택 역 (용인: 크리스천 르네상스, 2017), 210. 그러나 리이드는 녹스가 해딩턴 시내 기포드 거리 혹은 해딩턴 근방 기포드게이트(Giffordgate)에서 태어났기 때문에 베자가 그렇게 기록했을 것이라고 주장하면서 녹스 자신이 제네바에서 스스로를 해딩턴 출신이라고 밝힌 점에 무게감을 둔다. W. Stanford Reid, 『하나님의 나팔수: 존 낙스의 생애와 사상』, 서영일 역 (서울: 기독교문서선교회, 1999), 28. 이하 Reid로 표기한다.

정해볼 수 있을 뿐이다.[3] 당시 관습에 따라 둘째 아들은 아버지의 유업이나 유산을 이어받을 수 없었다. 따라서 녹스의 아버지는 명석한 둘째 아들이 사제 겸 학자가 되어 출세하기를 바랐을 것이다.[4]

배경 - 스코틀랜드의 종교와 정치 상황

녹스가 종교개혁자가 되는 과정을 이해하기 위해서는 16세기 초 스코틀랜드의 정치적 상황과 종교적 변화를 함께 살펴보아야 한다. 스코틀랜드는 이 무렵 유럽의 다른 여러 나라들처럼 강력한 중앙집권을 원하는 왕실과 이 왕실을 견제하려는 지방 귀족들 사이의 오랜 권력 투쟁을 겪고 있었다. 14세기 말부터 왕좌를 차지하고 있던 스튜어트 가문은 아직까지 강력한 왕권 확보에 성공하지 못하고 있었다. 하이랜드(Highland)의 씨족(Clan)들뿐 아니라 로우랜드(Lowland) 각 지역의 세습 귀족들은 끊임없이 왕권을 위협했다. 더불어 15세

---

3) Reid, 30.
4) Jane E. A. Dawson, *John Knox* (New Haven: Yale University Press, 2015), 15.

기에 들어서 땅을 소유하고 새로운 지배 계층으로 부상한 신사(Gentry) 계급은 주로 로우랜드의 여러 도시들을 기반 삼아 정치와 경제의 구조 개편을 요구하고 있었다. 스코틀랜드뿐 아니라 잉글랜드의 16세기 종교개혁에서 이들 신사들은 중요한 역할을 했다. 이들은 변화를 원했는데, 특히 견고하게 짜인 세습 귀족들의 위계질서와 결탁한 로마 가톨릭의 성직 위계 체계와는 다른, 자신들의 참여가 가능한 새로운 교회 제도를 원했다. 교육 수준이 높았던 이들은 종교개혁자들이 말하는 성경적 교리와 순수한 예배 형식을 적극적으로 수용했다. 따라서 종교개혁 신앙은 주로 이 신진 귀족 세력을 중심으로 확산되었다.[5]

스코틀랜드에서 벌어지던 치열한 권력 투쟁 속에서 교회는 여전히 막강한 재력과 권력을 행사했다. 각 지역의 대주교 성당과 수도원은 가장 큰 부를 소유하고 있었으며, 15세기 말 잉글랜드 교회로부터 독자적 권위를 확보한 스코틀랜드의 로마 가톨릭은 국내뿐 아니라 국외에서도 가장 영향력 있는 정치세력이었다. 특히 스코틀랜드 로마 가톨릭을 대표하는 세

---

5) 종교개혁 시기 스코틀랜드의 시대적 상황에 대해서는 Jane E. A. Dawson, *Scotland Re-formed, 1488-1587* (Edinburgh: Edinburgh University Press, 2007), 11-28 참조.

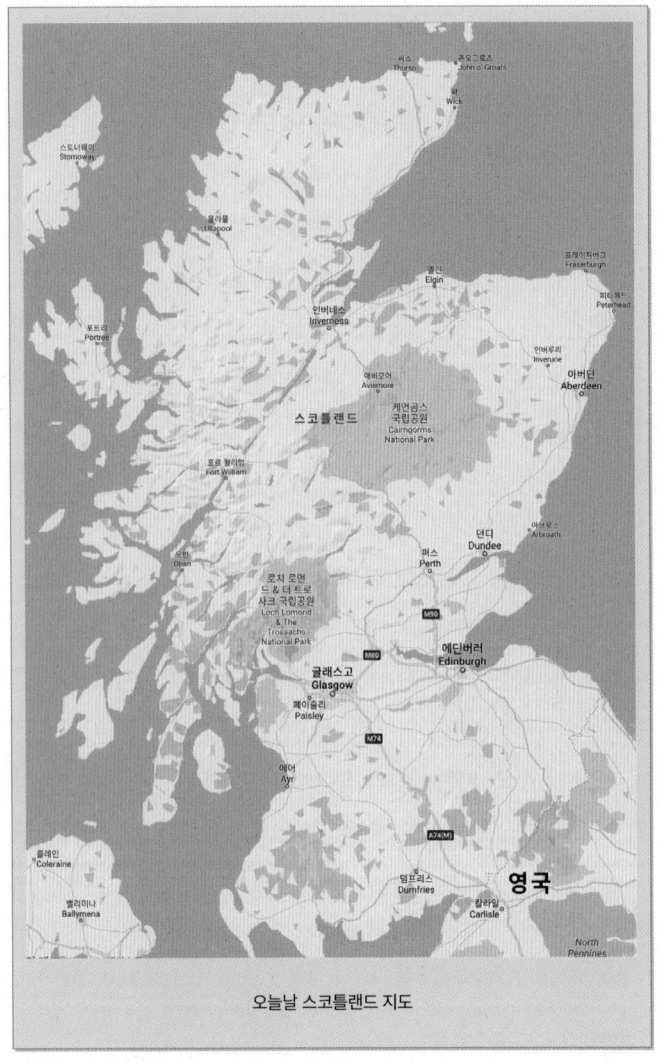

오늘날 스코틀랜드 지도

인트앤드루스의 대주교는 단순한 성직자가 아니었다. 대주교는 스코틀랜드 교회의 최고 권력자로서 때로는 종교 장관, 혹은 더 나아가 대법원장이나 총리 역할까지 담당했다. 스코틀랜드의 집권자들은 권력을 차지하고 유지하기 위해 항상 세인트앤드루스 대주교가 이끄는 로마 가톨릭 세력의 지지를 확보해야만 했다.

녹스가 태어날 즈음 스코틀랜드의 통치자는 제임스 5세(James V, 1513-1542)였다. 제임스 5세는 프랑스 대법원의 민사법원(The Court of Session)을 새로 설립해 자신의 권력을 강화하려 했고, 이를 위해 교황청으로부터 성직자에 대한 과세권을 얻어냈다.[6] 스코틀랜드 국왕이 교회와 성직자들을 통제하기 위해서는 로마 가톨릭 고위 성직자의 역할이 중요했다. 이를 깊이 인식한 제임스 5세는 비턴(David Beaton, 1494-1546)을 세인트앤드루스 대주교로 발탁했다.[7] 녹스가 종교개혁자가 되는 과정에서 부정적인 의미로 결정적 역할을 한 비턴은 단순한 성직자가 아니었다. 그는 귀족인 발포어 가문 출신으로서 유력한 귀족 존 비턴(John Beaton of Balfour)의 셋째 아들이

---

[6] 1534년 잉글랜드의 헨리 8세가 수장령(Act of Supremacy)을 통해 교황의 권위를 벗어나 직접 교회를 통치하자 교황청은 제임스 5세의 요청에 대해 적정 수준에서 타협할 수밖에 없었다. Reid, 19.

[7] Dawson, *Scotland Re-formed*, 128-131.

자 글래스고와 세인트앤드루스의 대주교를 역임한 제임스 비턴(James Beaton)의 조카였다. 그는 세인트앤드루스와 글래스고 대학에서 신학과 교회법을 공부했으며 일찍이 왕의 신임을 받아 여러 차례 프랑스 대사로 파견 받은 경력을 가지고 있었다. 비턴은 1530년 초 특히 제임스 5세와 프

데이비드 비턴

랑스 왕 프랑수아 1세의 딸인 마들렌느(Madelene of France) 사이의 결혼 협상을 주도했으며, 마들렌느가 1537년에 죽고 난 후 협상이 결렬되자 다음에는 프랑스 기즈 가문의 메리(Mary of Guise, 1515-1560)와의 결혼을 주선했다.[8] 이러한 정치적 수완은 교황의 인정을 받아 그는 1538년 추기경으로 임명되었다. 제임스 5세의 신임을 얻은 비턴은 1539년 세상을 떠난 삼촌의 뒤를 이어 세인트앤드루스의 대주교에 취임했다. 이후 그의 정치적 위치는 계속 높아져서 제임스 5세가 세상을 떠난 후인 1544년부터는 스코틀랜드 교황 대사로서 교황청을 대리하는 중책을 맡았다. 비턴은 제임스 5세가 1542년 사망

---

8) Dawson, *Scotland Re-formed*, 131-134.

한 후 사실상 스튜어트 왕실의 내정을 책임졌다. 그는 대법관(Lord Chancellor)직을 맡아 스코틀랜드 사법부까지 관리했다.

제임스 5세의 스튜어트 왕실과 비턴이 대표하는 로마 가톨릭이 결탁한 결과는 모두에게 긍정적인 것은 아니었다. 국내에서는 왕실과 가까운 일부 귀족들을 제외한 많은 지방 귀족들이 세력을 규합해 권력을 독점하려는 왕실과 로마 가톨릭 교권에 저항했다. 그리고 국외에서는 왕실과 교회의 친프랑스적 외교가 프랑스와 앙숙 관계였던 잉글랜드와의 갈등을 심화시켰다. 사실 제임스 5세는 잉글랜드의 왕 헨리 8세(Henry VIII, 1491-1547)의 조카로서 그의 어머니 마가렛(Margaret Tudor, 1489-1541)은 헨리 8세의 누이였다. 그러나 제임스 5세는 잉글랜드와 맞서 싸운 플로든 전투에서 아버지 제임스 4세가 전사한 것을 이유로 삼촌 헨리 8세를 평생 증오했다. 헨리 8세는 이미 1534년에 수장령(The Act of Supremacy)을 선포해 교황청과 단절하고 자신이 잉글랜드 교회의 대표자임을 선언하였고, 조카의 왕국 또한 교황청으로부터의 독립에 동참하기를 요구했다. 그러나 제임스는 삼촌의 요구를 거절하고 잉글랜드가 아닌 처가인 프랑스와 함께하기로 했다. 그리하여 제임스 5세는 1538년 프랑스의 유력 로마 가톨릭 가문의 딸인 메리와 결혼해 프랑스와 동맹을 맺었다. 이는 제임스 5세가 헨리 8세를 제거하려는 국제적 로마 가톨릭 동맹에 동참한 것이었다. 이에 헨리 8세는 곧 군대를 출병해 스코틀랜드를 침공했고, 승리는 또다시 잉글랜드의 것이었다. 결국 제임스는 1542년 솔웨이 모스(Solway Moss)에서 잉글랜드 군대에게 처참하게 패배한 후 그해 12월에 태어난 지 1주일 밖에 되지 않은 메리 스튜어트(Mary Stuart, 1542-1587)를 후계자로 세운 채 세상을 떠났다. 그리하여 메리 다음 순위로 왕위계승권을 가진 2대 아란 백작 제임스 해밀턴(James Hamilton, 2nd Earl of Arran, 1516-1575)이 섭정(Regent)직을 맡았다. 이렇게 제임스 5세가 수립했던 세속정권과 교회권력의 결탁은 일단 실패로 끝났다. 그리고 스코틀랜드의 여러 귀족들은 스튜어트 왕실의 친프랑스, 친로마 가톨릭 외교 정책에 대해 심각하게 의심하기 시작했다.

왕실과 교회의 결탁이 낳은 부정적 결과는 외교적 영역보다 종교 영역에서 더 심각하게 나타났다. 추기경 이하 로마 가톨릭 고위 성직자들은 더 이상 목회자가 아니었다. 그들은 자신들의 정치적·경제적 이익을 추구하는 데 더 적극적이었다. 따라서 지방 귀족들과 대학의 지식인들은 정치 세력으로 변질되어버린 교회에 대해 큰 반감을 가졌다. 실제로 추기경을 포함한 스코틀랜드의 로마 가톨릭은 심각한 부도덕에 빠져 있었고 교구 목회에도 별 관심을 갖지 않았다. 왕실과 귀족들 사이의 이러한 정치적 갈등 관계와 로마 가톨릭의 종교적 무능은 하급귀족들을 중심으로 스코틀랜드의 지식인들이 종교개혁에 더 많은 관심을 갖게 하는 중요한 배경이 되었다.

종교개혁 사상은 이미 1520년대 초부터 스코틀랜드에 유입되었다. 가장 먼저 스코틀랜드에 종교개혁 신앙을 전한 인물로는 패트릭 해밀턴(Patrick Hamilton, 1504-1528)이 있다. 귀족인 패트릭 해밀턴(Patrick Hamilton of Kincavil)과 스튜어트 왕실의 왕 제임스 2세의 손녀인 캐서린 스튜어트(Catherine Stewart) 사이의 둘째 아들로 태어난 그는 유력한 가정을 배경으로 인해 큰 문제없이 스코틀랜드 내에서 유력한 성직에 오를 수 있었다. 그러나 그는 1520년 파리 대학 유학 시절에 루터의 종교개혁 사상을 접한 후 성경의 진리에 눈을 떴다. 그리하여 1523년 세인트앤드루스 대학으로 돌아온 후 이신칭의와 성경의 절대 권위에 대해 설교하기 시작했다.[9] 정부에서 그의 사역을 억압했고, 해밀턴은 박해를 피해 1527년 초 잠시 독일을 방문했다. 그는 그곳에서 직접 루터파 신학자들을 만나 교제하며 자신의 종교개혁 신학을 더 발전시켰다. 그리고 다

---

9) 해밀턴과 녹스의 종교개혁 사상의 관련성에 대해서는 Iain R. Torrance, "Patrick Hamilton and John Knox: A Study in the Doctrine of Justification by Faith," *Archiv für Reformationsgeschichte* 65 (1974): 171-185 참조.

시 스코틀랜드로 돌아와 세인트 앤드루스의 세인트 레오나드 대학(St. Leonard's College)의 교수가 된 후에는 더 분명하고 단호하게 종교개혁 사상을 가르치고 설교했다. 해밀턴은 결국 1527년 말 이 도시의 대주교였던 제임스 비턴에 의해 이단 혐의로 체포되어 재판을 받았다. 그는 잠시 독일 마

패트릭 해밀턴의 화형 장소 표식

르부르크로 피신했지만 곧 돌아와 종교개혁적 설교를 계속하다가 다시 체포되었다. 그리고 1528년 세인트앤드루스에서 화형당했다.

그러나 그의 화형도 종교개혁 신앙의 확산을 막지 못했다. 도리어 1540년대까지 종교개혁 신앙을 전파하고 그 신앙에 따라 예배를 드리는 '비밀교회'(Privy Kirks)가 확산되었다. 종교개혁에 동참했던 여러 인물들이 핍박을 피해 독일 비텐베르크나 잉글랜드로 망명하기도 했다. 잉글랜드로 피한 인물 중에는 이후 녹스의 중요한 동역자로 개혁운동에 함께한 윌록(John Willock, 1515-1585)도 있었다.

제임스 5세가 죽고 난 후 정치적 갈등은 더 심화되었다. 메리 다음 왕위계승권을 가진 섭정 제임스 해밀턴과 메리의 어

머니 왕비 기즈의 메리 사이에 권력 투쟁이 벌어진 것이다.[10] 섭정 제임스 해밀턴은 종교개혁 사상을 피력하고 있는 도미니크 수도사 출신 길리엄(Thomas Guillaume)과 러프(John Rough, 1508-1557)를 자신의 목회자로 기용할 정도로 개신교 진영을 지지하고 있었다. 이에 반해 왕비 메리는 세인트앤드루스 추기경 비턴을 내세웠다. 해밀턴은 아직 아기였던 메리 여왕을 잉글랜드의 황태자 에드워드 6세(Edward V, 1537-1553)와 결혼시키기 위해 협상을 시도했다. 1543년 7월 그리니치 조약(Treaty of Greenwich)은 해밀턴의 계획대로 스코틀랜드와 잉글랜드 사이의 동맹을 성취해내는 듯 보였다.

그러나 친프랑스 로마 가톨릭 세력의 반격이 더 강했다. 비턴을 중심으로 한 로마 가톨릭 세력은 다각도로 해밀턴을 회유했다. 이때 마침 전쟁에서 승리한 잉글랜드의 왕 헨리 8세가 조약 내용을 성실하게 기다리지 못하고 즉시 메리 여왕을 잉글랜드로 보내라는 무리한 요구를 전했다. '거친 청혼'(Rough Wooing)이라고 부르는 이 무리한 요구는 해밀턴과 개신교 귀족들로 하여금 스코틀랜드가 잉글랜드에 복속될

---

[10] 1528년 순교한 패트릭 해밀턴은 제임스 해밀턴과 사촌 관계였다. 제임스 해밀턴의 아버지인 동명의 제임스 해밀턴(James Hamilton, 1st Earl of Arran)은 순교자 패트릭의 아버지 패트릭 해밀턴(Patrick Hamilton of Kincavil, d. 1520)의 형이었다.

것이라는 두려움을 갖게 했다. 그리하여 그들은 일단 기즈의 메리와 비턴 추기경의 친프랑스 노선에 가담하기로 결정했다. 왕실의 친프랑스 친로마 가톨릭 정책으로의 전환은 무엇보다 종교개혁 세력에 대한 탄압을 의미했다. 그러나 이미 패트릭 해밀턴을 통해 전파된 종교개혁 사상은 많은 귀족들, 특히 신사 계급 사이에서 많은 공감을 얻어냈다. 더구나 섭정 해밀턴이 기존의 입장을 버리고 추기경 비턴과 손을 잡자 스튜어트 왕실을 반대해온 귀족들은 스스로 정치적 위기를 돌파하기 위한 대안을 모색했다. 그것은 정치 군사적인 동맹을 추진하는 것이었다. 그 가운데에는 커크칼디(Kircaldy of Grange, 1520-1573), 헨리 발네이브즈(Henry Balnaves, 1512-1570) 등 스코틀랜드 종교개혁가 녹스의 활동에 중요한 역할을 담당한 유력 귀족들이 포함되어 있었다.

교육 – 새로운 사상들

녹스는 청년 시절 그가 대학 과정을 공부했던 것으로 추정되는 세인트앤드루스에서 스코틀랜드의 정치적 격변을 경험했다. 그러나 앞서 말했듯이 이 시기 녹스가 어떤 학문적 훈련을 받았으며 그 과정에서 갖게 된 신앙적·신학적 변화가 무엇이었는지는 잘 알 수 없다.[11] 이 역시 정치적·신학적 격변 속에서 1520년대 파리 대학에서 공부했던 칼빈이 대학 수학 시절 누구에게 어떤 영향을 받아 종교개혁자가 되었는지 밝히지 않는 것과 비슷하다. 다

세인트앤드루스의 세인트메리스 대학

만 추정할 수 있는 것은 청년기에 녹스는 세인트앤드루스 대학에서 메이저(John Major, 1467-1550) 교수의 지도하에 신학을 공부했다는 사실 정도이다. 녹스는 『역사』에서 해밀턴 처형 이후 세인트앤드루스 대학에서 종교개혁의 '진리'가 어떻게 퍼져나갔는지 상세하게 설명한다. 한 사례로 로마 가톨릭의 파문 남용과 기적 추구를 비판한 윌리엄 아서(William Arthur)라는 수도사의 설교 사건을 언급한다. 당시 브레친 주교였던 헵번(John Hepburn)이 이 수도사를 이단으로 몰아가려 했지

---

[11] 베자는 녹스가 존 메이저의 영향을 받아 진리의 빛을 받았으며 이후 제롬과 어거스틴의 글을 접한 후 본격적으로 로마 가톨릭의 오류를 비판하기 시작했다고 말한다. 베자, 『초상들』, 211. 그러나 세인트앤드루스의 졸업생 명부에서 녹스의 이름을 찾을 수 없기 때문에 그가 이곳에서 공부했다는 것도 불명확하다. Reid, 30.

만 세인트 레오나드 대학 학장 로지(Gavin Logie)와 이 도시의 부수도원장 윈람(John Winram) 그리고 세인트 살바토르 대학(St. Salvator's College)의 학장인 메이저가 그 수도사의 설교가 이단적 내용을 포함하고 있지 않다고 변호했다. 녹스는 이 대학 도시의 주요 지도자들이 해밀턴이 전파한 종교개혁 사상에 우호적이었음을 이 사건이 이미 보여주는 것이라고 평가했다.[12]

이처럼 녹스는 1530년대 초 세인트앤드루스에서 벌어진 사건들과 당시의 학문적·신앙적 분위기에 대해서는 잘 전해주지만 상대적으로 자신의 이야기는 잘 언급하지 않는다. 그럼에도 불구하고 녹스가 세인트앤드루스 대학의 학생으로 공부하고 이후 이곳에서 교사로 일하면서 쌓은 학문적 훈련과 스스로 진행한 성경 연구가 종교개혁자로 회심한 이후 그의 신학과 사역의 중요한 기초가 되었음은 틀림없다.

녹스의 회심과 관련하여 먼저 세인트앤드루스를 중심으로 종교개혁 사상을 설교했던 인물들이 녹스에게 영향을 주었

---

[12] 녹스는 『역사』에서 당시 세인트앤드루스 대학에서 "메이저 교수의 가르침은 종교 문제에 있어 일종의 신탁으로 여겨졌다"라고 언급한다. 녹스 자신이 메이저의 학문적·신앙적 영향하에 있었음을 암시한다. History, 8-9, Dawson, John Knox, 16.

을 것으로 추정할 수 있다.[13] 스코틀랜드에는 이미 1520년대부터 패트릭 해밀턴의 설교 사역을 통해 이신칭의 교리로 대표되는 종교개혁 사상이 소개되어 있었다.[14] 그러나 1528년에 순교한 해밀턴의 사역과 가르침이 녹스에게 직접적인 영향을 주었다고 보기는 어렵다. 다만 해밀턴의 영향을 받아 1530년대에 종교개혁적 내용의 설교를 했던 알렉산더 세톤(Alexander Seton)이나 길리엄 또는 러프 등의 설교를 직접적으로 듣고 그들의 영향을 받았기 때문에 녹스가 해밀턴에게 간접적으로 영향을 받았다고 말할 수 있다.[15] 녹스는 『스코틀랜드 종교개혁의 역사』에서 해밀턴의 사상을 이어받은 길리엄과 러프의 설교에 대해 각각의 약점을 지적하면서도 당시 부패한 로마 가톨릭의 문제에 대한 비판적 선포와 유창하고 선명한 선포 방식에 대해서는 높이 평가했다.[16] 녹스가 1540년대 초에 종교개혁 사상을 받아들이는 데에는 대학 학업 이외에도 루터의 사상을 받아들인 로디언 지역 개신교 귀족들

---

13) Reid, 40-41. Kyle, *God's Watchman: John Knox's Faith and Vocation* (Eugene: Pickwick, 2014), 16-17.
14) James E. McGoldrick, "Patrick Hamilton, Luther's Scottish Discipline," *Sixteenth Century Journal* 28 (1987): 81-88.
15) William Klempa, "Patrick Hamilton and John Knox on 'The Pith of All Divinity'," *Touchstone* 24 (2006): 41-42.
16) *Works*, 1: 95, 96.

과 나눈 교제도 중요했을 것이다. 녹스는 1540년대 초부터 클릭턴(Alexander Clichton)과 콕번(John Cockburn of Ormistone) 등 로디언 지역의 귀족들과 일찍부터 친분을 나누었다. 이들은 녹스에게 가장 큰 영향을 끼친 종교개혁자 위샤트를 지지했던 한 인물들이었다.[17]

녹스의 회심과 관련해서 무엇보다 그의 시종 반나타인(Richard Bannabyne)이 녹스 사후에 기록한 회상이 주목을 끈다. 반나타인은 스승 녹스가 임종 시 요한복음 17장을 인용하면서 "최초의 나의 닻을 던졌다"라고 말했다고 기록했다. 리드는 이 기록에 주목하여 녹스의 회심이 상황과 교제의 결과가 아니라 여러 상황 속에서 재확인한 성경 진리의 발견 때문이었다고 지적했다. 그리고 이 회심은 녹스 자신뿐 아니라 스코틀랜드와 16세기 종교개혁에서 가장 의미 있는 사건 가운데 하나임에 틀림없다고 평가했다.[18]

녹스는 대학 공부를 마친 후 부제(Deacon)직을 거쳐 1536년경 던블레인 주교 치섬(William Chisholm)에게서 사제 서품을 받았다. 그러나 녹스는 자신이 로마 가톨릭의 사제로 서품을 받았다는 사실을 굳이 밝히고 싶어 하지 않았다. 그는

---

17) Kyle, *John Knox*, 41.
18) Reid, 41.

평생 자신이 진정한 목회자로 임명된 때는 1547년 세인트앤드루스 교구 교회의 설교자로 사역한 시점이라고 말했다. 합당한 목회자로의 부르심은 부당한 로마 가톨릭 교권의 공식 인정이 아니라 온전한 하나님의 내적 부르심이라고 믿었기 때문이다.[19] 그럼에도 불구하고 녹스의 종교적 경력은 로마 가톨릭의 임명으로 시작되었다. 그가 로마 가톨릭 사제로서 담당한 첫 공식 직무는 사무엘스톤(Samuelston) 교구 교회의 공증인(Notary)이었다. 당시 교구 담당 공증인은 교구 내에서 교구 목사 및 교사 역할도 일정 정도 수행했다. 그러나 일정 자격시험을 통과한 공증인의 주요 업무는 교구 담당 주교의 대리인으로서 성직록 분배 등 각종 교회 관련 업무에서 법적 효력을 갖는 문서들을 교황이나 주교의 권한으로 결재하는 일이었다. 녹스가 공증인으로 일했다는 것은 그가 당시 로마 가톨릭으로부터 일정 정도 능력과 권한을 인정받았음을 의미한다. 다른 한편 녹스가 학자와 행정가로서의 업무외에 교구 사제로서 현장 목회 사역을 담당하지 않았음을 의미하기도 한다. 공증인으로서 그의 활동은 적어도 1543년까지 계속되었다. 그리고 1543년부터는 롱니드리로 이주해 이곳의 영주 휴 더글러스 경(Sir Hugh Douglas of Longniddry)의 두 아들

---

19) Dawson, *John Knox*, 19.

프란시스와 조지 그리고 존 콕번의 아들 알렉산더의 개인교사직을 맡았다.[20] 이들은 모두 이스트로디언의 영지를 소유하고 친잉글랜드적 성향을 가진 신사(gentry)들이었다.

회심 – 위샤트의 순교

제임스 5세가 죽은 후 잉글랜드와 스코틀랜드 사이에 다시 한 번 전운이 감돌자 로디언 지역의 친잉글랜드파 개신교 귀족들은 왕실과 추기경 비턴 그리고 섭정 해밀턴의 공격 대상이 되었다. 전쟁이 벌어지기도 전에 녹스가 그 집 가정교사로 일하던 영주 더글러스는 체포당해 구금되었다. 1544년 5월 마침내 전쟁이 벌어졌고 잉글랜드는 다시 한 번 강력한 군사력으로 침공해 스코틀랜드 군대를 물리치고 로디언의 여러 도시들과 에딘버러를 점령하고 약탈했다. 스스로의 군사력으로 잉글랜드를 물리칠 수 없음을 깨달은 추기경과 섭정은 어린 여왕의 외가인 프랑스의 지원을 요청할 수밖에 없었다. 이런 상황 속에서 로디언 지역의 귀족들은 종교적으로 적대

---

20) 사무엘스톤과 롱니드리, 오르미스톤은 모두 에딘버러 동쪽, 해딩턴 서쪽에 위치한 로디언 지역의 마을들이다.

적인 스코틀랜드 왕실 및 추기경 비턴이 대표하는 로마 가톨릭 세력에 맞서 잉글랜드를 지지했다. 이들의 친잉글랜드 경향은 이미 교황청과 결별한 헨리 8세와 함께하는 개신교 신앙과 결부될 수밖에 없었다. 이들 귀족들이 개신교 신앙으로 서로 연대하는 데 주도적인 역할을 한 인물은 조지 위샤트(George Wishart, 1513-1546)였다.

위샤트는 벨기에 소재 루뱅 대학을 졸업한 이후 스코틀랜드에 돌아와 헬라어를 가르쳤다. 그러나 그의 개혁적 성향이 로마 가톨릭 교권과 충돌하자 이를 피해 잉글랜드 브리스톨로 옮겨 설교 사역을 계속했다. 위샤트는 이후 독일과 스위스에서 개혁신학을 접하고 잉글랜드 캠브리지의 코퍼스크리스티 대학(Corpus Christi College)에서 연구 활동을 한 후 잉글랜드 왕실의 대사 자격으로 고국 스코틀랜드로 돌아왔다.[21] 그는 1544년 말부터 1545년 초까지 몬트로즈와 던디 등지에서 종교개혁 사상에 기초해 부패한 정치권력과 로마 가톨릭 교권을 비판하는 설교 사역을 적극적으로 수행했다. 그의 설교 사역이 많은 동요를 일으키자 스코틀랜드 서부의 로마 가톨릭 영주들이 위샤트에게 수도 에딘버러에서 토론을 갖자고 제안했다. 위샤트는 생명의 위협을 예감했지만 이 제안을 거

---

21) Reid, 45.

절하지 않고 에딘버러로 향했다. 그리고 그곳으로 가는 도중에 머문 로디언 지역의 여러 도시에서 설교 일정을 계획했다. 그의 강력하고 호소력 있는 설교는 많은 사람들을 종교개혁 신앙으로 회심하게 했다. 젊은 사제이자 공증인이었던 녹스 역시 그 회심자들 중의 한 명이었다.

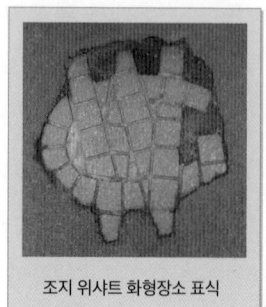

조지 위샤트 화형장소 표식

녹스는 위샤트의 성경적인 설교 내용과 강력한 선포 방식을 목격하면서 종교개혁 신앙으로 회심했다.[22] 그리하여 그는 자신의 직업을 뒤로 미루고 위샤트가 로디언에 도착한 1545년 초부터 5주 동안 그를 수행했다.[23] 이 5주간은 녹스의 생애에 가장 결정적인 경험의 시간이었다. 녹스는 그의 『역사』에서 스승과 함께 한 이 기간을 마치 엘리야가 엘리사에게 자신의 사명을 위임하는 것과 유사한 예언적 직분의 계

---

22) *Works*, 1: 125-55, 534-37.
23) 녹스의 전기작가 리들리(Jasper Ridley)는 다른 종교개혁자와 비교할 때 이처럼 큰 칼을 들고 개혁자로 등장한 녹스의 모습이야말로 행동가로서 녹스를 대변한다고 평가했다. Jasper Ridley, *John Knox* (Oxford: Oxford University Press, 1968), 40.

승이었다고 회고했다.[24] 한 예로 녹스는 위샤트의 순교 이후 실제 역병이 해딩턴에 발생하자 이는 회개를 촉구했던 위샤트의 설교에도 불구하고 회개하지 않은 이 도시의 교만에 대한 하나님의 심판이 임한 것이라고 주장했다.[25]

위샤트는 기대했던 개신교 귀족들의 지원을 받지 못한 채 추기경의 지시를 받은 보스웰 백작(Earl of Boswell)에 의해 체포되었다. 체포되기 몇 시간 전 위샤트는 녹스에게 자신을 따르지 말고 더글러스와 함께 성도들에게 돌아가라고 권했다. "희생은 나 하나로 족하다." 이 말이 위샤트가 녹스에게 남긴 유언이었다.[26] 1545년 2월 세인트앤드루스에서 종교재판을 받아 유죄 판결을 받은 위샤트는 3월 1일 성 앞에서 교수형을 당한 후 그 시신은 불태워졌다.[27] 녹스는 자신의 『역사』에서 위샤트의 마지막 기도 내용을 다음과 같이 상세하게 기록하고 있다.

---

24) Reid, 47.
25) Johnson and McGoldrick, 78-79.
26) Reid, 46.
27) Works, 1: 485. 폭스는 위샤트가 처형대에서 하나님께 무지한 백성들의 용서를 구하면서도 동시에 악한 추기경에게 곧 임할 심판을 예언했으며 그 예언대로 비턴이 비참을 죽음을 맞이했다고 기록했다. John Foxe, *Foxe's Book of Martyrs*, ed. William B. Forbush (Peabody, Hendrickson, 2004), 259-260.

위샤트는 불 속으로 들어가기 전에 무릎을 꿇고 앉아 다시 한 번 하늘을 우러러 기도했다. "오, 온 세상의 구세주시여, 저에게 자비를 베풀어주소서! 하늘에 계신 아버지여, 나의 영혼을 당신의 거룩한 손에 맡겨드립니다." 그리고서 그는 사람들을 향해 말했다. "그리스도인 형제 자매들이여, 여러분께 당부합니다. 내가 당하게 될 수난과 고통을 보고서 그것 때문에 하나님의 말씀을 거역하지 마십시오. 저는 도리어 여러분께 부탁드립니다. 하나님의 말씀을 사랑하십시오. 그리고 여러분들의 확실한 구원과 영원한 위로가 되는 그 말씀을 위하여 평안한 마음으로 끝까지 고난을 감당하십시오. 더불어 저는 여러분을 위해 기도합니다. 제가 전한 말씀에 순종한 형제와 자매들이 하나님의 말씀을 배우는 일을 멈추지 않게 하시고, 그들에게 이 세상에서의 박해는 영원히 계속되지 않음을 보여주옵소서."[28]

녹스는 위샤트의 순교를 목격하면서 로마 가톨릭의 우상숭배적 미사에 대해 강한 반감을 갖게 되었다. 그뿐 아니라 죽음까지도 두려워하지 않고 증거하는 하나님 말씀에 충실

---

28) History, 1: 64.

한 설교가 얼마나 중요한 사역인지를 절감했다.[29] 이상의 기록들을 살펴보면 녹스의 종교개혁 사상은 1545년부터 자리 잡아가고 있었음을 알 수 있다. 그는 이 무렵 하나님의 말씀인 성경만이 신앙과 교회 위에 최고 권위를 가지고 있음을 확신했다. 그는 그리스도의 사역을 통한 하나님의 구원 역사의 성취가 가장 핵심적인 성경의 계시라고 생각했다. 그리고 어떤 어려운 상황 속에서도 이 계시의 내용을 담대하게 증거하는 사역이야말로 자신이 위샤트의 뒤를 이어 계속해야 할 사명이라고 확신하게 되었다.[30]

소명 – 세인트앤드루스 반란

녹스가 1545년 위샤트의 순교 과정을 목격한 이후 본격적으로 종교개혁 설교자의 사역을 시작하기까지는 2년의 시간이 더 필요했다. 녹스가 하나님께서 자신을 선지자로 부르셨음을 깨닫고 이에 순종한 때는 1547년 세인트앤드루스에서의 설교 사역부터이다. 녹스는 그 이전부터 세인트앤드루스

---

29) Reid, 47-48.
30) Reid, 51.

에서 학생들에게 성경을 가르쳐왔지만, 30세가 넘은 1547년 전까지는 설교 사역을 담당하지 않았다. 그가 첫 설교 사역을 시작한 것은 1547년 세인트앤드루스 성에 모인 반란자들에게 설교를 시작하면서부터였다. 녹스 자신의 표현에 따르면 그는 이때 자신이 선지자로 부름 받았음을 확신했고, 그 이후부터는 죽기 며칠 전까지 25년 동안 특별한 경우가 아니라면 매주 자신의 설교 강단을 떠나지 않았다.[31]

녹스가 종교개혁자로서 전면에 등장하게 된 상황 배경에는 1546년 세인트앤드루스에서 발생한 반란이 있었다. 위샤트의 죽음을 계기로 왕실과 교권의 박해를 두려워하던 스코틀랜드의 친잉글랜드, 친개신교 귀족들은 결국 어린 여왕 메리의 어머니인 프랑스 출신의 왕비 메리 기즈와 추기경 비턴에 맞서 군사적 반란을 일으켰다. 로디스 백작(Earl of Rothes) 조지 레슬리(George Leslie)의 아들 노만 레슬리(Norman Leslie, d. 1554)의 주도 아래 멜빌(James Melville of Carnbee), 카마이클(Peter Carmichael of Balmedy) 등은 추기경 비턴을 암살할 계획을 꾸몄다. 이들은 이 계획을 실행하기 위해 1546년 5월 29일 추기경이 머물고 있는 세인트앤드루스 성에 잠입하는 데 성공했고, 결국 추기경을 구타하고 칼로 찔러 살해했다.

---

31) *Works*, 1: 187-93; 6: xxii-xxv, i-iii, 4: 373-420.

녹스는 『역사』에서 노골적으로 위샤트의 담대한 순교와 비턴의 비굴한 죽음을 생생하게 대조했다. 녹스의 기록에 따르면 추기경은 불이 났다고 속여 잠긴 방문을 열고 들어온 귀족들을 향해 비굴하게 눈물을 흘리며 자신은 사제이므로 죽일 수 없다고 애원했다. 그리고 마지막 숨을 거두면서 "사제인 나를 죽이다니, 사제인 나를 죽이다니! 모든 것이 끝나버리는구나"라고 절망적으로 외쳤다.[32] 암살자들은 추기경의 시신을 침대 시트에 묶어 성 위에 매달았다. 그리고 이후에는 시신을 납으로 만든 관에 넣어 추기경 자신이 그동안 수많은 정적들을 투옥했던 성의 지하 감옥에 보관했다.[33] 반란을 일으킨 개신교 귀족들은 세인트앤드루스 성에 들어가 곧 다가올 왕실 군대의 진압을 대비했다. 반란 소식을 듣고 커크칼디와 존 멜빌(John Melville) 등 개신교 귀족들과 설교자 러프가 성안으로 들어와 이들과 합류했다. 120명에서 150명까지 다다른 이 반란 귀족들은 세인트앤드루스 성안에서 저항하고 있다는 의미에서 '카스틸리안'(Castillians) 곧 '성안의 사람들'이라고 불렸다. 이 반란이 일어난 배경에는 외교적·정치적·경제적 요인들이 복합적으로 관련되어 있었다. 그러나

---

32) History, 1: 68–69.
33) Reid, 55–56.

정치적 원인 속에 추기경과 친로마 가톨릭 세력에 대한 저항이 포함되었기 때문에 세인트앤드루스 반란은 로마 가톨릭에 반대한 종교적 성경도 포함했다.

카스틸리안들은 자신들의 봉기에 자극을 받아 곧 전국적으로 개신교도들의 반란이 일어날 것을 기대했다. 그러나 호응은 별로 없었다.[34] 잉글랜드와 벌어진 전쟁 속에서 피해를 당한 스코틀랜드 귀족들 대부분은 일단 스튜어트 왕실과 제임스 해밀턴을 중심으로 단결해야 한다고 생각했다. 잉글랜드와 맺은 모종의 협상에 따라 무리하게 무장 봉기를 일으킨 카스틸리안들이 친프랑스 왕실보다 더 위험해 보였다. 결국 카스틸리안들은 로마 가톨릭 교권과 왕실로부터 반역자로 정죄당했고 대부분의 스코틀랜드인들에게 외면당했다.[35] 이때 녹스는 이 반란에 직접 참여하지도 않았고 이들의 폭력적 행동을 지지하지도 않았다. 그러나 녹스는 추기경 비턴의 죽음은 위샤트를 비롯한 하나님의 종들을 죽인 죄에 대한 하나님의 벌이라고 생각했다.

---

34) Reid, 57-58.
35) 제임스 해밀턴은 7월 30일에 추기경 암살에 참여한 34명을 반역 혐의로 소환했고, 이들의 모든 재산과 토지를 몰수한다고 선포했다. 8월 14일에 시작된 재판에서는 성을 점거하고 있는 인사들뿐 아니라 이들을 돕는 사람들을 모두 반역자로 간주하겠다고 경고했다. Reid, 60-61.

카스틸리안에게 먼저 목회적 도움을 준 사람은 해밀턴의 제자 러프였다. 러프는 본래 세인트앤드루스 대학 소속의 교수였지만 반란이 일어나자 카스틸리안들과 함께 성에 머물며 그들에게 설교와 목회 사역을 담당하고 있었다. 그러나 혼자만의 사역에 한계를 느낀 러프는 귀족 발네이브즈와 함께 녹스를 찾아와 자신들의 설교 사역에 동참할 것을 권유했다. "하나님과 그의 아들 예수 그리스도와 나의 입을 통해 지금 너를 부르시는 성령의 이름으로 나는 네가 이 거룩한 사명을 거절하지 않고, 너의 형제들의 성숙과 그리스도 나라의 확장과 하나님의 영광을 위해…네가 설교자의 직무를 담당하여 설교해줄 것을 부탁한다."[36] 녹스에게 러프의 요청은 위샤트의 뒤를 이어 스코틀랜드에서 성경의 진리를 선포하라는 하나님의 부르심으로 들렸다. 하룻밤 거쳐 가려 했던 제네바에서 칼빈을 종교개혁자와 목회자로 설득한 파렐의 강력한 권고가 있었다면, 녹스에게는 러프의 간곡한 권면이 있었다. 녹스는 자신이 이 부름 앞에서 큰 두려움을 느끼고 많은 눈물을 흘렸으며, 공식 설교 자리에 서는 날까지 며칠 동안 큰 염려와 마음의 부담이 있었다고 회고했다.[37] 그러나 녹스는

---

36) *Works*, 1: 187-188, History, 1: 72.
37) History, 1: 72.

신중하게 러프와 발네이브즈의 권고를 고려한 끝에 결국 이 부름을 받아들였다.

녹스의 응답을 이끌어낸 또 하나의 배경에는 러프가 속해 있던 세인트앤드루스의 세인트 레오나르 대학 학장이었던 도미니칸 수도사 출신 아난드(John Annand)와 러프 사이에 벌어진 신학 논쟁이 있었다. 아난드는 교황청이 루터의 가르침을 이단으로 정죄했기 때문에 러프의 설교와 가르침은 모두 무효라고 주장했다. 러프의 지원 요청을 받은 녹스는 아난드의 주장에 맞서 다음과 같은 답변을 서면으로 제출했다.

> 우리 자신을 내세우거나 당신께서 우리의 잘못을 확증하기 전에 분명하게 확인할 것이 있습니다. 우리는 하나님의 성경 안에서 우리에게 주어진 가르침에 따라 교회가 무엇인지 정의해야만 합니다. 우리는 우리가 순결한 신부가 아닌 음녀를 부주의하게 품지 않기 위해서 예수 그리스도의 흠 없는 신부와 혼동의 어머니인 영적 바벨론을 분별해야 합니다. 더 분명히 말하자면 사탄에게 굴복하지 않기 위해서 우리는 우리 자신을 예수 그리스도께 드릴 것을 심사숙고해야 합니다.[38]

---

38) History, 1: 73.

녹스는 이 글에서 교황을 죄인이라고 규정하고, 로마 가톨릭을 사도 시대에 부패한 예루살렘 교회보다 더 타락했다고 비판했다. 녹스는 아난드가 자신의 입장을 설명한 직후 세인트앤드루스 교구 교회에서 사람들에게 이 내용을 공개적으로 선언했다. 이에 아난드는 더 이상의 토론을 거절하고 자리를 떠나버렸다. 그러나 교구민들은 이 글이 공개된 이후 하나님의 이름으로 전하는 녹스의 설교를 듣고 싶다고 요청했다.[39]

녹스가 그들의 요청에 응해 1547년 4월 주일에 설교한 본문은 다니엘서 7장 24-25절이었다. 이 설교는 다니엘서 본문에 등장하는 네 왕국을 각각 바벨론, 페르시아, 헬라 그리고 로마 제국으로 해석했다. 그리고 마지막 나타날 짐승을 곧 로마 가톨릭이라고 말하면서 로마 제국의 흔적 위에서 마지막 짐승인 로마 가톨릭이 일어났다고 해석했다. 녹스는 이어서 로마 가톨릭을 '죄의 사람', '적그리스도' 또는 '바벨론의 음녀'라고 부르며 로마 가톨릭의 가르침과 행태가 성경에 위배된다고 비판했다. 그리고 이와 같은 로마 가톨릭의 문제를 해결하는 대안은 성경의 가르침에 충실한 이신칭의 교리의 선명한 가르침, 그리스도를 유일한 주인으로 고백하는 바른 이

---

39) History, 1: 74.

해 그리고 성경의 권위에 전적으로 의지하는 말씀의 선포라고 주장했다.

우리는 녹스의 첫 설교에서부터 선지자로서 그의 사역의 특징과 방향이 어떤 것인지 잘 이해할 수 있다.[40] 대학을 대표하는 존 메이저 교수와 신학부 학장이며 부수도원장인 존 윈람(John Winram, 1492-1582)뿐 아니라 많은 대성당 참의회 의원들(Canons) 및 여러 수도회 수도사들 앞에서 녹스는 자신의 첫 설교를 이렇게 마무리했다.

> 누구라도 지금 이 자리에서 제가 성경이나 교부 혹은 교회 역사가 기록하고 있는 것과 달리 억지 주장을 했다고 말한다면 충분한 증인들과 함께 저에게 찾아오시기 바랍니다. 그리고 저는 토론회를 열어 그분들에게 나의 증거들이 어디에서부터 왔는지 출처를 보여드릴 뿐 아니라 제가 말한 것이 곧 그 원저자들이 뜻한 바임을 증명해 드리겠습니다.[41]

첫 설교의 주제와 마지막 결론이 잘 보여주듯이 이제부터

---

40) *Works*, 1: 189-192.
41) History, 1: 75.

세인트앤드루스 대성당 유적

시작될 녹스의 사역은 다니엘 등 구약의 선지자들과 마찬가지로 당시의 잘못된 종교와 사회 현실을 비판하고 하나님의 말씀대로 교회와 사회의 개혁을 주장하는 종교개혁자로서의 선포와 실천이었다.[42]

녹스에게 하나님께서 자신을 설교의 사역을 위해 부르신 것은 곧 성경의 선지자들이 선포한 심판과 회복의 메시지를 종교개혁이라는 역사적 상황 속에서 전하는 선지자로서 부르신 것이었다. 아쉽게도 녹스는 자신이 전한 설교를 거의 기록하여 남기지 않았다. 그러나 『역사』를 비롯한 그의 여러 저

---

42) Gill, 102, 106-107.

술들 속에는 녹스의 설교 방식과 그 내용을 이해할 수 있는 여러 자료들이 남아 있다. 녹스의 설교는 기본적으로 당시 다른 종교개혁자들의 설교와 마찬가지로 성경 본문의 문자적 의미를 기초로 삼았다. 그리고 그의 설교는 기본적으로 성경 본문의 본래 의미를 청중들에게 되도록 충실하게 전달하고자 한 강해 설교였다. 녹스가 문자적 해석과 강해 설교의 원칙을 고수한 것은 그가 성경 말씀의 내용과 사례를 되도록 그대로 당시의 상황에 적용해 설교하는 것이 자신이 감당해야 할 선지자적 사명이라고 믿었기 때문이다.[43]

녹스의 이처럼 열정적이며 담대한 개혁적 설교에 대한 반응은 다양했다. 비턴의 후임으로 세인트앤드루스 대주교에 취임한 존 해밀턴(John Hamilton, 1512-1571)과 도미니크 수도회와 프란시스코 수도회 등 로마 가톨릭 진영에서는 녹스를 이단이자 분파주의자라고 공격했다. 그러나 많은 시민들은 녹스의 설교가 위샤트의 설교보다도 더 선명하다고 생각했으며 "다른 사람들은 교황주의자들의 가지만을 꺾었을 뿐이라면 녹스는 전체를 무너뜨릴 정도로 그 뿌리까지 내리쳤다"라고

---

[43] Douglas MacMillan, "John Knox – Preacher of the Word," *Reformed Theological Journal* (1987); 5; Richard Kyle, "The Thundering Scot: John Knox the Preacher," *Westminster Theological Journal* 63 (2002): 136–138.

높이 평가했다.[44] 논란의 중재에 나선 윈람은 녹스의 설교 가운데 모두 아홉 가지의 내용이 논쟁점이라고 지적하면서 이 논쟁점들에 대하여 러프와 녹스에게 답변을 요청했다.

1. 어떤 인간도 교회의 머리가 될 수 없다.
2. 교황은 적그리스도이며 따라서 그리스도의 신비한 몸의 지체가 아니다.
3. 사람은 하나님께 합당한 종교(religion)를 만들거나 고안해낼 수 없다. 그러나 사람은 하나님으로부터 주어진 종교에 순종하고 그 종교를 지켜야 할 의무가 있으며 그것으로부터 어떤 것도 삭제하거나 변경해서는 안 된다.
4. 신약의 성례들은 그리스도 예수께서 제정하신 대로 거행되어야 하며 그의 사도들에 의해서 집행되어야만 한다. 그 성례들 위에 어떤 것이 더해지거나 생략되어서는 안 된다.
5. 미사는 혐오스러운 우상 숭배이며 그리스도의 죽음에 대한 모독이고 주의 만찬에 대한 모욕이다.
6. 인간의 영혼이 이 땅의 삶 이후에 들어가 고통을 당하

---

44) History, 1: 75-76.

거나 정화되는 연옥은 존재하지 않는다. 믿는 자에게는 천국이 예비되었고, 유기자와 감사하지 않는 자들에게는 지옥이 예비되었다.
7. 죽은 사람을 위한 기도는 헛되며 죽은 사람을 향한 기도는 우상 숭배이다.
8. 다른 대리자를 통하지 않고 스스로 설교하는 감독들을 제외한 또 다른 감독들은 존재하지 않는다.
9. 하나님의 법에 따라 성직자들을 위한 토지세(teinds)는 교인의 의무사항에 해당하지 않는다.[45]

녹스는 자신의 요청대로 토론회를 마련해준 원람의 사려 깊은 태도에 대해 감사를 표한 후 법관들과 청중들 앞에서 이 조항들에 대해 다음과 같이 자신의 입장을 밝혔다.

만일 여러분이 여기 제시된 조항들 가운데 어느 것이라도 하나님의 진리에 반하는 것이 있다고 생각한다면 이 조항에 대해서 이제까지 속아온 백성들에게 고통을 주는 것이 아니라 명백히 자기 스스로에게 반대하는 것입니다. 그러나 만일 여러분이 양심적으로 이 교리들이

---

45) Works, I: 193-194, History, 1: 76.

진리임을 안다면 저는 여러분께서 이 진리를 보존해주시기를 부탁드립니다. 우리의 유치한 이성에 따라 많은 의심을 받아온 이 진리를 믿을 수 있도록 여러분의 권위로 백성들을 움직일 수 있습니다.[46]

이후 프란시스칸 수도사 아버클(Alexander Arbuckle)이 비합리적인 태도로 대화를 방해했기 때문에 녹스가 기대했던 차분한 토론은 이루어지지 못했다. 그러나 아홉 가지 논쟁점에 대한 녹스의 답변은 그가 종교개혁자로서 공식적인 사역을 시작할 때 어떤 신학적 입장을 취했는지를 잘 보여준다. 첫째, 성경이 최종적인 권위라는 것과 자신이 확인한 구원의 진리가 성경이 가르치는 핵심 진리라는 확신이다. 둘째, 이제까지 로마 가톨릭이 만들어낸 모든 잘못된 가르침과 비성경적인 행태들을 개혁하고, 바른 종교 즉 성경적인 신앙을 회복해야 한다는 개혁의 정신이다. 셋째, 이 개혁을 위해 녹스 자신이 성경의 진리를 담대히 선포하여 신자들을 진리 가운데로 이끌어야 한다는 사명이다. 녹스는 자신의 첫 공적인 설교와 이어진 토론 과정에서 진리에 대한 확신과 개혁의 정신 그리고 자신의 사명에 대한 구체적인 확증을 확인할 수 있었다.

---

46) History, I: 77.

녹스의 담대한 설교 사역과 달리 그 사역의 대상이었던 세인트앤드루스는 영적 방만함에 빠져 있었다. 반란 세력과 왕실 사이에는 짧지 않은 휴전이 지속되고 있었다. 반란군의 세력은 비록 강하지 않았지만 그들은 추기경이 일찍이 볼모로 잡아놓은 섭정 해밀턴의 아들을 계속 구금하고 있었다. 또 이들의 배후에는 잉글랜드의 군사적 지원이 있었다. 실제로 노만 레슬리와 헨리 발브네이즈가 잉글랜드로 찾아가 자신들을 군사적으로 지원해줄 것을 직접 요청하기도 했다.[47] 이에 해밀턴과 메리 왕비는 군사적 진압을 뒤로 미루고 일단 카스틸리안들과 회담을 시작했다. 그러나 사실상 회담은 시간을 끌기 위한 방편에 불과했고, 양측 모두 서로 모르게 각각 프랑스와 잉글랜드에 사신을 보내 군사적 지원을 요청하고 있었다.

이와 같은 불확실과 불안의 상황 속에서 세인트앤드루스의 치안과 도덕은 땅에 떨어졌다. 추기경을 암살한 카스틸리안들은 이 도시의 시민들을 대상으로 약탈과 강간, 방화를 자행했다.[48] 러프는 녹스가 설교 사역을 담당하겠다고 하자 곧 세인트앤드루스를 떠나 잉글랜드 칼라일(Carlisle)로 사역지를

---

47) Reid, 62.
48) Reid, 63.

옮겼다.⁴⁹⁾ 이제 무정부 상황에 빠진 세인트앤드루스의 영적 책임은 녹스에게 전적으로 맡겨졌다.

녹스가 세인트앤드루스의 질서 확립을 위해 선택한 방법은 담대한 설교와 성경적인 성례의 집행이었다. 따라서 녹스의 설교는 반란 세력들을 일방적으로 위로하거나 격려하는 달콤한 내용이 아니었다. 권력과 무력을 지니고 있는 귀족들에게 근거 없는 승리를 약속하는 정치적 지원도 아니었다. 녹스는 성경 본문에 충실한 설교를 통해 반란군들에게 진정한 회개를 촉구했다. 또 이제까지의 방만한 삶을 수정하지 않으면 하나님의 심판을 받아 프랑스에 노예로 잡혀가게 될 것이라고 경고했다.⁵⁰⁾ 특히 주목할 점은 성찬의 바른 시행을 위한 노력이었다. 녹스는 『역사』에서 자신이 이때부터 모든 시민이 바른 성찬에 참여할 수 있게 하기 위해 최선을 다했다고 말한다.

> 하나님께서는 자신의 약한 군사를 도우시고 그의 노력에 복을 주셔서 성에 속한 사람들만 아니라 세인트앤드

---

49) 러프는 이후 칼라일을 중심으로 목회 사역을 감당하다가 잉글랜드의 메리 여왕이 즉위한 후 체포되어 1557년 순교했다. Reid, 71.
50) History, 1: 80.

루스 시의 수많은 사람들이 스코틀랜드 교회들 가운데
이제 시행되기 시작한 동일한 순수함과 그가 그들에게
가르친 동일한 교리 안에서 주의 만찬에 참여함으로써
자신들의 신앙을 공개적으로 고백하게 하셨다.[51]

이후에 살펴볼 것이지만 예수 그리스도께서 제정하신 대로 순수하게 성찬을 거행하는 것은 녹스의 종교개혁에서 가장 중요한 과제였다. 비록 이때 세인트앤드루스에서 녹스가 주도하여 시행한 성찬의 방식을 구체적으로 알 수는 없지만 그가 경험한 성찬을 통한 공적 고백과 진리에 대한 공동체적 순종의 시도는 이후 종교개혁 사역에 큰 영향을 주었음에 틀림없다.[52] 종교개혁자들의 설교 사역과 성경에 기초한 성찬 집례 도입은 성안에 머물고 있던 반란군뿐 아니라 세인트앤드루스 시민 전체를 향해 확대되었다. 그리고 더 나아가 파이프 지역 전체에 영적인 영향을 끼쳤다. 녹스는 이런 급박한 정치 상황 속에서 자신에게 맡겨진 목회 사역을 하나님께서 맡겨주신 선지자적 사명의 실천이라고 확신했다.

녹스의 경고에도 불구하고 카스틸리안들은 끝까지 정치적

---

51) History, 1: 78, Works, 1: 201-202.
52) Reid, 70-71.

세인트앤드루스 성

인 타협을 모색했다. 그들의 정치적 노력은 어느 정도 성과를 거두었다. 교황의 사면령이 1547년 4월 세인트앤드루스에 도착한 것이다. 그러나 사면장은 "용서받지 못할 자를 사면한다"(remittimus irremissibile)라는 다소 모호한 조건을 포함하고 있었기 때문에 반란세력은 사면장을 거부했다. 마지막 정치적 노력이 수포로 돌아간 후 얼마 지나지 않아 1547년 7월 마침내 왕비가 그토록 기다리던 프랑스 함대 20여 척이 스트로치(Leon Strozzi) 제독의 지휘 아래 해안에 도착했다. 프랑스 함대의 강력한 포격을 견디지 못한 카스틸리안들은 7월의 마지막 날 항복할 수밖에 없었다. 녹스의 경고처럼 세인드앤드루스의 반란은 하나님 앞에서의 온전함보다 잉글랜드의 군사 지원만을 바라보다가 결국 프랑스 함대에게 진압되고 만 것이다. 스튜어트 왕실의 생각과 달리 프랑스 군은 반란 세력을 극형으로 다스리지 않았다. 프랑스 당국은 외교적 필요를 대비해 유력한 스코틀랜드 귀족들을 볼모로 잡아두려 했다. 따라서 반란을 주도한 레슬리, 커크칼디, 카마이클, 발네이브즈 등 귀족들은 프랑스 각 지역으로 흩어져 구금되었다. 귀족이 아닌 가담자들은 프랑스 갤리선의 노예로 노역하는 종신 노역형에 처해졌다. 녹스는 이들과 함께 체포되어 프랑스 갤리선에서 노를 젓는 형벌을 선고받았다.[53]

연단 – 프랑스 갤리선의 노예

갤리선에서의 19개월은 녹스에게 육체적으로나 정신적으로 견디기 어려운 고통의 시간이었다. 그러나 초창기 설교 사역에서부터 자리잡은 그의 선지자적 사명 의식은 19개월간 계속된 프랑스 갤리선의 노예 생활 속에서도 결코 약해지지 않았다. 그의 사명 의식은 도리어 고난에 굴하지 않고 자신의 고국 스코틀랜드의 개혁을 위해 다시 사역할 수 있으리라

---

53) History, 1: 81.

는 소망을 잃지 않게 해주었다.[54] 녹스는 벨포어 가문의 형제들과 함께 노틀담(Notre Dame)호에서 복역했다. 함대는 여름에는 루앙(Rouen)에 주둔하여 잉글랜드를 방비하다가 겨울철에는 낭트(Nantes)에 머물렀다. 녹스는 노틀담호가 육지에 머무는 동안에는 잠시 오두막에 묵을 수 있었지만 배가 항해하는 동안에는 배 밑창에서 잠을 자며 노역을 해야 했다. 주간에는 대략 스물다섯 개의 노에 한 노당 여섯 명의 죄수가 붙어 앉아 쇠사슬에 묶인 채 감독관의 채찍 밑에서 노를 저어야 했다.[55]

녹스는 『역사』에 갤리선에서 겪은 여러 가지 일들 중 두 가지 흥미로운 일화를 기록했다. 첫째는 프랑스 군인들이 강요했던 미사와 우상 숭배에 저항한 일화이다. 노틀담호의 군인들은 죄수들에게 미사를 강요했다. 스코틀랜드인들은 토요일 저녁부터 후드를 덮어 쓰고 프랑스인들이 부르는 마리아 찬송(Salve Regina)에 귀를 틀어막았다. 하지만 프랑스 함대 장교들은 죄수들에게 노틀담호의 수호성인인 동정녀 마리아 그

---

54) *Works*, 1: 109, Reid, 77. 이와 관련해 존슨과 맥골드릭은 세인트앤드루스를 떠나며 남긴 다시 돌아올 것을 소망했던 녹스의 기도가 10년 뒤 응답된 사실 역시 녹스에게 선지자적 사명감을 강화시켜 주는 계기가 되었을 것이라고 주장한다. Johnson and McGoldrick, 79.
55) Reid, 77.

림에 입맞춤할 것을 강요했다. 이때 한 용감한 스코틀랜드 죄수가 "나를 괴롭히지 마시오. 이 우상에는 저주가 붙어 있기 때문에 나는 만지고 싶지도 않소!"라며 거절했다. 화가 난 프랑스 장교들이 이 사람의 얼굴에 그림을 들이밀며 입을 맞추라고 손에 들려주자 그 죄수는 즉각 그림을 강물에 던져버렸다. 그리고 "우리 성모께서 스스로를 구원하게 합시다. 그녀는 아주 가벼우니 수영을 배우게 합시다!"라고 외쳤다. 이 사건 이후 이 배에서 더 이상 스코틀랜드 죄수들에게 미사나 우상 숭배를 강요하는 일이 없었다.[56]

두 번째 일화는 녹스 자신과 관련된 사건이다. 1548년 노틀담호와 프랑스 함대는 스코틀랜드를 침범한 잉글랜드를 막기 위해 스코틀랜드로 출항했다. 녹스는 이때 심각한 병에 걸려 사경을 헤매고 있었다. 배가 스코틀랜드 해안 근처에 도착했을 때 제임스 벨포어가 녹스에게 갑판으로 나와서 마지막으로라도 고향 땅을 바라보라고 말했다. 이에 몸을 일으킨 녹스가 갑판으로 나와 스코틀랜드 땅을 바라보며 다음과 같이 말했다.

그래, 잘 알고 있네. 저 멀리 하나님께서 자신의 영광

---

56) History, 1: 94-94.

을 위해 나의 입을 처음으로 열게 하신 교회의 첨탑이 보이는군. 지금 내가 얼마나 연약한 형편이든지 간에 바로 저곳과 같은 장소에서 다시 하나님의 거룩한 이름에 영광을 돌리기 전까지는 내가 이 세상을 떠나지 않을 것을 확신한다네.[57]

이 두 가지 일화는 녹스가 갤리선의 고달픈 시간을 어떻게 이겨냈는지를 잘 보여준다. 그는 끊임없이 미사와 우상 숭배에 저항하면서 고국을 위한 개혁 사역의 소망을 결코 놓지 않은 것이다. 녹스는 이 배 위에서 자신과 동료 스코틀랜드 성도들이 핍박을 무릅쓰면서 바른 신앙을 지켜내기 위한 연단의 과정을 통과하고 있다고 생각했다. 또 자기 자신에 대해서는 이 연단을 통과한 후 다시 고국 스코틀랜드에 돌아와 하나님의 영광을 드러내기 위해 진리를 선포하게 되는 선지자로서의 사명이 끝나지 않았음을 확신했다.

프랑스 생미셸(Saint Michel)과 루앙 등지에 투옥된 커크칼디와 레슬리, 카마이클 등 귀족들은 녹스에게 편지를 보내 탈옥에 대한 그의 의견을 물었다. 녹스는 그들을 위로하며 하나님께서 그들과 동료들을 구해내실 것이기 때문에 무력행

---

57) History, 95-96.

사를 통해 고난을 회피하지 말자고 권유했다. 구체적으로는 자신들이 먼저 탈옥하지 않고 다른 이들이 거사를 감행하면 더 혹독한 보복을 당할지 모른다는 의견에 대해 이렇게 답변했다.

> 그런 두려움은 하나님의 영으로부터가 아니라 다만 자신을 사랑하는 맹목적인 사랑에서 나옵니다. 하나님의 손과 능력 안에 있는 것이 아니라면 어떤 것도 선한 목적에 속하지 않습니다. 하나님께서는 모든 이들을 불경건한 자들의 손에 내어주셨고 지금 당장 그들을 놓아주시지 않을 것입니다. 또 어떤 사람들은 한 번에 어떤 방법을 통해 구해주실 것입니다. 그러나 다른 이들은 하나님께서 기뻐하시는 때를 기다려야만 합니다.[58]

이처럼 녹스는 갤리선에서 중노동을 하면서도 자신보다 편안한 생활을 하고 있는 귀족들에게 도리어 위로와 격려의 메시지를 전했다. 역설적으로 가장 낮은 위치에 처해 있는 갤리선의 시간 동안 녹스는 스코틀랜드 개신교 귀족들의 영적 형편을 돌보는 목회자였을 뿐 아니라 꺼지지 않은 스코틀랜드

---

58) History, 96-97.

종교개혁의 지도자로 부상하고 있었다. 인간의 욕망보다 하나님의 뜻과 도움을 먼저 구해야 한다는 녹스의 권면은 칼빈과 많이 닮아 있다.

루앙에 구금되어 있던 발네이브즈는 그 시간 자신이 듣고 깨달은 이신칭의의 구원 교리를 담은 책을 한 권 저술했다. 그는 이 책을 완성한 후 녹스에게 보내 이 원고를 살펴보고 서문을 써줄 것을 부탁했다. 서로 먼 거리에 떨어져 있는 두 죄수가 어떻게 이런 여유로운 학문적 대화를 나눌 수 있었는지에 대한 의문이 생길 수 있다. 아마도 발네이브즈와 녹스는 이들을 석방하기 위해 협상에 착수한 잉글랜드의 섭정 서머셋 공작(Duke of Somerset)의 요청에 의해 비교적 자유로운 활동을 보장받고 있었을 것으로 추정할 수 있다. 또 루앙에 거주하던 프랑스 개신교인들이 이 두 사람의 소식을 듣고 발네이브즈의 원고와 녹스의 원고를 전달해주었을 것이라고도 생각할 수 있다. 하여간 녹스는 자신의 어려운 형편 속에서도 노틀담호가 루앙에 정박한 틈을 이용해 발네이브즈의 책을 편집해 정리하고 심혈을 기울여 서문과 요약문을 작성해주었다.[59]

이 서문은 가장 절망적인 상황에서 녹스가 기록한 위대한

---

59) Reid, 79-80.

종교개혁자로서의 신앙고백이었다.[60] 녹스는 "세인트앤드루스 성에 있던 하나님의 가장 사랑하는 형제들에게"로 시작하는 이 저술의 서문에서 자신의 진심과 사명감을 진솔하게 표현했다. 이방 국가에 포로로 끌려갔지만 믿음으로 승리한 구약의 요셉과 다니엘 그리고 온갖 핍박을 받았던 사도들의 사역을 예로 들면서 그는 이렇게 말한다.

> 이들과 또 다른 성령의 증거들로부터 친애하는 형제인 우리는 우리 아버지의 무한한 선함이 하나님의 참된 종교를 파괴하고 억압하려는 사탄과 그 무리가 저지르고 있는 이런 상황들을 되돌려 오히려 이 참된 종교의 진보와 성장을 이룰 것을 생각해야 합니다. 그리고 지금의 악하고 위험한 때에 하나님은 이 진보와 성장을 이루심에서 이전에 행하신 것보다 결코 부족하지 않으십니다.[61]

성경의 여러 사례들로부터 핍박당하는 자신과 동료들을 향한 하나님의 뜻을 발견하고자 하는 녹스의 믿음의 안목은 서로를 돌아보는 격려와 위로의 메시지로 연결된다.

---

60) Works, III: 9.
61) Works, III: 8.

형제들이여, 여러분께 용기를 줄 것으로 기대할 것은 추상적인 신학이 아니라 바로 지금 고난당하고 있는 여러분의 형제들입니다. 그들은 지금 하나님께서 택하신 자들을 거슬러 자행되고 있는 사탄의 분노를 잠시 경험하고 있습니다. 그러나 내가 말했듯이 영적으로 기뻐하십시오. 즐거워하십시오. 전투의 시간은 길지 않습니다. 그러나 상급은 영원합니다.[62]

발네이브즈의 책을 위한 서문으로 기록된 이 편지는 단순한 편지가 아니라 녹스 자신의 신앙고백이었으며 고난에 처해 있는 자신의 성도들을 향해 전하는 간곡한 설교였다. 하나님의 구원의 손길에 대한 신뢰와 성도들을 향한 목회자로서의 사명감은 갤리선의 시간을 견디게 해주었다. 아니, 그의 신뢰와 사명감은 갤리선의 경험을 통해 오히려 더 확실해지고 강화되었다. 스코틀랜드와 잉글랜드 그리고 프랑스의 개신교 성도들은 녹스의 용감한 행동과 담대한 메시지 속에서 종교개혁에 대한 기대와 소망을 다시 발견할 수 있었다. 그런 의미에서 갤리선에서 보낸 19개월은 녹스에게 단순한 고난의 시간이 아니라 오히려 종교개혁자로서 성숙과 성장의 기회였다.

---

62) Works, III: 10.

성장 – 잉글랜드 사역

절망 속에서도 자신을 부르신 하나님의 소명을 잊지 않은 녹스에게 하나님께서 베푸신 구원의 손길이 찾아왔다. 잉글랜드의 왕 에드워드 6세(Edward VI, 1537-1553)의 섭정이었던 서머셋 공작 에드워드 시무어(Edward Seymour, Duke of Somerset, 1506-1552)가 프랑스 정부와 협상을 벌여 녹스를 포함한 스코틀랜드 귀족들을 석방시킨 것이다.

당시 스코틀랜드와 잉글랜드는 영어를 같이 사용하기는 했지만 각각 왕실이 다른 별개의 왕국이었다. 잉글랜드는 헨리 8세가 정치적 필요에 따라 종교개혁을 선언한 이후 교황의 지배권을 벗어난 국가 교회를 세워가고 있었다. 그러나 헨리 8세의 종교개혁은 정치적인 선언이었을 뿐 잉글랜드 교회는 여전히 로마 가톨릭의 예전과 제도 그리고 신앙을 완전히 버리지 못하고 있었다. 이런 상황에서 아버지 헨리 8세의 뒤를 이어 1547년 1월, 10세 나이로 왕위에 오른 에드워드 6세는 본격적으로 실제적인 종교개혁을 시도했다. 특히 최초의 개신교 캔터베리 대주교였던 토머스 크랜머(Thomas Cranmer, 1489-1556)는 에드워드 6세가 집권한 이후 섭정 시무어를 포함한 개혁적 성향의 정치인들과 협력해 본격적으로 잉글랜드에 종교개혁을 확립하려 했다.

크랜머는 우선 1547년 8월부터 시작된 왕의 지방 방문을 통해 각 교구에 『설교들』(Homilies)을 보내 각 교구의 목회자들이 이 내용을 공부하고 이를 기준으로 성도들을 가르칠 것을 지시했다. 이 책은 모두 12개의 개혁적 설교를 담고 있으며 그 가운데 네 편은 크랜머가 직접 쓴 것이었다. 이 설교들을 통해 크랜머는 이신칭의 교리를 강조하고 행위에 의한 구원 공로 주장을 반박했다.[63]

토머스 크랜머의 초상화

또 크랜머는 대륙의 유능한 종교개혁자들을 적극 영입해 영국의 종교개혁을 돕도록 기회를 주었다. 이 계획의 일환으로 스트라스부르크의 개혁자 부써(Martin Bucer, 1491-1551)와 이탈리아 출신의 신학자 버미글리(Peter Martyr Vermigli, 1499-1562) 같은 탁월한 개혁신학자들을 각각 캠브리지와 옥스퍼

---

63) Jasper Ridley, *Thomas Cranmer* (Oxford: Oxford University Press, 1962), 265-270; Diarmaid MacCulloch, *Thomas Cranmer: A Life* (New Haven: Yale University Press, 1996), 372. 잉글랜드 종교개혁과 그 가운데 크랜머의 생애와 신학적 입장이 차지하는 의미에 대해서는 김요섭, "교회의 신학자 토머스 크랜머의 삶과 사상," 『종교개혁시대 영국의 종교개혁자들』 (부산: 개혁주의학술원, 2015), 58-91 참조.

드 대학에 흠정교수(Regius Professor)로 영입했다. 특히 크랜머의 예배 개혁 노력과 그 내용은 서신을 통해 지속적인 교제를 해온 부써에게서 많은 영향을 받았다. 부써는 1549년 슈말칼덴 전쟁에서 개신교 제후들이 패하자 스트라스부르크에서 다른 개혁자들과 함께 추방당했다. 크랜머는 추방된 부써를 초청해 캠브리지 대학의 흠정교수로 일할 수 있게 해주었다. 부써는 무엇보다 성찬에서 그리스도의 몸의 실재적 임재를 거부하고 어떤 방식으로든 성체를 숭배하는 사상을 비판하는 강의와 설교를 전했다. 버미글리와 오치노(Berdinardino Ochino, 1487-1564)도 1547년 크랜머의 초청으로 잉글랜드에 와서 종교개혁 신학이 전개되는 데 크게 기여했다. 또한 폴란드 출신의 개혁자 아 라스코(Jan a Laski, 1499-1560)는 크랜머의 초청으로 잉글랜드에 들어와 런던의 피난민 교회에서 사역하면서 특히 장로교 제도로 교회를 운영하는 사례를 잘 보여주었다.

이들이 전수한 개혁신학과 교회 치리 제도는 이후 17세기 청교도들에게 큰 영향을 주었다. 크랜머는 이들과 같은 대륙의 개혁파 종교개혁자들뿐 아니라 오시안더나 멜란히톤과 같은 루터파 개혁자들까지 영국으로 영입해 신학적으로 튼튼한 기초 위에서 종교개혁을 확립시키려 했다. 크랜머가 생각한 가장 중요한 개혁정책은 유능한 목회자들을 양성해 이

들의 설교 사역을 전국적으로 확산하는 것이었다.[64]

녹스의 석방은 이와 같은 크랜머의 종교개혁 실행 계획의 일환이었다. 크랜머는 세인트앤드루스 반란 때와 그 이후 프랑스 함선의 죄수 생활 가운데에서 보여준 녹스의 굽힘 없는 개혁 의지와 탁월한 설교 사역에 대한 소문을 듣고 큰 감명을 받았다. 따라서 그는 녹스와 같은 훌륭한 설교자를 통해 잉글랜드 교회의 종교개혁이 새로운 활력을 얻을 것이라 기대했다. 잉글랜드 추밀원(Privy Council)은 석방된 녹스를 영입해 1549년 4월 잉글랜드 북부 스코틀랜드 국경 근처의 버릭(berwick upon tweed) 교구의 목회 사역을 맡겼다. 비록 갤리선에서 바라보며 돌아가기를 소원했던 고국 스코틀랜드로 갈 수는 없었지만 녹스는 스코틀랜드에서 가까운 잉글랜드 북부 지역에서 목회 사역을 시작할 수 있었다.

에드워드 6세 치하에서 크랜머와 같은 교회 지도자들이 본격적으로 시도한 종교개혁의 노력에도 불구하고 잉글랜드의 종교적 상황은 그리 순탄하지 않았다. 여전히 로마 가톨릭 세력은 지방 귀족들의 지지를 받고 있었고 런던과 왕궁 내

---

64) Basil Hall, "Cranmer, the Eucharist, and the Foreign Divines in the Reign of Edward VI," in *Thomas Cranmer: Churchman and Scholar*, ed., Paul Ayris and David Selwyn (Woodbridge: The Boydell Press, 1993), 223-224.

에서도 힘을 발휘하고 있었다. 개신교 진영에서도 개혁의 속도나 방법과 관련하여 분열이 나타났다. 후퍼(John Hooper, 1495-1555)와 같은 '대륙파'(Continentals)는 주로 취리히나 제네바에서 경험한 신학과 목회적 이해를 바탕으로 좀 더 강력하고 빠른 개혁을 촉구했다. 이에 반해 크랜머를 비롯한 리들리(Nicholas Ridley, 1500-1555) 같은 '소영국인'(Little Englanders)이나 '국교회주의자'(Establishments)라고 불린 기존의 잉글랜드 교회 지도자들은 온건하며 점진적인 개혁을 더 선호했다.[65] 대륙으로부터 유입된 재세례파와 같은 급진 세력 역시 잉글랜드 각지에서 세력을 넓혀가고 있었다. 이런 종교적 갈등과 대립은 이즈음 확산되기 시작한 종획운동(Enclosure movement)에 의하여 영주 계급이 토지를 독점한 것에 대한 농민들의 반발과도 연결되어 있었다. 종교적 입장 차이가 곧 경제적 입장 차이는 아니었다. 그러나 국교회주의자들과 달리 대륙파 정치인들과 목회자들은 지주 계급에 반발하는 농민들을 동정했고 이들의 주장을 반영하는 사회 개혁을 추구했다. 반면에 잉글랜드 국교회파 개신교 지도자들은 경제적 문제에서는 기존의 로마 가톨릭 세력과 큰 이견이 없었다. 이런 혼란의 양상 속에서 녹스는 로마 가톨릭 세력이 가장 강하게 남

---

65) Reid, 96.

아 있는 잉글랜드 북부에서 목회 사역을 시작한 것이다.

이 지역은 헨리 8세 통치 시기부터 보수적 입장을 가진 사람들이 결집해 있었다. 그리고 이들은 일찍이 왕의 중앙집권적 종교 정책에 반대했던 이른바 '은혜의 순례'(Pilgrimage of Grace)라는 폭동을 일으키기도 했다.[66] 또 헨리 8세 통치시기에 개신교 세력을 견제하기 위한 차원에서 등용된 턴스톨(Cuthbert Tunstall, 1474-1559)이 여전히 더람 주교(Bishop of Durham)로서 잉글랜드 북부 지역 전체에 막강한 정치적 영향력을 행사하고 있었다. 턴스톨은 헨리 8세에게 독일 개혁자들의 정책을 폐지해줄 것을 요청했다. 그 결과 그는 성직자 독신제도, 일종배찬 그리고 죽은 사람들을 위한 사적 미사 등을 계속 시행할 수 있는 허락을 얻어냈다.[67]

이 혼란 속에서도 녹스는 버릭에서 교구 사역을 통해 목회자로서 성장을 경험했다. 우선 갤리선에서 쇠약해진 건강을 회복할 수 있었다. 또 학문적 발전도 얻을 수 있었다. 그는 이 시기에 성경 연구뿐 아니라 대륙의 종교개혁자들의 글을 읽

---

66) 이 폭동은 1536년 10월 크랜머의 고향인 링컨셔의 교수사제들과 수도사들이 크롬웰의 수도원 폐쇄와 그에 따른 세금 징수를 위한 사절단 방문을 반대하면서 시작되었다. 이후 헨리 8세의 강력한 왕권강화 정책을 반대했던 영국 북부의 귀족들이 동참함으로써 군사적 반란으로 확대되었다. Rex, 85-88.

67) Ridley, 161-165.

고 연구했다. 그리하여 이신칭의 교리뿐 아니라 예정 교리와 성찬 교리에 대한 이해가 더 깊어졌다. 이 시기 녹스의 신학은 스승이었던 위샤트를 따라 개혁파의 입장을 취했다.[68] 그러나 무엇보다 중요한 것은 목회자로서 그의 성장이었다. 그는 세인트앤드루스 성이나 갤리선 노역 기간과 같은 비상 상황이 아닌 교구 목회의 일반적인 상황에서 정기적인 설교와 교인들을 돌보는 목회를 경험할 수 있었던 것이다.

가정 - 신앙적 교제와 결혼

잉글랜드에서 녹스의 목회와 관련하여 그동안 많은 주목을 받은 것은 교구 교인인 엘리자베스 보우스(Elizabeth Bowes) 부인과 가졌던 목회적 상담과 둘이 교환한 서신들이다. 엘리자베스는 요크서 지방 귀족 애스크(Roger Aske)의 딸로 태어나 1521년 잉글랜드와 스코틀랜드 국경에 위치한 노만 성(Norham Castle)의 수비대장 리처드 보우스(Richard Bowes)와 결혼했다. 그녀는 남편과 사이에 15명의 자녀를 낳았고, 그 가운데 다섯째 딸 마조리(Majorie)는 이후 녹스의 부인이 되었

---

68) Reid, 100.

다. 보우스 부인은 아마도 녹스 사역의 결과 개신교로 개종했을 것이다. 비록 그녀의 남편은 여전히 로마 가톨릭에 머물러 있었지만 엘리자베스는 자신이 갖고 있는 신분상 녹스의 교구에서 중요한 위치를 차지하고 있었다. 보우스 부인은 종교개혁에 대해 비우호적인 가정환경 가운데 자신의 구원의 확신과 관련한 신앙적 갈등을 겪을 때마다 녹스를 찾아가 신앙상담을 받곤 했다. 녹스는 버릭과 뉴캐슬 교구에서 사역할 때부터 그리고 그 이후 독일과 스위스에서 망명 생활을 하는 동안 보우스 부인과 여러 차례 편지를 주고받으며 그녀의 영적 상태를 위해 조언해주었다.

녹스와 보우스 부인이 주고받은 편지들은 지금도 여러 편 남아 있다.[69] 보우스 부인의 염려는 무엇보다도 믿음으로만 얻는 칭의 교리에 따라서 지금 어떻게 자신의 구원을 확신할 수 있는지에 대한 것이었다. 이에 녹스는 다음과 같이 조언해주었다. "우리의 승리는 우리 자신의 힘에서 나오는 것이 아니라 그분의 성령으로 우리 안에 이해와 의지와 충족함과 능력을 주시는 주님의 선함에서 나온다는 것을 분명히 알아야

---

[69] 녹스와 보우스 부인이 주고받은 30통의 서신들에 대한 배경 정보와 그 주요 내용에 대해서는 A. Daniel Frankfoster, "Elizabeth Bowes and John Knox: A Woman and Reformation Theology," Church History 56 (1987): 48-66 참조.

합니다."[70] 녹스는 구원 여부는 우리의 공로가 아닌 전적으로 하나님의 기뻐하신 뜻에 따라 우리를 이미 선택하신 그분의 뜻이라고 강조했다. 보우스 부인은 사울 왕의 경우와 같은 성경의 여러 사례들을 언급하면서 하나님의 예정이 바뀌지 않을 것을 어떻게 확신할 수 있는지를 재차 물었다. 녹스는 보우스 부인이 지적하는 성경 구절은 구원의 확실성을 의심하라는 말씀이 아니라 자신의 힘으로 구원의 삶을 영위하려는 시도에 대해 경고하는 것이라고 해석해주었다. 그리고 자신이 선택받았는지의 여부를 진지하게 물으면서 두렵고 떨림으로 순전한 삶을 살고자 하는 성도의 경외심이 오히려 가장 확실한 선택의 증거라고 말하며 격려했다. "저는 제 자신이 그리스도께서만 유일한 구세주라고 설교하는 것만큼이나 그리스도 안에서 당신의 선택됨이 확실하다고 말씀드립니다."[71] 이들이 주고받은 서신을 통해 녹스가 이신칭의와 전적인 은혜에 의한 예정 교리를 확고히 밝히면서도 어떻게 의심에 빠진 영혼을 위해 친절하고 조심스럽게 권면과 위로를 전하는지 엿볼 수 있다.

이 둘 사이의 친밀한 관계와 빈번한 서신 교환은 당시 남

---

70) Works, III: 399.
71) Works, III: 369.

성 중심의 사회에서 흔하지 않은 일이었다. 따라서 당시 많은 사람들과 특히 녹스를 대적하던 로마 가톨릭 인사들은 녹스와 보우스 부인의 관계를 의심하면서 비난했다. 녹스 자신도 이런 풍문을 잘 알고 있었다.[72] 그러나 이들이 주고받은 편지 내용을 보면 두 사람의 관계가 처음부터 끝까지 구원의 확신과 관련해 신앙적·신학적 대화를 주고받은 목사와 성도 간의 신앙적 관계였음이 분명하다. 녹스는 엘리자베스가 죽은 후 그동안 주고받은 편지를 목회적 필요를 위해 공개적으로 출판하기로 결정했다. 서신의 공개를 결정한 것은 자신을 향한 근거 없는 공격을 잠재우고, 무엇보다 세상을 떠난 장모의 명예를 지켜주고 싶었기 때문이다. 녹스는 출간한 서간문의 서문에서 자신과 보우스 부인의 친밀한 관계는 '육체와 피가 아닌 고통당하는 그녀의 양심 때문'이었으며 그녀가 당한 고통과 유혹은 육적인 것이 아니라 전적으로 '영적인 문제'였다고 분명히 밝혔다.[73]

그럼에도 불구하고 녹스가 보우스 집안과 맺은 목회적 관계 속에서 또 다른 개인사가 진행되기도 했다. 즉 녹스가 이

---

72) Works, III: 355.
73) Works, IV: 513, Dawson, John Knox, 67. 녹스가 보우스 부인을 처음 만났을 때 보우스는 녹스보다 아홉 살 위였고, 30년간의 결혼 생활을 통해 15명의 자녀를 낳은 후였다. Frankfoster, 335.

집안을 여러 차례 방문하고 보우스 부인과 교제하는 사이에 그녀의 딸 마조리에게 마음을 빼앗긴 것이다.[74] 녹스는 자신보다 20살 이상 차이가 나지만 어머니를 따라 순수한 신앙 안에서 성장하고 있는 마조리에게 호감을 가졌고 그 마음은 시간이 지날수록 더 깊어졌다. 그러나 이 마음조차 비난할 만한 일이 아닌 것은 녹스가 마조리와 1552년 말 합법적으로 약혼했기 때문이다. 리처드 보우스와 그의 형제들은 이 약혼을 달갑게 여기지 않았다. 녹스는 출신 배경이나 당시 정치적 상황 속에서 볼 때 결코 바람직하지 않은 나이 많은 노총각일 뿐이었다. 그러나 녹스는 장인 집안의 극렬한 반대와 열악한 망명의 여정 속에서도 약혼자 마조리와 장모 엘리자베스에 대한 신실한 의무를 등한시하지 않았다. 그는 제네바에 망명 중이던 1556년 목숨을 건 1년간의 스코틀랜드 비밀 사역을 마치고 돌아오는 길에 아내 마조리와 장모를 설득해 제네바로 데리고 돌아왔다.[75]

안타깝게도 1560년 마조리가 병으로 죽음으로써 제네바에서 함께한 마조리와의 결혼 생활은 그다지 길지 못했다. 그러나 녹스 부부는 비록 짧았지만 모범적이고 행복한 결혼 생활

---

74) Reid, 108.
75) Reid, 175.

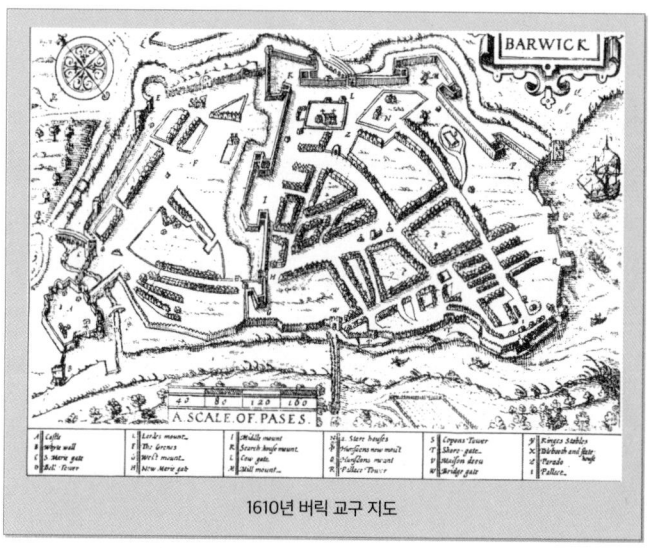

1610년 버릭 교구 지도

을 누렸다.[76]

이와 같은 가정사뿐 아니라 녹스가 보우스 부인과 주고받은 여러 서신들에 담긴 상담의 내용들은 목회자 녹스를 이해하는 데 가장 중요한 자료이다. 이 서신을 통해 단호하고 날카로운 선지자적 선포의 나팔을 분 녹스와는 조금 다른, 친절하고 배려가 많으며 따뜻한 목사 녹스의 모습을 볼 수 있

---

76) Dawson, *John Knox*, 63-64. 칼빈은 녹스 부인의 죽음에 대해 듣고서 '가장 사랑스러운 부인'이라고 존경을 표하며 녹스를 위로했다. Reid, 125.

기 때문이다.[77]

버릭과 이후 뉴캐슬 등 잉글랜드 북부에서의 2년 가까운 사역 기간 동안 녹스는 비교적 평온하고 자유로운 목회를 할 수 있었다. 그러나 이 시기에도 성도들을 향한 설교에 대한 그의 관심과 열의는 타성에 젖어 약화되지 않았다. 목회의 경험이 쌓여가고 학문적 이해가 깊어질수록 설교에 대한 간절함이 커져갔다. 그는 1554년 잉글랜드의 성도들에게 보낸 편지에서 자신이 잉글랜드에서 사역하면서 성경의 진리에 충실하여 성도들의 회개와 변화를 촉구했던 설교는 '주인의 나팔을 부는 일'(The blawing of my Maisteris Trumpet)이었다고 표현했다.[78]

예배 – 잉글랜드 국교회 예배의 개혁

녹스의 잉글랜드 사역 중 그의 목회 사역이나 가정생활보

---

[77] 카일은 단호한 설교자로서 녹스와 친절한 상담자로서 녹스에 대해 분석했고, 이 모든 목회자로서의 정체성이 잉글랜드 사역 기간 동안 뚜렷이 성장했다고 평가한다. Richard G. Kyle, "The Thundering Scot: John Knox the Preacher," *Westminster Theological Journal 62* (2002): 135–149; "John Knox and the Care for Souls," *Calvin Theological Journal 38* (2003): 125–138.

[78] Works, 3: 205. 이 점에 착안해 리드는 그의 전기에서 녹스를 '하나님의 나팔수'라고 불렀다.

다 역사적으로 더 주목할 일은 그가 시행한 예배 개혁 시도이다. 당시 잉글랜드 교회는 크랜머의 주도로 1548년 개정한 『공동기도서』(The Book of Common Prayer)의 예배 형식을 도입하는 과정에서 기존의 보수적 입장과 개혁적 입장 사이에 혼란을 겪고 있었다. 하지만 녹스는 무엇보다도 설교를 중심으로 하는 예배를 시행했다. 녹스가 예배 가운데 설교를 강조했다는 것은 그 위치나 분량을 중요하게 보았다는 의미가 아니다. 녹스는 단호하고 분명한 개혁적 설교 내용을 중시했다. 리드가 분석했듯이 녹스는 매 주일 성경 본문을 주제별 혹은 본문 순서에 따라 선정한 후 본문 각 절을 따라 설교했다. 그는 본문 각 절의 교리적 의의를 먼저 분명히 한 후 청중들의 상황과 특별히 당시 시대적 상황을 염두에 두고 적용 내용을 선포했다. 때로는 너무 단호하고 직접적인 적용 선포가 설교를 듣는 성도들과 특히 정치인들을 불편하게 만들어 문제를 일으키기도 했다.[79] 그러나 녹스는 이런 반응을 두려워하지 않았다. 성경 전체의 메시지가 회개를 촉구하는 하나님의 선포이며 이 선포를 가감 없이 담대하게 전하는 것이 선지자적 직무를 감당하는 설교자의 의무라고 생각했기 때문이다.

---

79) Reid, 101-102.

설교 중심의 예배 시도는 예배 시 성찬 시행의 변화와 연결되었다. 녹스는 예수 그리스도께서 제정하신 명령과 성경의 모범을 가장 중요한 기준으로 여겼다. 그는 1550년경 발표한 "성찬 성례에 대한 성경의 가르침 요약"(A Summary, according to the Holy Scripture, of the Sacrament of the Lord's Supper)에서 간략하지만 분명하게 성찬에 대한 자신의 이해를 표현했다.

> 가장 먼저 우리는 이 성례는 주님이신 예수님께서 우리 앞에 지상적이며 가시적인 것들을 차려주심으로써 우리가 천상적이며 비가시적인 일들을 향해 올라가도록 제정하신 거룩한 행사임을 고백한다. 그리고 우리는 주님께서 그의 영적 식탁을 예비하셨을 때 그분 자신이 친히 살아계신 떡이심을 증언해주셨고 따라서 우리의 영혼은 영생을 향하여 먹음을 고백한다.[80]

이 글에서 녹스는 자신이 로마 가톨릭의 화체설뿐 아니라 루터의 공재설과도 다른 성찬 이해를 가지고 있음을 명확히 드러냈다.

---

[80] Works, 3: 73.

그러므로 먹고 마시도록 떡과 포도주를 마련해주시면서 주님께서는 우리가 그분의 왕국에서 주님과 함께 거하리라는 자신의 약속과 연합을 확인하시고 인치셨다. 그리고 자신의 천상에 속한 은사들을 우리에게 제공하시고 우리의 감각에 적합하게 만들어주셨다. 그리고 우리의 입이나 본질의 변화(transfusion)가 아니라 믿음으로 받아들이라고 자기 자신을 우리에게 주셨다. 우리가 주님의 몸을 먹으며 그의 피로 새롭게 되어 거룩해지고 동시에 불멸을 향하여 새롭게 되는 일은 다만 성령의 능력을 통하여 이루어진다.[81]

'올라간다', '영적으로 먹는다', '성령의 능력'과 같은 용어는 칼빈이 성찬에 대해 설명할 때 사용한 중요한 표현들이다. 1549년 칼빈은 취리히의 개혁자 불링거와 여러 차례 서신 교환을 통해 성찬과 관련하여 합의에 도달했고, 그 결과가 "취리히 합의문"으로 발표되었다.[82] 화체설을 비판하면서 성경의 가르침에 부합한 성찬을 설명하는 녹스의 진술들은 녹스가

---

81) Works, 3: 73.
82) 김요섭, "칼빈의 성찬론의 신학적 요점과 교회론적 의의," 「신학지남」 80권 3집 (2013): 182–216 참고.

1550년 이전에 『취리히 합의서』를 비롯한 칼빈의 성찬 관련 저술들을 접했을 것이라고 추정하게 한다.

위와 같은 성찬 이해에 따라 그가 교회에서 실천한 성찬의 진행은 다음과 같았다. 가장 먼저 목사가 요한복음 13장 16절에 기초한 설교를 전한 후 믿음을 위해 기도한다. 이어서 목사는 고린도전서 11장을 가지고 성찬에 대한 바울 서신의 가르침을 낭독한다. 목사는 회개하지 않은 교인들의 성찬 참여를 금지하는 경고와 더불어 믿음으로 성찬에 참여할 것을 촉구한다. 이어서 고백의 기도와 용서의 선포를 성경 본문에서 선택해 낭독하고 전체 회중을 위해 기도한 후 식탁에 둘러앉은 교인들에게 떡과 포도주를 차례대로 분배한다.[83]

잉글랜드 종교개혁에서 예배 개혁은 가장 첨예한 갈등 문제였다. 잉글랜드 교회의 지도자인 크랜머는 1548년부터 『공동기도서』를 제정하기 위해 다양한 입장을 아우르는 신학적 토론을 열어 성찬을 비롯한 주요 주제들을 논의했다. 이 토론을 통해 크랜머는 부써가 제시한 개혁신학의 성찬 이해를 채택했다. 즉 성찬에서 그리스도의 몸의 실재적 임재를 분명히 거부하고 그리스도의 임재는 영적이라고 주장한

---

83) Lorimer, *John Knox and the Church of England* (London, 1875), 290. Reid, 102에서 재인용.

것이다. 이 토론 과정의 결과 작성된 『공동기도서』는 1549년 '통합령'(Act of Uniformity)을 통해 의회의 비준을 받았다. 이제 6월부터는 모든 교구의 교회들이 이 『공동기도서』에 따라 예배를 드려야만 했다.[84] 『공동기도서』의 의무적 사용 요구는 데본과 콘월 등지를 중심으로 '기도서 반란'(Prayer Book Rebellion)이라고 불리는 반발을 불러일으켰다. 전국적으로 확산된 반발 세력은 예배에서 라틴어의 사용, 성찬에서 떡의 축성, 연옥에 있는 영혼을 위한 기도의 회복과 수도원의 재건 등을 주장했다. 그러나 크랜머는 이와 같은 반발에 강경하게 대응했고, 에드워드 6세는 타협을 추구한 정치인들보다 대주교 크랜머의 의견을 좇아 통일령의 집행을 강행했다.[85]

예배와 관련한 녹스의 과감한 개혁 시도 역시 잉글랜드 북부 지방의 로마 가톨릭 세력으로부터 강력한 공격을 받았다. 더람 주교 턴스톨을 비롯한 로마 가톨릭 교권세력은 녹스가 잉글랜드 개신교가 제정한 『공동기도서』와도 차이가 있는 말씀 중심의 예배를 시행하자 그를 북부지방 의회(Council of the North)로 소환해 재판에 회부했다. 1550년 4월 4일 재판이 여

---

84) Ridley, 285-289, MacCulloch, 395-398.
85) MacCulloch, 443-447.

전히 로마 가톨릭 신자였던 스루즈버리 백작(Earl of Shrewsbury)과 여러 로마 가톨릭 귀족들의 주관하에 열렸다. 이 재판을 위해 녹스는 화체설을 비판하는 변호를 준비했고, 그 내용은 곧 『미사의 희생이 우상 숭배라는 교리의 변호』(A Vindication of the Doctrine that the Sacrifice of the Mass is Idolatry)라는 책으로 출판되었다. 녹스는 이 변호에서 의도적으로 중세 스콜라 신학이 즐겨 사용했던 대전제-소전제-결론으로 이루어지는 삼단논법(syllogism)을 두 가지로 사용하여 미사의 오류를 비판했다.

첫 번째 삼단논법은 다음과 같다. "하나님의 분명한 명령 없이 하나님에 대한 종교(religion)에서 인간의 두뇌가 고안해낸 예배 형식이나 의식은 모두 우상 숭배이다. 미사는 하나님의 명령 없이 인간의 두뇌가 고안해낸 것이다. 그러므로 미사는 우상 숭배이다."[86] 녹스는 이어서 구약 사울 왕의 실패와 교황 그레고리의 사례를 들어 미사의 오류를 비판했다. 또 미사 제도가 어떻게 고안되어 발전되었는지 역사적 과정을 설명하면서 교황주의자들이 자신의 고안물들을 어떻게 미사에 첨가했는지 소개했다. 녹스의 두 번째 삼단논법은 다음과 같다. "악한 의견이 첨가된 것이라면 하나님을 향한 모

---

86) Works, III: 33, Kyle and Johnson, 48.

든 경배와 예배는 혐오스러운 일이다. 미사에는 악한 견해가 첨가되어 있다. 그러므로 미사는 혐오스러운 일이다."[87] 녹스는 히브리서 10장을 인용하면서 그리스도께서 단번에 제사를 드리셨는데 미사에서 매번 그리스도를 희생 제물로 바친다면 이것은 혐오스러운 일이라고 주장했다.[88] 이 재판을 통해 드러난 녹스의 분명하고 설득력 있는 개혁 주장은 도리어 잉글랜드 북부 지역의 종교개혁이 확산되는 데 크게 기여했다. 많은 사람들이 이 재판 과정과 이후 출판된 녹스의 글을 통해 미사와 로마 가톨릭의 신학적 문제에 대해 공감한 것이다.[89]

1551년 녹스는 뉴캐슬로 사역지를 옮겼다. 녹스가 세인트 니콜라스 교회에서 교구 목회자로 사역한 뉴캐슬은 버릭보다 훨씬 큰 도시였다. 녹스의 영향력은 더 커졌고 실제로 녹스는 뉴캐슬뿐 아니라 잉글랜드 북부 지방 여러 곳에서 설교 사역을 담당했다. 이제부터 녹스의 사역은 한 지역의 담임목회에 그치지 않았다. 녹스는 멀리 떨어져 있는 런던의 정치적 상황에 대해서도 선지자적인 선포를 멈추지 않았다. 그해 11월 1일 왕실에서 정변이 일어났다. 지나치게 지배적 권력을

---

87) Kyle and Johnson, 49.
88) Works, III: 57-58.
89) Reid, 104.

행사했던 서머셋 공작 시무어는 1549년부터 이미 의회의 지지를 상실한 상태였다. 그 대신 노섬벌랜드 공작 더들리(John Dudley, 1504-1553)가 세력을 얻어 1549년 10월 무혈 혁명을 일으켜 권력을 차지했다.[90] 노섬벌랜드 공작은 종교개혁을 지지하는 정책을 내세웠지만 녹스는 왕실에서 벌어지는 권력 투쟁을 성경의 관점으로 비판했다. 녹스는 그의 설교를 통해 왕국의 신앙 상태에는 관심을 두지 않고 도리어 자신의 정치적 야망에 눈이 어두운 지도자들의 행태는 곧 하나님의 진노와 심판을 면치 못할 것이라고 경고했다.

녹스의 선지자적인 설교에도 불구하고 잉글랜드의 지도자들은 녹스를 높이 평가해 12월 궁정 설교자로 임명했다. 궁정 설교자는 모두 6명이 선출되었는데 이 중 두 명은 왕궁에 머물며 왕과 정부 주요 인사들을 대상으로 목회를 했고, 다른 네 명은 전국을 순회하며 사역했다.[91] 녹스는 이들 순회 사역자 네 명 가운데 한 명으로 선출되어 주기적으로 에드워드 6세 앞에서 설교를 전했다. 이듬해인 1552년 여름 북부 지

---

90) 시무어는 이후 잠시 복권되었지만 1551년 10월 반역죄로 체포되어 재판을 받다가 이듬해 1월 결국 흉악범죄 혐의로 처형되고 말았다. David M. Loades, *Intrigue and Treason: The Tudor Court, 1547-1558* (Harlow: Pearson Longman, 2004), 109-111.

91) Reid, 110.

역을 순회하던 노섬벌랜드 공작은 녹스를 런던으로 데리고 갔다. 종교개혁과 관련해 녹스에게 더 중요한 직책을 맡기고 싶었기 때문이다. 그러나 녹스가 런던에 머무는 동안 목격한 잉글랜드의 상황은 예상보다 더 심각했다. 후퍼(John Hooper, 1495-1555)와 같은 인물들의 개혁 주장은 여전히 소수 의견에 머물러 있었고, 크랜머를 비롯한 대부분의 교회 지도자들은 로마 가톨릭 세력의 반발을 의식해 개혁의 확립에 미온적이었다. 특히 예배 형식의 개혁에서 런던 교회 지도자들이 보여주는 모습은 참으로 실망스러웠다. 노골적으로 로마 가톨릭 교리와 미사를 지지하고 있던 윈체스터 주교 가디너(Stephen Gardiner, 1497-1555)와 런던 주교 본너(Edmund Bonner, 1500-1569)는 친로마 가톨릭 정치 세력을 등에 업고 여전히 정치적·종교적 영향력을 확장하고 있었다. 이들의 비호 아래 그렇지 않아도 타협적인 성격을 포함했던 『공동기도서』마저 많은 교회에서 무시를 당하고 있었다.

녹스가 주목한 것은 이런 혼란 속에서도 성경의 가르침대로 목회하고 있는 피난민 교회들이었다. 당시 잉글랜드에는 크랜머의 정책에 따라 여러 피난민 교회들이 설립, 운영되고 있었다. 캔터베리에는 1548년부터 후텐호브(Jan van Utenhove)가 사역하는 프랑스 난민교회가 설립되어 있었으며, 런던에는 아 라스코가 설립한 폴란드-독일 피난민 교회가 예배를 드리고 있었다. 중부 지방 글래스턴베리(Glastonbury)에는 스트라스부르크에서 온 풀렝(Verelian Poullain, 1515~1560)이 목회하는 프랑스인 난민 교회가 있었다. 이들 피난민 교회는 잉글랜드 국교회의 『공동기도서』대로 예배를 드려야 할 의무에서 제외되었다. 이들 교회는 일부 국교회 지도자들의 간섭에도 불구하고 자신들이 피난 오기 전에 스트라스부르크와 제네바에서 시행하던 설교 중심의 예배와 칼빈의 이해에 따른 성찬 집례를 따랐다. 녹스는 비록 잉글랜드 국교회 안에서 목회자로 사역하고 있었고 노섬벌랜드와 같은 최고 권력자들의 지지를 받고 있었지만 예배 개혁과 교회 목회에서는 이들 피난민 개혁교회들의 실천에 더 공감했다.[92] 녹스가 보기에 정치적 목적에 따라

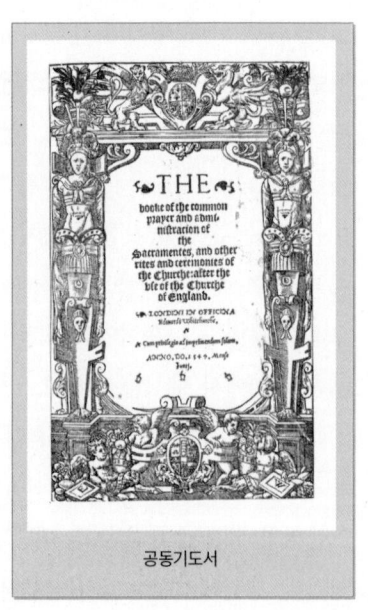

공동기도서

---

92) Dawon, 72.

종교개혁의 명분과 예배 개혁의 방향을 결정하는 것은 비신앙적인 모습이었기 때문이다.

갈등 - 흑주 사건

녹스는 잉글랜드에서 인정받고 높아지는 출세를 추구하지 않았다. 그가 사제나 교회의 제도적 권세에 의존한 예배의 합법성에 대해 거부한 것은 오직 예수 그리스도만이 교회의 왕이시며 머리시라는 확고한 교회론 위에 서 있었다. 예배에 있어 머리이신 그리스도의 유일한 통치권에 대해서는 교황청뿐 아니라 어떤 세속 권세들도 또 다른 권위를 주장할 수 없다.

> 나는 예수 그리스도께서 왕이시며 교회의 머리가 아니신지 묻고 싶다. 그 누구도 이 점을 부인하지 않을 것이다. 만일 주님께서 왕이시라면 그분께서 왕의 직무를 담당하셔야만 한다. 왕의 직무는 단지 자기 백성들을 지도하며 다스리며 보호하는 것만 아니라 법을 만들어 제정하는 일도 포함한다. 그분의 백성들은 어떤 세상 왕들의

법이 아니라 다만 이 법에만 복종해야 할 의무가 있다.[93]

녹스는 이런 개혁신학의 교회론 위에서 뉴캐슬 교구 교회에서 모든 성도가 둘러앉아 떡과 잔을 나누는 성찬을 시행했다. 또 『공동기도서』의 틀에 갇힌 형식을 따르지 않고 정해진 성경 본문에 따른 설교 중심의 예배를 시행했다. 잉글랜드 국교회의 감독들은 녹스의 예배 방식에 불만을 가졌지만 녹스는 외적 형식의 통일성이 아니라 성경 말씀을 통한 그리스도 중심의 개혁을 성취하기 위해 어떤 정치적 위협에도 굴복하지 않았다. 한편 잉글랜드 교회는 기존 『공동기도서』에 대한 보수 측과 개혁 측 양쪽 모두의 빗발치는 불만에 대응하기 위해 1552년 10월 『공동기도서』 개정판을 제정했다. 이 개정은 크랜머와 리들리가 주도해 대륙에서 영입한 여러 종교개혁자들의 조언을 따라 진행되었다. 개정된 『공동기도서』에는 성찬에서 영적인 임재에 대한 명백한 용어들이 사용되었고, 떡과 포도주에 대한 숭배를 경계할 수 있는 설명이 추가되었다. 그리고 죽은 사람들을 위한 기도는 연옥설을 내포할 수 있으므로 거부되었다.[94] 1552년의 새로운 '통일

---

93) Works, III; 41.
94) Ridley, 322-327.

령'은 11월 1일부터 이 새로운 『공동기도서』를 사용할 의무를 법적으로 선포했다. 이처럼 새로운 공동기도서는 그 신학적 내용에서는 더 분명하게 종교개혁의 취지를 밝혔다. 그러나 예배 형식의 측면에서는 여전히 여러 가지 기존 관습들을 보존했다.[95]

녹스는 개정된 『공동기도서』에 대해서 강하게 이의를 제기했다. 특히 신자가 목회자 앞에서 무릎을 꿇고 성찬을 받는 형식이 추가된 것을 가장 큰 문제로 삼았다. 1차 『공동기도서』에 포함되지 않은 이런 내용이 포함된 것은 불법이었다. 왜냐하면 그 어떤 권세도 성찬을 제정한 예수 그리스도와 이에 대해 설명한 신약의 바울 서신이 지시하지 않은 내용을 첨가할 권위를 가지지 못하기 때문이다.[96] 녹스가 볼 때 이 『공동기도서』가 성찬을 받을 때 성도들로 하여금 무릎을 꿇게 한 규정은 여전히 우상 숭배의 잔재였다. 그는 더들리를 만나 이 『공동기도서』가 여전히 미사의 우상 숭배적 요소를 벗어나지 못하고 있다고 비판했다. 녹스를 지지한 더들리의 요청에 따라 추밀원은 9월 이 개정 『공동기도서』의 출판을 금지시켰다. 크랜머를 비롯한 고위 목회자들은 기존의 관습을

---

95) Reid, 116-117.
96) Works, V: 479f.

들어 이 관행을 유지하기 원했다. 그들은 예전의 변경은 추밀원의 소관이 아니라 국왕의 재가를 얻어 의회가 결정할 문제임을 주장하며 기도서의 출판을 강행하려 했다. 그러나 에드워드 6세는 10월 자신 앞에서 전한 녹스의 설교에 큰 감명을 받고 녹스의 이의 제기에 따라 이 부분의 시정을 명령했다. 녹스가 주도하여 추밀원에 제출된 반대 의견은 다음과 같았다.

첫째, 성찬을 받을 때 무릎을 꿇는 행위는 경배와 예배를 암시한다. 둘째, 결과적으로 교황주의자들은 자신들과 개신교인들 사이에 실제적인 차이가 없다고 주장할 것이다. 셋째, 그리스도께서도 마지막 만찬 때 끝까지 앉아 계셨으며 그렇다고 이것이 성찬을 모독한 것이라고 볼 수 없다. 넷째, 앉아 있는 것은 두려움의 표현이 아니라 기쁨의 표현이다. 다섯째, 구약에 나타난 '선지자적 교회'(Prophetical Church)에서 교인들이 서 있었던 것에 비해 성찬에서 교인들이 앉아 있는 것은 그리스도의 사역의 완결성을 표시하는 것이었다.[97]

---

97) Lorimer, 126ff.

결국 녹스의 이의 제기가 수용되었다. 이미 인쇄에 들어간 『공동기도서』의 전체 폐기와 재인쇄는 불가능했기 때문에 임시적인 방법이 선택되었다. 즉 무릎 꿇기를 규정한 것은 결코 떡과 포도주를 숭배하기 위함이 아니라는 설명을 담은 주석을 별지로 인쇄

흑주

해 『공동기도서』에 풀로 붙여 출판하도록 한 것이다. 본래 『공동기도서』 내의 설명이나 주석은 붉은색으로 인쇄되었는데, 이 부분에 대한 설명은 시간이 부족해 검은색으로 인쇄되었다. 따라서 이 사건은 글씨의 색깔을 따라 보통 '흑주'(Black Rubric) 사건이라고 불린다.[98]

흑주 사건에서 볼 수 있듯이 녹스는 바른 예배를 확립하는

---

98) "무릎을 꿇는 행동은 성찬의 떡과 포도주에 대한 숭배를 의미하지 않는다. 이 숭배는 우상 숭배이며 모든 신실한 그리스도인은 이런 우상 숭배를 혐오해야 한다." Works, III: 80. MacCulloch, 527-530. Reid, 119-120.

개혁자로의 부르심

종교개혁의 과제에서 어떤 상황과도 타협하지 않는 일관된 자세를 보여주었다. 그러나 그는 엄격한 외골수는 아니었다. 그는 크랜머와 국교회 지도자들이 『공동기도서』 개정 등 온건한 개혁 정책을 추진한 어려운 정치적 상황을 잘 이해하고 있었다.[99] 원칙에 해당하는 주제에 대해서 의견이 같다면 집권자들과 싸워 분쟁을 일으키는 것보다는 순복하는 것이 마땅하다는 것이 녹스의 기본적인 입장이었다. 그는 버릭의 성도들에게 보낸 편지에서 새로운 『공동기도서』에 따라 예배드릴 것을 권유하면서 무릎을 꿇는 행위가 불러일으킬 수 있는 우상 숭배의 오해를 주의하라고 당부했다.[100] 녹스에게 중요한 것은 외적인 형식 자체가 아니었다. 그에게 중요한 것은 문제가 되는 형식이 나타나게 된 신학적 원칙을 반성하고, 그와 더불어 그 형식이 만들어온 신앙상의 오류를 성경의 진리로 회복하는 것이었다. 이것이 그의 종교개혁의 과제였다.

녹스의 굽히지 않는 개혁 주장에 대해 노섬벌랜드 공작은 지혜로운 정치적 대안을 생각해냈다. 녹스에게 로체스터 감독직을 임명할 것을 왕에게 건의한 것이다. 노섬벌랜드 공작은 녹스를 런던 근처 로체스터의 고위 성직에 임명하면 자신

---

99) Works, III: 81.
100) Lorimer, 251-165, Dawson, 74.

과 갈등 관계가 형성된 대주교 크랜머를 견제할 수 있을 뿐 아니라 켄트 지방을 중심으로 확산되고 있는 무정부주의적 재세례파의 문제를 해결하는 데에도 도움이 될 것이라고 생각했다. 더불어 스코틀랜드 개신교인들의 다수 유입으로 인해 로체스터를 무시하는 등 잉글랜드 국교회의 정책을 무시하는 잉글랜드 북부를 더 쉽게 종교적으로 통제할 수 있을 것이라고 기대했다.[101] 잉글랜드 국교회 안에서 가장 중요한 교구 가운데 하나인 로체스터의 감독이 되는 것은 외국인으로서는 정치적으로 크게 출세하는 길이었다. 그러나 녹스는 그 제안을 거부했다. 그 이유에 대해서는 이제 곧 '다가올 문제'들을 미리 보았기 때문이라고 후에 그는 밝혔다.[102] 물론 거절의 이유에는 예비 장인 집안의 반대 속에서도 마조리와 약혼을 계획 중이던 개인적 사정도 있었을 것이다.[103] 그러나 더 중요한 이유는 감독직을 수락하여 국교회의 고위직에 오르게 되면 크랜머와 같이 종교개혁에서 정치적 타협을 피할 수 없을 것이라는 현실적 판단 때문이었다. 또 흑주의 첨부

---

101) Dawson, 76.
102) Works, III: 122. Dawson, 77.
103) 1553년부터 녹스가 보우스 부인에게 보내는 편지가 "친애하는 자매에게"(Derlie Belovit Sister)에서 "친애하는 어머님께"(Derlie Belovit Monther)로 바뀐 것으로 보아 마조리와의 약혼은 1552년 말에 이루어진 것으로 보인다. Works, III: 369, 379. Reid, 125.

만으로 『공동기도서』의 사용을 허용한 직후 자신이 국교회 내의 고위 성직을 수락하게 된다면 자신이 섬겨온 버릭과 뉴캐슬 교인들에게 상처를 줄 수 있다는 염려 때문으로도 볼 수 있다. 교구의 성도들은 자신의 담임 목회자가 그 동안의 소신을 버리고 『공동기도서』를 수용하여 신앙을 타협했으며, 그 결과로 높은 직위를 얻었다는 오해를 하게 될 것이 분명했다.[104]

녹스는 잉글랜드에서도 자신이 성경의 진리를 선포하는 선지자의 직무를 받았다는 소명을 잊지 않았다. "누구든지 내심 그리스도의 복음과 진리를 대적하면서 잉글랜드에서 설교하는 사람이라면 그는 하나님의 적이며 잉글랜드 국왕과 국민들에 대한 반역자임에 틀림없다."[105] 뉴캐슬 지역의 로마 가톨릭 인사들에게 녹스가 정치적으로 더 큰 영향력을 발휘하고 돌아온다는 사실은 큰 위협이었다. 복음에 대한 대적은 곧 국가에 대한 반역이라는 설교를 구실로 뉴캐슬 시장 브랜들링(Robert Brandling)은 더람 교구 부지사인 웨스트모어랜드 백작(Earl of Westmoreland)에게 녹스를 고발했다. 백작은 녹스의 주일 설교 일정까지 무시하면서 그를 호출했다. 섭정 노섬

---

104) Dawson, 77-78.
105) Works, III: 83, Lorimer, 162, Reid, 123.

벌랜드는 이 소식을 듣고 정치적인 압박을 가해 녹스에게 처벌이 미치지 못하게 막았다. 그는 1553년 2월에 다시 한 번 녹스에게 런던 브로드스트리트의 올할로우즈(Allhallows) 교구 교회를 새로운 사역지로 제안했다. 그러나 녹스는 이 제안도 거절했다. 녹스는 설교자로서 자신의 설교가 잉글랜드의 복잡한 정치적 상황에 의해 좌지우지되거나 오해받는 것을 싫어했다. 도리어 그는 성경의 가르침을 따라 설교하면서 종교개혁 정책을 정치적 이해에 따라 결정하려는 노섬벌랜드 이하 잉글랜드 고위층을 강력하게 비판하는 언급을 서슴지 않았다. 그런 녹스에게 불필요한 오해를 불러일으킬 수 있는 고위 성직의 수락은 그동안 자신이 설교했던 내용과 부합하지 않았다.

녹스는 항상 목회자로서 자신이 사역했던 성도들의 영적 상태를 배려하는 목자의 심정에 충실했다. 그리고 개혁자로서 자신의 고국 스코틀랜드에서 피난해 온 성도들을 가까이에 머물게 하며 자신이 소원하는 고국의 개혁을 함께 준비하기 원했다. 리드는 여기에 덧붙여 녹스가 두 차례나 잉글랜드 국교회의 요직을 거절한 것은 1553년 즈음 녹스는 잉글랜드의 종교개혁이 세속적 욕구에 의해 좌우지되는 현실을 직접 경험하고 나서 이 왕국에 곧 하나님의 심판이 임할 것을 예감했기 때문이라고 주장했다.[106] 에드워드 6세가 갑자기 세상을 떠나고 잉글랜드의 종교개혁이 좌절된 후 1554년 출간한 『시편 6편 주석』에서 녹스는 보우스 부인에게 자신이 고위 성직을 거절한 이유를 이렇게 말한다.

> 제가 날마다 문제를 목격하고 있다고 얼마나 자주 제가 당신에게 말했습니까? 그리고 제가 얼마나 그 문제들을 피할 수 있을지 모르겠다고 말했습니까? 지금은 하나님께서 데려가신 폐하께서 저에게 고위직을 제안하셨지만 저를 가장 사랑했던 사람들을 포함한 모든 사람을 불편하게 하면서까지 제가 그 승진을 거절했던 이유가 무엇이었습니까? 그 이유는 분명히 제가 다가올 문제를 미리 보았기 때문입니다. 얼마나 자주 제가 당신에게 잉글랜드가 저를 먹여 살릴 시간이 그다지 길지 않을 것임을 말했습니까?[107]

노섬벌랜드는 녹스의 완강한 태도와 정치적 타협이 없는 설교 내용이 전혀 마음에 들지 않았지만 런던의 복잡한 정

---

106) Reid, 127.
107) Works, III: 1 2 2.

치적 형편 때문에 녹스에게 신경 쓸 틈이 없었다. 그는 녹스가 다시는 런던에 와서 정치적 영향력을 발휘할 수 없게끔 런던과 떨어진 버킹엄셔 아머샴(Amersham, Buckinghamshire)을 중심으로 근교를 순회 설교하는 왕립 설교자로 파견했다. 녹스는 교구 목회자로서든지 왕립 설교자로서든지 어느 사역의 현장에서도 예배 개혁을 위한 설교와 실천 노력을 게을리하지 않았다.

좌절 – 로마 가톨릭의 복구

녹스의 경고에도 불구하고 잉글랜드 종교개혁에 어두운 그림자가 갑자기 찾아왔다. 1553년 1월 감기에 걸린 에드워드의 병세가 호전되지 않고 점점 위중해져서 봄이 지날 무렵에는 폐결핵으로까지 발전했다. 분위기가 심상치 않자 노섬벌랜드는 자신의 아들 길포드의 아내인 며느리 제인 그레이(Lady Jane Grey, 1537-1554)를 왕위에 올리려 했다. 그러나 왕위 계승 1순위는 헨리 8세의 첫째 딸이자 에드워드의 누이인 메리(Mary Tudor, 1516-1558)에게 있었다. 메리는 친어머니 캐서린(Catherine of Aragon)이 아버지 헨리에게 버림을 받고 폐위딩한 후 공주 지위까지 박탈당한 채 어머니의 임종조차 제대로 지키지 못하고 런던 근처 허드슨(Hudson)에 유폐되어 생활했다. 메리는 아버지와 여러 잉글랜드 개신교 귀족들에게 받은 상처를 품고 사적으로 로마 가톨릭 미사를 드리며 젊은 시절을 불행하게 보냈다. 법적으로나 종교적으로 볼 때 메리는 선호할 만한 후임 군주는 아니었다. 아직까지 잉글랜드에는 여성이 군주가 된 적도 없었다. 그러나 제인 그레이가 왕위에 앉음으로써 노섬벌랜드의 독재가 확고해질 것을 싫어했던 정치적 반발이 더 컸다.

7월 6일 에드워드가 끝내 세상을 떠나자 녹스의 예견대로 잉글랜드는 큰 혼란에 빠지고 말았다. 모든 것이 정치적 이해타산에 따라 결정되었다. 노섬벌랜드는 10일 며느리 제인 그레이를 왕으로 선포했다. 그리고 반발하는 이스트 앵글리아(East Anglia) 지역의 로마 가톨릭 세력을 군사적으로 진압했다. 그러나 런던의 귀족들은 메리를 옹립하기 위해 군사력을 모았고 19일 노섬벌랜드를 체포하는 데 성공했다. 결국 메리가 7월 19일 잉글랜드 최초의 여왕으로 즉위했다. 그러나 곧 반대파가 승기를 잡음으로써 통치 기간은 결코 길지 않았다. 제인 그레이는 단 9일만 왕위에 있었다. 노섬벌랜드와 제인 그레이 부부는 결국 반역죄로 재판을 받고 각각 8월과 이듬해 2월에 런던탑에서 참수 당했다.

새로운 여왕은 처음에는 종교적 문제에 대해서 중립을 지키겠다고 약속했다. 그러나 모든 사람들이 그 약속이 결코 오래가지 않을 것임을 알았다. 헨리 8세 때부터 종교개혁을 반대했던 노퍽 공작(Thomas Howard, 3rd Duke of Norfolk, 1473-1554) 같은 정치인들과 가디너, 본너와 같은 로마 가톨릭 시대의 고위 성직자들이 즉각 복직했다. 가디너는 윈체스터 주교(Bishop of Winchester)직과 총리(The Lord Chancellor)를 겸하며 실권을 장악했다. 그리고 그동안 적극적으로 개혁을 주장했던 후퍼나 옥스퍼드 대학총장 콕스(Richard Coxe, 1500-1581) 같은 사람들에게는 사임 압력이 가해졌다.

10월 1일 웨스트민스터 사원에서 가디너가 주관하는 메리 여왕의 대관식이 성대하게 열렸다. 이날 이후 개신교인들에 대한 박해가 본격적으로 시작되었다. 의회는 12월 1일 『공동기도서』를 예배 중에 사용하지 못하게 하는 법을 통과시켰다. 로마 가톨릭 진영은 37세임에도 불구하고 처녀였던 여왕을 결혼시키려 했다. 잉글랜드의 귀족이 아닌 신성로마제국 황제 카를 5세(Karl V, 1500-1558)의 아들인 스페인 왕자 필립(Phillip II, 1527-1598)이 가장 유력한 후보였다. 필립은 1556년 스페인 왕에 올라 로마 가톨릭을 지지했으며 신대륙의 자원을 바탕으로 중상정책을 펼쳐 스페인의 최고 전성기를 구가했다. 이 결혼은 철저하게 정치적 계산에 의해 진행되었다. 잉글랜드 로마 가톨릭 귀족들은 이 결혼을 통해 국내 개신교 세력을 무력화하고 로마 가톨릭 동맹을 강화하려 했다. 만일 메리가 왕자를 낳으면 왕위계승 서열 2위인 메리의 이복동생 엘리자베스(Elizabeth Tudor, 1533-1603)는 밀려나고 그녀를 중심으로 한 개신교 세력의 결집을 막을 수 있었기 때문이었다. 또 대외적으로는 가장 강력한 로마 가톨릭 국가 스페인과 신성로마제국 황제 지위를 동시에 차지하고 있는 합스부르크 가문과 동맹을 맺음으로써 프랑스를 견제할 수 있었다. 필립과 메리는 처음 만난 지 이틀 만인 1554년 7월 25일 윈체스터 대성당에서 결혼식을 올렸다. 그해 가을 여왕은 임신의 징후를 보였다. 축하 미사까지 런던에서 거행되었지만 이 징후는 자녀를 너무도 간절히 원한 메리의 상상 임신이었음이 확인되었다. 1555년까지 아이를 갖지 못하자 필립은 스페인으로 돌아갔다. 메리는 잉글랜드의 군주로 계속 통치했지만 버림받은 여인으로서 불행한 삶을 살아야했다. 그녀의 불행을 하나님의 심판이라고 말하는 목소리는 커져만 갔다.

녹스는 메리가 여왕으로 즉위하기 전부터 이 모든 결정이 정치적 이해관계가 아닌 하나님의 뜻에 따라 이루어져야 한다고 주장했다. 제인 그레이와 메리가 왕위를 놓고 결전을 벌이던 1553년 7월 녹스는 아머샴에 머물고 있었다. 그는 이곳에서 메리가 잉글랜드 여왕이 되면 잉글랜드 안에 다시 로마 가톨릭의 미신과 우상 숭배가 퍼질 것이고, 그 결과 하나님

의 심판을 초래할 것이라고 경고했다.[108]

1553년 여름 동안 아머샴과 켄트 지방을 순회하던 녹스의 마음은 염려와 불안으로 가득했다. 스코틀랜드에서의 실패를 다시 한 번 맞닥뜨려야 했다. 그나마 집권자들이 주도해 개혁이 성과를 거두었던 잉글랜드에서 이제 하나님의 뜻이 온전히 드러나지 못하고 개혁의 노력이 수포로 끝나버리기 직전이었다. 녹스는 또다시 사역지를 떠나 다른 곳으로 망명해야 할지 모른다는 불안감 속에 약혼녀 마조리와 결혼을 서둘렀다. 그러나 보우스 집안의 반대는 분명했다. 그동안 왕실의 지원을 받는 직분마저 상실할 처지에 놓인 녹스에게 기대할 것이 아무것도 없었기 때문이다. 녹스는 공적 사역에서나 개인 형편에서나 큰 상심을 갖고 대륙으로 망명을 결정했다. 1554년 2월 프랑스 북부의 항구 디에페로 가기 전 그는 보우스 부인에게 보내는 시편 6편 주석을 완성했다.

> 나는 일찍이 그 어떤 다른 나라들도 내가 조국 스코틀랜드를 사랑하는 것만큼 사랑할 수 없을 것이라고 생각했습니다. 그러나 하나님을 나의 양심의 증인으로 삼아 말하건대 현재 잉글랜드에서 벌어지는 비극은 스코틀랜

---

[108] Works, III: 337f, Reid, 129.

잉글랜드 튜더 왕실(왼쪽부터 에드워드 6세, 헨리 8세, 제인 시무어)

드에서 경험한 일들보다 두 배나 더 나의 마음을 아프게 합니다.[109]

잉글랜드의 사역은 다시 한 번 실패로 끝났다. 이제 한 치 앞을 내다볼 수 없는 피난의 삶이 시작되었다. 그러나 녹스의 사명 의식과 이에 따른 종교개혁의 의지는 사그라지지 않

---

[109] Works, III: 133, Reid, 133.

았다. 그는 새로운 피난의 현장에서 더 귀중하고 유익한 성장의 기회를 맞이할 터였다. 잉글랜드에서 5년간의 사역 역시 아무런 의미가 없는 일이 아니었다. 이 기간 녹스는 실제 목회의 현장에서 많은 경험을 쌓으며 목회자와 설교자로서 성장했다. 그리고 잉글랜드 왕실과 고위 정치인들을 직접 대면하면서 하나님의 뜻을 위해 사역하는 과정 가운데 세속 권세와 그들의 논리가 얼마나 큰 장애물일 수 있는지를 절감했다. 녹스가 이 경험을 통해 더 분명하게 확신한 것은 목회 현장이든 정치 현장이든 그 치열한 상황 속에서 하나님의 말씀을 붙잡고 좌우로 치우치지 않으며 담대하게 회개와 순종을 촉구하는 사역의 중요성이었다. 잉글랜드의 목회 경험과 이어지는 대륙에서의 목회 사역을 통해 녹스는 단순히 스코틀랜드만의 종교개혁자가 아니라 유럽 전체의 개혁자로 사역의 지경을 넓혀갔다.

2

개혁자로의 성장

제네바 종교개혁 기념비(왼쪽부터 파렐, 칼빈, 베자, 녹스)

Chapter 02

개혁자로의 성장

과연 법적으로 그리고 무엇보다 신앙적으로 문제가 많은 군주에게 그리스도인은 어디까지 복종해야 하는가? 혹 저항해야 한다면 어디까지 어떻게 저항할 수 있는가?

망명 – 프랑스로 피난

잉글랜드의 종교개혁은 메리 여왕의 등장과 더불어 시작된 로마 가톨릭의 복구로 중단되었다. 녹스에게 이런 상황은 스코틀랜드에 이어 다시 한 번 뼈아픈 좌절이었다. 그는 다시 정처 없는 나그네의 삶을 떠나야 했다. 그러나 녹스는 절망에 빠지지 않고 그가 처음 세인트앤드루스에서 받은 사명을 다시 붙잡았다. 그것은 어떤 상황 속에서도 우상 숭배와 폭압에 맞서 하나님의 진리를 두려움 없이 선포하는 선지자로의 부름이었다. 녹스는 그의 삶에 다시 찾아온 이 고난을 구약 선지자들도 경험한 연단이라고 생각했다. 반복되는 핍박

녹스의 활동 경로

갤리선 노예 : ①②③
영국에서의 사역 : ④⑤
독일과 스위스에서의 사역 : ⑥⑦⑧⑨
다시 스코틀랜드로 : ⑩⑪⑫

과 나그네의 삶은 이런 영적인 위기의 시대에 하나님의 사람에게는 당연한 과정이었다.

녹스는 1554년 1월 도버 해협을 건너 프랑스 디에프에 도착했다. 40대에 이른 녹스는 이제 7년 전 프랑스에 처음 왔을 때와 같은 죄수 신분은 아니었다. 그는 잉글랜드에서의 교구 목회와 왕립 설교자로서 순회 사역을 통해 숙련된 목회자가 되어 있었다. 그뿐 아니라 잉글랜드의 고위 관리들과 국왕을 상대하며 쌓은 노련한 정치적 수완까지 겸비하고 있었다. 그럼에도 불구하고 녹스의 마음은 갤리선을 타고 도착했던 7년 전만큼이나 큰 슬픔과 부담으로 인해 무거웠다. 녹스의 마음을 가장 무겁게 짓누른 것은 이제 갈 바를 알 수 없게 된 자신의 처지가 아니었다. 두고 온 가족들과 약혼녀에 대한 염려도 아니었다. 무엇보다 그의 마음을 안타깝게 만드는 것은 종교개혁이 중단된 잉글랜드의 영적 상황이었다. 잉글랜드 백성들은 귀족과 평민을 막론하고 새로 들어선 메리 여왕의 권력과 로마 가톨릭의 우상 숭배 앞에 너무 쉽게 바른 신앙과 순전한 예배를 포기하고 있었다. 그는 잉글랜드의 영적 상황이 위기에 빠져버린 이유는 헨리 8세와 에드워드 6세 시절에 잉글랜드 지도자들이 하나님의 말씀에 온전히 순종하지 않았기 때문이라고 생각했다. 로마 가톨릭 정권이 들어서기 전 잉글랜드에서는 많은 신실한 설교자들이 성경의 가르침을 따라 우상 숭배자들과 위선자들을 비판하고 백성들을 향해 분명한 회개와 개혁을 촉구했다. 그럼에도 불구하고 잉글랜드의 정치 지도자들은 설교자들의 경고를 진지하게 듣지 않았다. 겉으로는 바른 신앙을 고백하고 바른 예배를 드리는 척했지만 중심은 전혀 변하지 않았다. 그 결과 정치적 상황이 바뀌자 그들의 거짓 회개와 허울뿐이었던 종교개혁의 민낯이 이제 적나라하게 드러나고 있었다.

녹스는 잉글랜드의 상황에 대한 스스로의 책임을 회피하려 하지 않았다. 이 실패의 일차적인 책임은 자신을 비롯한 설교자들에게 있음을 솔직하게 인정했다. 그는 먼저 말씀의 사역자들이 세상의 소금으로 불러주신 하나님의 뜻을 따라 부패를 막아내는 데 최선을 다하지 못했음을 회개하며 이렇게 말했다. "하나님의 심판의 칼이 임박한 것을 보면서도 확실한 말로써 백성들과 군주들과 통치자들에게 회개할 것을 경고하지 않는 파수꾼들을 향해 하나님이 선포하시는 영원하고 두려운 판결을 명심해야 한다."[1] 결국 이 모든 영적 패배는 하나님의 말씀에 신실하게 순종하지 못한 지도자들의 불순종과 불성실의 결과이다. 너무 많은 교인들이 메리가 즉위한 이후 아무런 거리낌 없이 로마 가톨릭의 미신과 우상 숭

---

1) History, II: 48.

배로 돌아가버리는 비참한 지금의 현실은 그동안의 종교개혁이 얼마나 허약한 허상에 불과했는지 적나라하게 폭로하고 있었다. 녹스에게 더 큰 염려를 준 점은 현재 벌어지고 있는 처참한 배교와 우상 숭배가 이후 더 큰 하나님의 진노를 잉글랜드에 불러올 것이라는 사실이었다.[2]

도버 해협의 차가운 겨울 바다 건너편에서 들려오는 배교와 우상 숭배의 소식을 들으면서 녹스는 타들어가는 심정으로 잉글랜드의 성도와 지도자들을 향해 다시 한 번 경고의 나팔을 불었다.

> 오, 친애하는 형제들이여, 우리 사명의 존엄함을 기억하십시오. 당신들은 그리스도를 따랐습니다. 우상 숭배를 대적하여 전쟁을 선포했습니다. 진리 위에 손을 얹고 맹세했으며 주의 성찬으로 함께 교제했습니다. 그런데 이제 뒤로 물러설 것입니까? 그리스도와 그의 진리를 거절하고 악마와 그의 거짓 교리들과 타협할 것입니까? 가

---

[2] 칼빈은 마음으로는 성경의 진리를 인정하면서도 로마 가톨릭 미사에 참여하는 자들을 요한복음에 나오는 니고데모의 이름을 따라 니고데모파라고 불렀다. 니고데모파는 하나님의 뜻을 거역한 자들이며 그리스도의 몸인 교회를 해치는 위험한 위선자들이다. 녹스는 잉글랜드 교인들의 배교를 니고데모파에 대한 칼빈의 비판과 유사하게 비판했다. Dawson, 83-84.

장 소중한 그리스도의 언약의 피를 발아래 짓밟고 백성들 앞에 우상을 세우시렵니까? 그 신성모독적인 우상 앞에 당신들의 몸을 바치는 일을 이토록 쉽게 행하렵니까? 하나님의 아들 그리스도의 은혜로 자비로운 아버지 하나님께서 당신들을 이런 유혹으로부터 지켜주시기 원합니다.…아, 형제들이여, 여러분이 한 번 잠들고 나면 다시 일어나기 전까지 너무나 긴 시간 동안 쓰러져 있어야 함을 두려워해야 합니다.[3]

방문 – 스위스 개혁자들과의 만남

녹스는 3월이 되자 직접 스위스를 방문하기로 했다.[4] 그가 이 방문을 결심한 이유는 스위스 여러 도시들의 종교개혁자들을 직접 만나 잉글랜드의 현안에 대한 조언을 구하기 위해서였다. 녹스가 프랑스에 도착한 1554년 초부터 잉글랜드의

---

3) Works, III: 210–211.
4) 리드는 1554년 1월부터 3월 사이의 녹스의 행적을 재구성하기에 어려운 부분이 있음을 지적한다. 칼빈이 2월 23일 로잔에서 활동하고 있는 동료 개혁자 비레(Pierre Viret)에 한 스코틀랜드인을 보내면서 소개장을 보냈는데, 그 인물이 녹스로 추정되기 때문이다. Reid, 137.

정치적 상황은 더 급박하게 변해갔다. 지난해 종교문제에 대해 중립을 지키겠다는 여왕의 약속은 결국 거짓으로 드러났다. 앞장에서 말했듯이 메리 여왕은 잉글랜드 국내뿐 아니라 대외적으로도 자신의 왕권을 강화하기 위해 스페인 왕자 필립 2세와 결혼했다.

녹스는 이 결혼을 통해 잉글랜드의 배교가 더 심각해질 것이며 개신교에 대한 탄압이 더 강화될 것을 확신했다. 이 결혼은 신앙적 차원에서뿐 아니라 법적으로도 문제가 있었다. 여성 최초로 잉글랜드 국왕에 오른 메리가 외국인과 결혼함으로써 그 남편인 스페인 왕자 필립이 잉글랜드의 왕권을 주장하는 것이 합법적인 일일까? 결국 녹스가 스위스 종교개혁자들을 만나 그들에게 물어보려는 질문은 이것이었다. "과연 법적으로 그리고 무엇보다 신앙적으로 문제가 많은 군주에게 그리스도인은 어디까지 복종해야 하는가? 혹 저항해야 한다면 어디까지 어떻게 저항할 수 있는가?" 이 질문은 단순한 개인의 호기심이 아니었다. 녹스를 비롯한 교회 지도자들의 지침을 기다리고 있던 잉글랜드 내의 여러 정치인들과 많은 성도들의 질문이기도 했다.

3월 9일 제네바를 방문한 녹스는 처음으로 칼빈을 만났다. 녹스가 가지고 온 여러 민감한 질문에 대해 칼빈은 로잔의 비레(Pierre Viret, 1511-1571)와 취리히의 불링거(Heinrich Bullinger,

1504-1575)를 소개해 답을 들을 수 있도록 주선해주었다.[5] 이런 배려는 현실 문제를 대할 때 한 개인이 모든 것을 판단하기보다는 되도록 공동체 전체가 함께 의견을 나누면서 공동의 결론을 얻어내려 한 개혁교회의 특징을 잘 보여준다. 16세기 이래 개혁교회는 공동체가 함께 신앙 안에서 머리를 맞대고 지혜를 나누는 방식을 선호했다. 이런 합의의 노력이 한 사람의 독단이나 특정 단체의 이기심에 따른 오판을 방지하고 좀 더 명확하게 하나님의 뜻을 찾아가는 데 반드시 필요한 과정이라고 생각했기 때문이다. 이후 개혁교회가 장로교회와 같은 대의제도와 민주적 교회 운영을 선택한 것 역시 단순히 다수가 동참하는 민주주의를 구현하려는 것이 아니라 인간의 뜻을 상대화함으로써 유일한 주권자인 그리스도의 뜻을 구하기 위한 신앙적 결단의 결과라고 볼 수 있다.

녹스의 질문에 대해 로잔의 개혁자 비레가 어떤 답변을 주었는지는 잘 알 수 없다. 비교적 자세한 견해를 조목조목 전한 것은 불링거였다. 불링거는 1554년 3월 26일자로 칼빈에게 편지를 보내 녹스의 네 가지 질문에 대해 자신의 의견을 전해왔다. 불링거는 먼저 여성 군주의 통치와 관련해 드보라의 예를 언급했다. 그는 여성의 통치가 합법적 절차에 의해

---

5) Dawson, 85.

이루어진 것이라면 단지 여성이라는 점 때문에 비성경적이며 불법적이라고 판단할 수 없다고 말했다. 다만 그 통치가 불경건하며 독재적인 경우 경건한 사람들은 아달랴의 경우에서 지혜와 위안을 얻을 수 있을 것이라고 답했다.[6] 불링거는 편지의 결말에서 우상 숭배를 강요하는 군주에 대

하인리히 불링거

해 저항하는 것은 매주 신중하게 다루어야 할 문제라고 결론지었다.

> 나는 이 문제를 경건한 사람들의 판단에 남겨두려 합니다. 경건한 사람들은 모든 상황을 잘 알고 있으며, 모든 일을 하나님의 말씀에 맞추어 살피고, 하나님의 율법에 위배되는 일을 하지 않으며, 성경의 이끄심에 순종하는 사람들입니다. 이들은 조급한 시도를 하지 않고 장소와 시기, 기회와 사람들과 사태의 형편에 따라 이끌립니다. 따라서 다른 이들의 양심이 아니라 자기 자신의 임무

---

6) Works, III: 222–223.

에 대한 민감함에 따라 안전하게 방향을 잡습니다.[7]

불링거의 답변은 정치적 혹은 법리적이라기보다는 목회적이며 신학적이었다. 악한 우상 숭배적 권력에 대응할 때 가장 먼저 관심을 기울여야 할 비판의 대상은 악한 군주나 권력이 아니었다. 처음부터 끝까지 놓치지 말아야 할 반성의 대상은 바로 자기 자신이었다. 자기 자신이 항상 하나님 앞에서 자신의 판단과 행동의 동기가 무엇인지 점검할 수 있어야 했다. 칼빈의 입장도 불링거와 크게 다르지 않았다. 칼빈은 녹스에게 무엇보다 신앙의 원칙을 강조하며 신중히 행동할 것을 권유했다. 그리고 이처럼 어려운 상황 속에서 그리스도인이 가져야 할 가장 궁극적인 믿음의 태도는 기도임을 강조했다. 스위스의 종교개혁자들은 모두 급박하고 예민한 정치적 현안에 대응할 때 정치적 계산에 앞서 반드시 신앙의 관점을 바르게 붙잡아야 한다고 말했다.

녹스는 불링거와 칼빈이 말하는 원칙적이고 추상적인 답변에 온전히 만족할 수 없었다. 사실 녹스는 스위스 개혁파 지도자들로부터 자신이 품고 있는 선지자적 사명과 신학적 논리를 지지해주는 의견을 얻어내고 싶었다. 자신이 그 한복

---

7) Works, III: 226.

판에서 온몸으로 경험한 스코틀랜드와 잉글랜드의 극적인 상황은 구약 성경에 나타난 이스라엘의 흥망성쇠와 너무도 닮아 있었기 때문이다. 녹스는 서슴지 않고 로마 가톨릭 왕실과 결혼함으로써 나라와 신앙을 팔아넘기려고 하는 메리 여왕의 행위는 구약 성경의 아달랴나 이세벨의 악행과 똑같은 것이라고 비난했다.[8] 그리고 구약의 선지자들처럼 진리를 억압하며 우상 숭배를 조장할 뿐 아니라 악한 외국 통치자에게 나라를 넘기려 하는 메리의 악한 권력에 대해서는 적절한 위치에 있는 지도자들이 무력으로 저항할 수 있다고 주장했다. 피난 초기에는 잘 드러나지 않던 그의 선지자적 외침은 잉글랜드의 영적 상황이 악화될수록 그리고 다시 돌아갈 기회가 더 구체화될수록 과감해지고 분명해졌다.

편지 – 잉글랜드를 향한 목회서신

스위스 방문을 마치고 녹스는 4월 초 다시 디에프로 돌아왔다. 녹스는 디에프에서 별도의 목회 사역을 하지 않았지만 프랑스 위그노들과 교제하며 그들이 드리는 예배에 참석했

---

8) Works, III: 293, Dawson, 87.

을 가능성이 크다. 말씀 중심으로 간단명료하게 드리는 위그노들의 예배는 녹스가 잉글랜드에서 추진하던 예배와 유사한 점이 많았다. 디에프에 머무는 동안 녹스는 여러 편의 편지를 써서 잉글랜드 성도들을 격려하는 일에 많은 시간을 사용했다. 이 편지들에는 녹스 개인의 절절한 안타까움과 그리움뿐 아니라 그가 이해하는 성경적 상황 이해가 잘 담겨 있다. 우선 그는 망명 초기 자신이 사역한 잉글랜드의 버릭과 뉴캐슬의 성도들을 대상으로 "경건한 편지"(A Godly Letter)라는 제목의 서신을 기록했다. 녹스는 이 편지에서 로마 가톨릭의 우상 숭배가 다시 번져가고 있다 하더라도 하나님의 백성은 절대로 타협하지 말고 반드시 바른 신앙을 지켜내야 한다고 독려했다.

그는 이 편지에서 잉글랜드의 상황을 예레미야 선지자 당시 유대의 종교적 타락 상황과 유사하다고 말했다.[9] 그러나 몇 가지 점에서 지금 잉글랜드의 영적 상황은 구약시대 유대의 상황보다 더 심각했다. 첫째, 예레미야 시대에 비해 잉글랜드에는 지금 훨씬 더 많은 백성들이 훨씬 더 적극적으로 로마 가톨릭의 우상 숭배에 참여하고 있다. 둘째, 지금 잉글랜드에는 어떤 귀족도 앞장서서 이 우상 숭배에 반대하지 않고

---

9) *Selected Writings*, 190-191.

있으며, 도리어 선지자들의 바른 선포를 억압하고 있다. 셋째, 잉글랜드의 여왕은 예레미야 시대의 집권자들처럼 선지자들에게 어떤 지원을 제공하기는커녕 도리어 그들을 잡아 죽이려 하고 있다.

녹스는 이 편지에서 예레미야서를 가장 많이 인용하면서 메리 여왕을 이세벨과, 자신을 선지자 예레미야와 동일시했다.[10] 그러면서 예레미야 시대의 유대도 심판을 피하지 못했는데, 더 악한 잉글랜드가 어떻게 하나님의 심판을 피할 수 있겠느냐고 되물었다.[11] 그리고 녹스는 우상 숭배에 빠진 백성들에게 하나님의 임박한 심판을 선포하고 회개하는 자들에게는 회복과 복을 주신다는 예레미야의 선포가 곧 로마 가톨릭의 우상 숭배적인 미사로 돌아가고 있는 잉글랜드를 향해 자신이 감당해야 할 사역이라고 말했다.

물론 성도들을 향해 보내는 이 편지 안에는 위로와 권면의 말도 많이 담겨 있었다. 녹스는 영혼을 돌보는 목회자의 입장에서 나날이 악화되는 잉글랜드의 영적 상황과 종교개혁자들을 향한 극한 핍박 속에서 신앙을 지키려 하는 성도들을 위로하고 권면했다. 그러나 그의 위로와 권면은 상황에 의

---

10) *Selected Writings*, 164.
11) *Selected Writings*, 168-171.

잉글랜드 메리 여왕

해 어쩔 수 없는 우상 숭배를 용인한다거나 인간적인 감정에 치우쳐 성도들을 배려하는 타협은 아니었다. 우상 숭배는 어떠한 변명의 가능성도 없는 죄악일 뿐이었다. 잉글랜드 성도들을 향해 녹스가 전하고자 한 위로와 권면의 유일한 근거는 임박한 하나님의 심판 앞에서 다시 회개하고 신앙의 기개를 지킬 때에만 얻을 수 있는 회복과 최후 승리의 약속이었다.

디에프에서 1554년 5월에 작성한 "영국에 있는 고난 받는 형제들에게 주는 두 서신"(Two Comfortable Epistles to his Afflicted Brethren in England)은 잉글랜드와 스코틀랜드의 정치 상황에 대한 그의 선지자적 이해를 잘 보여준다. 녹스는 특히 여왕의 정책에 순응하지 않는 것은 권위를 세우신 하나님에 대한 저항이라는 논리를 거절했다. 아무리 위정자가 요구하는 사항이 공적인 법에 따른 것이라고 할지라도 그 법적 공공성이 요구 사항의 옳음을 보장하는 것은 아니었다. 특히 하나님의 말씀에 위배되는 주장을 따르지 않는 것은 결코 반역이 아니다. 하나님에 대한 반역이 인간 군주에 대한 반역보다 더 무섭고 가증스러운 죄이기 때문이다.[12] 디에프에서 보낸 시간은 녹스의 정치적 입장을 더 뚜렷하고 강하게 만들었다. 이후 녹스의 정치적 입장은 잉글랜드의 종교적 상황이 더 악화되어감에 따라 우상 숭배를 강요하는 악한 위정자에 저항해야 한다는 선지자적 경고를 강조하는 방향으로 점점 더 기울어져갔다.[13]

"두 서신"에 이어 같은 해 디에프에서 저술한 "신실한 경고"(A Faithful Admonition to the Professors of God's Truth in England)는 그 분량이나 어법에서 가장 강력하고 분명하게 우상 숭배를 경고하는 메시지를 담고 있다. 녹스는 이 편지에서 다시 한번 당시의 역사적 상황을 성경과 비교하며 해석했다. 이제 잉글랜드 교회의 상황은 마태복음 8장에서 폭풍 가운데 실패한 예수님의 제자들이 탄 배와 같았다. 지금 잉글랜드의 종교개혁이 좌절되고 많은 성도들이 여왕의 강압에 굴복해 미사에 참여하고 있는 현실은 자신을 포함한 개혁자들이 복음의 진리를 선포하는 사역에 실패했기 때문이었다. 그러나 이런 고난 중에서도 믿음으로 예수 그리스도를 바라본다면 주님께서 고난으로부터 그들을 건져주실 것이다. "마음을 지

---

12) *Works*, 3: 233, *Reid*, 144.
13) *Works*, 3: 259ff, *Reid*, 145.

키십시오. 주님께서 여러분의 고난의 시간 중에 여러분을 찾아오실 것입니다. 그러므로 두려워하지 마십시오. 이 폭풍은 그칠 것이며 여러분은 구원을 받을 것입니다."[14] 고난에 처한 성도들에 대한 위로는 우상 숭배에 참여하지 말아야 할 것을 경고하는 준엄한 권면과 늘 함께했다. 녹스는 이 경고와 함께 선지자 예레미야와 같은 위치에서 잉글랜드 성도에게 구원의 약속과 임박한 심판을 동시에 전했다.[15]

> 그러나 오, 잉글랜드, 잉글랜드여, 만일 네가 완고하게 이집트로 돌아가려 한다면, 다시 말해 네가 우상 숭배를 계속하고, 우상 숭배를 확대시키는 그런 왕들과 결혼하거나 협정을 맺거나 동맹한다면…너는 역병과 가뭄으로 인해 멸망할 것이다.…잉글랜드는 주님께서 이전에 그의 선지자를 통해 경고하신 심판을 맛보게 될 것이다.[16]

이 편지에서 녹스의 선지자적 사명감은 로마 가톨릭의 우상 숭배를 강압하는 잉글랜드 지도자들을 향한 강력한 경고

---

14) *Selected Writings*, 260-261.
15) Dawson, 87-88.
16) Works, III: 308-309.

를 통해 더 분명히 드러난다. 그는 다시 한 번 잉글랜드의 메리 여왕을 시드기야 왕 혹은 아합의 아내 이세벨과 비교했다. 그리고 메리 여왕의 종교 고문인 윈체스터 주교 가디너와 런던 주교 본너 그리고 더람 주교 턴스톨은 심판 받아 마땅한 '위험한 교황주의자들'이라고 공격했다. 예레미야를 포함한 구약의 선지자들이 이스라엘의 악한 군주들과 종교 지도자들에게 던진 예언의 경고는 그 맥락 그대로 잉글랜드의 악한 군주와 통치자들이 지금 들어야 할 하나님의 심판의 경고였다. 녹스는 글의 마지막 결론에서 다윗의 시편을 인용하여 메리 여왕을 비롯한 교황주의자들에게 하나님의 심판이 곧 임하기를 간구했다. "피에 굶주린 저 독재자들의 교만을 억눌러주소서. 당신의 진노로 그들을 소멸하소서.…주여, 당신의 진노를 쏟아 부으소서! 죽음이 신속히 그들을 삼키게 하소서. 땅이 그들을 삼키게 하시고 그들이 속히 지옥으로 떨어지게 하소서."[17] 녹스에 따르면 하나님의 임박한 심판은 이세벨과 아합에 대한 심판의 도구로 쓰임 받은 예후와 같은 인물을 통해 이루어질 것이었다. "하나님께서는 우상 숭배자들을 향한 자신의 공의로운 심판을 실행하기 위하여 예후를 보내실 것입니다.…이세벨은 그녀의 몫으로 예비된 보복과 질병

---

17) Works, III: 328.

을 결코 피하지 못할 것입니다."[18] 그리고 그는 잉글랜드 군주가 우상 숭배를 강요하는 폭정에 대해서도 바른 신앙을 지켜야 하는 책임을 지닌 인물을 통해 저항이 이루어질 것이라고 말했다. 따라서 말씀을 선포할 선지자적 사명이 있는 사역자들은 책임을 가진 인물들에게 그들에게 주신 무력의 힘으로 악한 군주들에게 저항할 것을 마땅히 일깨워주어야 했다.[19] 이 편지에서 녹스는 하나님의 말씀이 그 어떤 물질적 이익이나 개인적 관계, 세속적 법률보다 높은 권위를 가지고 있음을 강조했다. 그리고 개인의 의사가 아니라 최고 권위를 가진 하나님의 말씀을 전하는 이 경고의 메시지 앞에 잉글랜드 성도들이 두렵고 떨림으로 순종해야 한다고 촉구했다.[20]

디에프에서 쓴 여러 편의 편지가 당시의 상황을 구약 선지서의 상황과 연결시켜 이해하는 모습을 보면 그가 성경을 해석할 때 너무 직접적으로 성경의 맥락과 현실의 맥락을 동일시한 것은 아닌지 의문이 생긴다. 녹스는 그의 문자적 성경 해석을 따라 불링거나 칼빈의 온건한 어조와는 분명 차이가 있는 저항의 사상을 전개했다. 그러나 이런 동일시 해석과 저

---

18) Works, III: 329.
19) Works, III: 307ff.
20) *Works*, 3: 310-313.

항 사상이 녹스가 직접 겪은 정치적 격변과 개인적 경험을 통해 발전한 사명 의식의 결론임을 기억해야 한다. 녹스는 그의 사역의 모델인 순교자 위샤트의 발걸음을 따라 개혁자의 삶을 시작했고 그 첫 결과로서 갤리선의 노예의 고난을 겪었다. 이 시작과 경험을 통해 자신에게 주어진 개혁자의 사명을 확인했기 때문에 녹스는 학자나 전략가로서 객관적 태도보다는 투사나 선동가로서 적극적이며 직접적인 선포를 더 좋아했다. 그 결과 녹스는 우호적이며 평안했던 잉글랜드 사역 기간 동안에도 더 순수한 예배와 더 분명한 말씀 선포를 위해 세속 권세와 갈등을 마다하지 않았다. 그에게 중요한 것은 안정과 중용이 아니었다. 종교개혁의 확립을 위해 지금 요구되는 태도는 굽힘 없는 선포와 확고한 개혁으로 하나님의 뜻과 말씀의 진리를 드러내는 실천이었다. 더군다나 지금은 종교개혁의 상황이 너무 좋지 않았다. 스코틀랜드와 잉글랜드뿐 아니라 그가 발을 딛고 있는 프랑스의 권력자들은 모두 로마 가톨릭의 우상 숭배를 강요하며 노골적으로 개혁의 불길을 꺼뜨리려 하고 있었다. 많은 백성들은 무지와 두려움으로 강요된 우상 숭배에 날마다 더 많이 참여하고 있었다. 이처럼 유럽 전체의 종교개혁이 풍전등화의 위기에 처할수록 필요한 것은 갈등의 해소를 위한 타협이 아니라 더 강력한 선포와 노골적인 저항이었다. 디에프에 머무르는 기간 녹스가 저술

크랜머의 화형

한 여러 편지는 그의 위기의식과 그에 따른 혁명적인 정치적 입장을 보여준다. 그리고 그의 정치적 입장은 이후 그가 악한 군주에 대한 저항권을 체계적으로 제시한 1558년 이후 혁명적 정치사상을 예고했다.[21]

---

21) "이 말씀의 특별한 도구라고 생각한 녹스의 확신은 자신의 메시지에 대한 열의와 자신의 노력에 대한 열정을 더 강하게 만들었다." Greaves, "The Nature of Authority," 42-43.

사역 – 프랑크푸르트 피난민 교회 목회

녹스는 몇 개월 동안 디에프에 머물면서 잉글랜드의 정치 상황이 변화되기를 기대했다. 그러나 그의 기대는 수포로 돌아갔다. 이제는 아무런 대답이 없는 메아리 같은 외침으로 정치적 변혁을 촉구할 시간이 아니었다. 다시 하나님 앞으로 돌아가 기도와 말씀으로 자신을 추스르고 영적 훈련을 받아야 할 때였다. 녹스는 봄에 잠시 방문했던 제네바를 훈련의 장소로 결정했다. 녹스가 보기에 제네바는 말씀 사역자로 자신을 발전시킬 수 있는 최적의 장소였다. 짧은 방문 시간 동안 모든 것을 자세히 살펴볼 수는 없었지만 제네바에는 적어도 가르침과 행함의 일치가 엿보였기 때문이다. 무엇보다도 제네바에는 당대 가장 뛰어난 신학자이자 목회자로 인정받는 칼빈과 또 다른 유능한 성경 교사들이 역동적으로 활동하고 있었다.[22]

프랑스 여러 도시를 거쳐 녹스는 8월 초 제네바에 도착했다. 칼빈은 녹스를 따뜻하게 환대했다. 그러나 제네바에서의 정착과 학업 준비를 제대로 마무리하기도 전에 녹스에게 사역 요청이 들어왔다. 프랑크푸르트에 모인 잉글랜드 피난민들

---

22) Reid, 149.

이 목회자를 찾는 중 제네바에 머물고 있는 녹스를 초청한 것이다. 칼빈은 녹스에게 프랑크푸르트 목회를 적극적으로 권유했다. 성경 연구는 책상에서 이루어지는 지적 유희가 아니며 종교개혁은 추상적인 이론의 나열이 아니었기 때문이다. 성경에 대한 깊은 이해는 성도들 앞에서 전하는 강단 위에서 가능하며 종교개혁은 믿음의 공동체를 세워가는 과정에서 드러나야 했다. 칼빈은 물론 쉬운 일은 아니지만 프랑크푸르트 피난민 교회의 목회는 녹스 개인뿐 아니라 종교개혁 전체를 위해 아주 유익하고 필수적인 사역이라고 생각했다.

프랑크푸르트는 스트라스부르크에 이어 잉글랜드 피난민들이 두 번째 피난민 교회를 세운 도시였다. 프랑크푸르트에서 진행된 녹스의 사역을 이해하기 위해서는 이 두 도시에 세워진 잉글랜드 피난민 교회의 관계를 먼저 살펴볼 필요가 있다. 16세기 스트라스부르크는 그 이름 그대로 당시 주요 도로들과 라인 강 수로가 통과하는 교통의 요지였다. 황제 직할 도시였고 1547년 슈말칼덴 전쟁 이후 로마 가톨릭이 복구되었음에도 불구하고 이 도시를 실제적으로 통치하던 상인 길드는 상당 수준의 종교적 자유를 계속 보장하고 있었다. 따라서 스트라스부르크는 1553년 메리의 집권 이후 시작된 잉글랜드 피난민의 가장 중요한 집결지가 되었다. 잉글랜드 개신교인에게 스트라스부르크는 마틴 부써의 사역지로도 익숙한 도시였다. 부써는 1547년 스트라스부르크에서 추방당한 후 크랜머의 초청을 받아 잉글랜드 캠브리지 대학에서 활동하며 에드워드 치하의 개혁을 도운 바 있었다. 여러 가지 상황적 이유 때문에 잉글랜드의 피난민들이 스트라스부르크에 모여들었고, 에드워드 6세 치하에서 교회의 중요한 직책을 맡았던 인물들이 이 회중을 신앙적으로만 아니라 정치적으로 지도했다. 이 인물들 중에는 에드워드 치하에서 옥스퍼드 대학의 부학장이었으며 『제2 공동기도서』 제정에 깊이 개입한 콕스(Richard Cox, 1500-1581)와 에드워드가 죽기 직적 런던 주교에 임명된 그린달(Edmund Grindal, 1519-1583) 등 잉글랜드 국교회 지도자들이 있었다.[23] 국교회주의자들은 피난 중에도 각 도시에 흩어져 있는 잉글랜드 교회들이 『공동기도서』를 중심으로 일관성 있는 예배를 드리며 기존 교회 지도자들로부터 지도받기를 바랐다.[24] 이들은 에드워드 통치 시

---

[23] 『공동기도서』 준수를 주장한 에드워드 치하의 고위 성직자들은 스트라스부르크에만 있었던 것은 아니다. 이들은 여러 유럽 도시들에서 활동하고 있었다. 챔버스(Richard Chambers)와 혼(Robert Horne)은 스위스 도시에서 활동 중이었고, 스코리(John Scory)는 엠덴에 있었다. 베일(John Bale)은 프랑크푸르트에 있었지만 『공동기도서』 준수를 강력하게 옹호했다.

[24] 물론 이들을 '국교회주의자'(Conformists)라고 부르는 것은 부정확한 측면이 있다. 국교도와 비국교도의 확실한 구별은 엘리자베스 통치시기에 나타난다고 말할 수 있기 때문이다. 그러나 메리 여왕 통치 시기 잉글랜드 피난민 교회 사이에 발생한 『공동기도서』의 준수 여부 논쟁은 이후 비국교도 청

절에 정해 놓은 새로운 개신교회의 질서를 잘 유지하고 있어야 잉글랜드에서 이단 혐의로 재판을 받고 있는 개신교 지도자들을 도울 수 있다고 생각했다. 만일 1552년 개정하여 확정한 『공동기도서』 등 종교개혁 정책이 생산해낸 제도들을 각 지역 회중이 임의로 수정해버린다면 잉글랜드 로마 가톨릭 정권은 이 점을 구실로 삼아 이전에 진행된 종교개혁의 정당성을 공격할 것이었다.[25] 더 나아가 스트라스부르크의 피난민 교회 지도자들은 때가 되어 잉글랜드가 다시 바른 신앙으로 회복되면 이전까지 진행된 종교개혁 정책을 고국에서 다시 시작할 수 있으리라 소망했다. 그리고 이때를 위해서라도 피난민 공동체는 모두 통일된 예배 형식과 신앙적 지도력을 유지해야 한다고 주장했다.[26]

프랑크푸르트에서는 스트라스부르크보다 조금 늦은 1554년 6월 피난민 교회가 설립되었다. 위팅엄(Willam Whittingham, 1524-1579), 서튼(Edmund Sutton), 윌리엄스(William Williams), 우드(Thoams Wood) 같은 지도자들이 이 도시에 도착해서 잉글랜드 피난민을 모아 예배를 시작했다. 이들 가운데 위팅엄은 옥스

교도에게도 중요한 논쟁점이었음은 확실하다.
25) Dawson, 92.
26) Reid, 157.

퍼드 재학 시절 개혁자 버미글리의 영향을 받았고, 굿맨(Christopher Goodman, 1520-1603)과 교제하며 종교개혁 사상을 받아들였다. 그는 이후 제네바를 방문해서 칼빈의 신학과 목회 현장을 접한 후 더 확실하고 순수한 개혁을 수용했다.[27] 스트라스부르크의 피난민 교회 지도자들과 비교할 때 위팅엄을 비롯한 프랑크푸르트의 피난민 교회 지도자들은 일관성이나 체계성보다는 순수한 신앙의 회복을 원했다. 에드워드 치하의 종교개혁은 과도기적이었고 어쩌면 잉글랜드 종교개혁의 실패가 이런 미온적인 개혁의 결과일 수 있다고 평가했기 때문이다. 프랑크푸르트의 교회 지도자들은 잉글랜드 국교회가 추진했던 『공동기도서』의 예배형식보다 더 순수한 말씀 중심의 예배를 시행하려 했다.

스트라스부르크 소재 프랑스 난민교회

프랑크푸르트에서 화이트 레이디스 건물(White Ladies Building)을 잉글랜드 피난민과 예배처소로 공유하던 프랑스 난민 교회는 잉글랜드 피난민 교회의 예배와 치리 확립 과정에 큰

---

27) Dawson, 93.

도움을 주었다. 이 프랑스 난민 교회는 프랑크푸르트로 오기 전에 잉글랜드 글래스톤베리에서 예배를 드렸다. 그들은 잉글랜드에서부터 목사 풀랭의 지도하에 치리제도와 예배 모범을 확정하여 사용했다. 그러나 메리 여왕 치하의 핍박이 예상되자 잉글랜드 소재 프랑스 개신교인들 역시 피난을 떠나 프랑크푸르트에 정착해 새로운 교회를 구성한 것이다.[28] 잉글랜드 피난민 교회의 지도자들은 프랑스 피난민 교회의 예배와 치리 제도를 따랐다. 한때 그들의 보호 아래 있던 프랑스 난민 교회가 이번에는 잉글랜드 피난민 교회에 도움을 준 것이다. 잉글랜드 피난민 교회가 선택한 예배 형식은 『공동기도서』가 규정한 여러 행위들을 생략하고 신앙고백과 시편 찬송 그리고 목사의 설교와 축도로 이루어진 단순한 모습이었다. 치리 면에서도 질서의 확립을 위한 위계 체계보다는 모든 교회 구성원이 함께 교회 운영에 참여하는 민주적인 제도와 각 지역 교회의 독립적인 운영을 추구했다. 프랑크푸르트 피난민 교회는 자신들이 추구하는 단순하며 민주적인 교회의 모습이 앞으로 잉글랜드의 종교개혁이 추구해야 할 방향이라고 생각했다. 그래서 되도록 많은 잉글랜드 피난민들이 이곳에서 그들과 함께 잉글랜드에서 미처 이루지 못한 순수하

---

28) Dawson, 92.

고 확실한 종교개혁을 경험하고 그 경험을 공유하면서 함께 고국으로의 귀국을 준비하기 원했다.

그러나 스트라스부르크의 잉글랜드 피난민 교회 지도자들은 프랑크푸르트 피난민 교회가 추진한 단순한 예배 형식과 독자적인 교회 치리를 긍정적으로 보지 않았다. 이들의 부정적 시각과 우려는 점점 더 커져갔다. 결국 스트라스부르크 피난민 교회는 프랑크푸르트 피난민에게 국교회 출신 목회자를 파송해 그들을 지도하고 통제하려 했다. 이 문제를 두고 두 공동체 사이에 갈등이 일어났다. 독립적 치리를 추구하는 프랑크푸르트 피난민 교회 입장에서 볼 때 이것은 온당하지 않은 처사였다. 프랑크푸르트의 회중은 스트라스부르크의 피난민 지도자들이 추천한 목사들을 일방적으로 받고 싶어 하지 않았다. 위팅엄과 프랑크푸르트 피난민 교회의 성도들은 목회자 선택은 주변 교회나 다른 인사들의 지시가 아니라 해당 교회 교인들의 의사를 존중하여 이루어져야 한다고 생각했다. 이에 프랑크푸르트 교회 지도자들은 선수를 쳐서 스트라스부르크의 해돈(James Haddon), 취리히의 레버(Thomas Lever, 1521-1577) 그리고 제네바의 녹스를 목사로 초청했다. 이 세 명의 목회자는 잉글랜드에서 1553년 사순절 설교 사역을 통해 종교개혁에 미온적이던 왕실과 국교회 지도자들에게 강력한 회개를 촉구한 설교자들이었다. 프랑크푸르트에 모인 피난민 회중은 이들의 강력하고 담대한 설교를 잘 기억하고 있었고, 이런 설교자들이야말로 프랑크푸르트 피난민 교회를 위해 헌신할 목회자들이라고 확신했다.[29] 아쉽게도 해돈과 레버는 이 청빙을 거절했다. 아마도 스트라스부르크의 지도자들로부터 압박을 받았기 때문일 것이다. 그러나 녹스는 칼빈의 조언을 수용해 청빙을 받아들였다.[30]

녹스는 11월 프랑크푸르트 교회의 목회자로 부임해 처음으로 설교했다.[31] 한 달쯤 후 취리히에서 레버도 청빙을 수락해 사역에 합류했고, 이후 『순교자 열전』을 저술한 폭스(John Foxe, 1516-1587)도 이 무렵 프랑크푸르트 잉글랜드 피난민 교회 사역에 동참했다. 이들과 함께 피난민 교회는 여러 설교 담당 목사들과 교인 지도자들이 함께 참여하는 일종의 공동목회를 시행했다. 이런 공동목회 체제는 제네바에서 칼빈이 추구한 교회 운영과 닮았다.[32] 프랑크푸르트 피난민 교회는

---

29) Dawson, 91.
30) 녹스는 자신의 입장을 변호하기 위해 1554년 쓴 "프랑크푸르트 잉글랜드 회중의 전개와 문제들에 대한 서술"(A Narrative of the Proceedings and Troubles of the English Congregation at Frankfurt on the Maine)이라는 글에서 프랑크푸르트 피난민 교회가 자신을 청빙한 과정을 기록하면서 이 교회의 주요 지도자들과 그들의 성향을 설명했다. Works, IV: 11-13.
31) Reid, 155-157.
32) Dawson, 97-98.

유능한 설교자들이 함께 힘을 모아 선명하게 하나님의 말씀을 선포하고 가르치며 성도들을 돌보는 것이 언제든지 하나님께서 다시 열어주실 잉글랜드 교회의 회복을 준비하는 최선의 길이라고 생각했다.

공동목회를 추구했음에도 불구하고 녹스가 가장 주도적인 지도력을 발휘했다. 피난을 떠나오기 전 잉글랜드 교회 내에서의 위치와 영향력뿐 아니라 프랑스와 스위스, 독일 지역 내의 위상에서 녹스가 가장 큰 역량을 가지고 있었기 때문이다. 그러나 녹스가 가진 지도력은 그의 사역이 프랑크푸르트에서 시작되기도 전에 다른 도시의 잉글랜드 피난민 교회 지도자들과 갈등을 예고했다. 피난 이전 잉글랜드에서 『공동기도서』 사용 때문에 갈등이 벌어졌을 때 녹스가 얼마나 강경한 입장을 취했으며 얼마나 완강하게 자신의 주장을 관철시켰는지 너무도 잘 알려져 있었기 때문이다.

녹스는 프랑크푸르트 사역 가운데 무엇보다 성경의 가르침에 충실한 순수한 예배 회복을 위해 노력했다. 그는 로마 가톨릭의 우상 숭배적 미사와 그런 요소를 허용하고 있는 잉글랜드 『공동기도서』의 문제를 비판했다. 따라서 프랑크푸르트에 도착해 녹스가 가장 먼저 추진한 것은 잉글랜드 국교회의 『공동기도서』와 차별되는, 성경적이며 단순한 예배를 정착시키는 것이었다. 그가 『공동기도서』 가운데 특히 문제로 여긴

개혁자로의 성장　155

것은 1552년에 '흑주'를 첨가해 지적한, 성찬을 받을 때 무릎을 꿇는 행태였다. 이와 더불어 연도(litany, 호칭기도)와 중백의(surplice) 같은 목회자의 특별한 복장 규정, 세례를 받을 때 십자가를 사용하는 것, 결혼식에서 종을 울리는 것 등이었다.[33]

녹스는 프랑크푸르트에서 벌어진 논쟁에 대해 이후 회고하면서 1555년에 쓴 『프랑크푸르트에서 벌어진 문제들에 대한 이야기』(A Narrative of the Troubles at Frankfurt)라는 글에서 『공동기도서』가 지시하고 있는 기도문의 내용을 구체적으로 인용하며 암시적으로 그 문제점들을 지적했다.[34] 즉 그는 이 책에서 구체적으로 『공동기도서』의 특정 부분이 로마 가톨릭의 미신적 요소를 벗어나지 못했음을 지적했다. 한 예로 성찬을 시행하면서 목사가 주기도문을 낭독하고 나면 회중이 "가장 높은 곳에서 하나님께 영광!"(Glory to God in the highest!)을 외치도록 규정했는데, 녹스는 이는 교황주의자들이 행하는 것과 동일한 의식을 따르는 것이라고 비판했다.[35]

---

33) Kyle, *John Knox*, 84-85.
34) Works, IV: 22-27.
35) Works, IV: 25.

대립 – 예배 개혁 시도의 의의

프랑크푸르트에서 시도한 녹스의 과감한 예배 개혁은 그의 추종자들과 에드워드 6세 치하에서 온건한 개혁을 선호한 국교회주의적 지도자들 사이의 갈등을 더 심화시켰다. 이 문제와 관련해 녹스와 대립한 대표적인 인물이 콕스였다. 그는 이미 1552년 잉글랜드에서 『공동기도서』의 내용을 비판하며 '흑주 사건'을 불러일으킨 녹스의 태도에 대해 좋지 않은 감정을 가지고 있었다.[36] 콕스를 포함한 스트라스부르크의 국교회주의자들은 1555년 3월 13일 프랑크푸르트에 도착했다. 그리고 양 진영 목회자들 사이에 토론과 협상이 진행되었다. 녹스는 미사의 철폐와 같은 우상 숭배 문제는 아니라고 생각했기 때문에 극단적인 대립을 피하려고 했다. 그러나 이 국교회주의자들의 집요한 『공동기도서』 사용 요구는 녹스를 한층 자극했다.

녹스는 3월 17일 설교에서 평소처럼 창세기 본문을 따라 설교하다가 술에 취해 실수한 노아 이야기를 하던 중 에드워드 6세 통치 시기 잉글랜드 교회의 실패에 대한 비판을 쏟아냈다. 녹스는 크랜머나 리들리 등 고위성직자들이 『공동기도

---

36) Reid, 159.

녹스의 성찬식

서』개정이나 목회자의 복장 등 본질적이지 않은 문제에 온통 신경을 쓰다가 정작 교회와 국가의 참된 개혁을 위한 권징의 확립은 소홀히 했다고 비판했다. 그 결과 명목상의 교인들만 양산했고, 심지어 목회자들마저 종교개혁이 회복하려 한 바른 구원 진리를 진심으로 수용하고 바르게 가르치지 않았다고 말했다.[37]

콕스는 녹스의 과격한 공격에 크게 기분이 상했지만 당장

---

37) Dawson, 101.

어떤 조치를 취할 수 없었다. 프랑크푸르트 피난민 교회 안에 위팅엄과 녹스를 지지하는 교인들이 다수를 차지하고 있었기 때문이다. 정치적 수완이 좋았던 콕스는 치밀하고 조직적으로 대응을 준비했다. 그는 프랑크푸르트 목회자들에게 논란을 종식하기 위한 공동의회를 제안했다. 그리고 교인 전체가 모인 공동의회가 열리자 먼저 새로운 입교자들을 회원으로 받아들이자고 제안했다. 콕스는 이 제안이 수용되어 결정되자마자 레버를 따르는 교인들과 연합해 다수파를 형성했다. 그리고 이 다수파는 여러 논란의 원인이 녹스의 과격한 설교와 정치적 입장 때문이라고 주장하며 녹스의 설교를 금지했다.[38] 이 결정에 교인들이 심하게 항의했고, 공동의회 이후 교회는 더 심각한 갈등에 휩싸였다.

피난민 교회의 갈등을 전해 들은 프랑크푸르트 시의회가 개입했다. 시의회는 피난민 관리 책임자인 의원 글라우부르크(John Glauburg)를 보내 잉글랜드 피난민 교회 역시 프랑스 피난민 교회와 함께 풀랭의 『거룩한 예식』(Liturgia Sacra)을 따를 것을 지시했다.[39] 풀랭이 시의회의 명령에 따라 화해위원

---

38) Reid, 160. Dawson, 102.
39) 풀랭의 『거룩한 예식』(Liturgia Sacra)이라는 명칭을 볼 때 임종의 예전서로 생각할 수 있지만 로마 가톨릭의 예전서나 국교회의 『공동기도서』처럼 예배 각 순서의 모든 내용과 기도내용을 규정하기보다는 제안했다는 점에서

장으로 임명되었다. 이에 풀랭의 집에서 위팅엄과 녹스 그리고 콕스와 레버가 회의를 열었다. 이들은 프랑스어로 된 이 예배모범을 어떻게 영어로 번역해 사용할지 논의했다. 그러나 예배의 문제를 신학적이며 목회적인 주제로 토론하고 싶은 녹스와 달리 콕스를 비롯한 국교회주의자들은 이 문제를 정치적 주제로 다루려 했다. 예배 중 사용할 시편 찬송의 번역에 대한 논란 등 차이가 좁혀지지 않자 콕스는 프랑크푸르트 시의회를 향해 정치적 행보를 취했다. 그는 시의회에 알리기를, "신실한 경고"에서 보여준 녹스의 분파적이고 혁명적인 주장을 문제 삼아 녹스의 과격한 개혁적 성향이 잉글랜드에 알려져 많은 사람들이 화형에 처해진 것이며, 그의 과격한 태도는 대륙에서도 많은 문제를 일으킬 위험이 있다고 말했다.[40] 결국 녹스와 함께 피난민 교회의 목회자로 초청받아 와 있던 레버는 콕스의 입장에 동의해버렸다. 로마 가톨릭의 옹호자인 황제와 이 소요로 인해 문제를 일으키고 싶지 않던 프랑크푸르트 시의회도 다수파가 되어버린 『공동기도서』 사용 지지자들을 지지하여 녹스의 추방을 명령했다.[41] 국교회

'예배모범'에 해당한다고 볼 수 있다.
40) Dawson, 97.
41) Reid, 161-162.

주의자들의 공격에 맞서기에 녹스는 역부족이었다. 그는 잉글랜드인이 아니라 스코틀랜드인이었다. 이방 땅에 모인 이방인 교회 안에서 그는 또 이방인이었다. 그의 단호한 정치적 주장에 대해 프랑크푸르트 시 안에서도 녹스를 부담스러워하는 의견이 많았다. 시의회는 이 문제 때문에 황제나 교황청과 또다시 갈등하고 싶지 않았다.

16세기 종교개혁의 역사 가운데 프랑크푸르트에서 벌어진 잉글랜드 피난민 교회 사이의 예배 논쟁은 참으로 안타까운 모습임에 틀림없다. 그들은 모두 고국에서 종교개혁이 중단되었기 때문에 모든 권리와 소유를 포기한 채 오직 바른 신앙을 지키려는 소원을 따라 바다를 건넌 성도들이었다. 장래도 예측할 수 없는 어려운 상황 속에서 소수가 모여 다른 나라의 도움을 받아야만 예배를 드릴 수 있는 절박한 처지였다. 그런 피난민 교회가 본질적인 진리의 문제가 아닌 외적인 형식의 문제라고 스스로도 인정했던 예배 형식의 주제를 가지고 서로 논쟁하며 싸우고 고발하여 추방을 요구하는 추문을 일으켰다. 이 분쟁은 성도들에게 서로 상처가 되고 그들에게 예배의 기회를 제공한 프랑크푸르트 당국이나 다른 나라 사람들의 눈살을 찌푸리게 했다. 더 나아가 이들의 논쟁은 당시 주변의 로마 가톨릭 세력이나 잉글랜드의 적대적인 로마 가톨릭 정권에게 비판과 공격의 빌미를 줄 소지가 컸다.

너무 많은 문제가 일어날 것이 확실한데도 형식에 관련한 문제 때문에 이토록 치열하게 싸울 필요가 있었을까?

녹스는 잉글랜드 국교회주의자들이 내세우는 『공동기도서』의 예배 형식이 로마 가톨릭의 미사와 같은 우상 숭배라고 생각하지는 않았다. 그러나 그는 『공동기도서』 사용 문제와 관련하여 상황을 고려하거나 정치적으로 타협할 생각이 전혀 없었다. 예배 형식 자체는 본질적이지 않은 아디아포라(Adiaphora)에 해당하지만, 그 형식을 세우고 실행하려는 신학적 근거와 신앙적 동기는 종교개혁의 본질이라고 보았기 때문이다. "왜 꼭 『공동기도서』와 같은 고정된 형식을 따라서 예배를 드리라고 강요하는가?" 이것이 녹스가 가진 의심의 핵심이었다. 예배는 교회의 권위나 전통, 또는 사람들의 필요에 의해 규정될 문제가 아니라 성경의 명확한 가르침에 따라 세워져야 할 문제였다. 그렇다면 참된 예배는 가장 먼저 로마 가톨릭이 왜곡시켜 놓은 우상 숭배가 아니어야 했다. 또한 잉글랜드 국교회주의자들이 원하는 국가의 정치적 필요를 위한 도구도, 스트라스부르크의 잉글랜드 교회 지도자들이 바라는 것처럼 피난 공동체의 단합을 위한 행사도 아니어야 했다. 어떤 형편, 어떤 상황 속에서도 진정한 예배의 유일한 목적은 하나님의 은혜 앞에서 구원의 은혜를 감사하며 삶을 결단하는 진정한 경배여야 했다. "나는 나의 이름이 소멸되는 한이 있다 하더라도 하나님의 성경과 그의 영광이 우리 안에서 드러나기를 원한다."[42]

이와 같은 어려운 상황 속에서 녹스가 개혁적 예배 형식을 일관되게 주장할 수 있었던 내적 동기는 녹스의 역사인식과 이에 따른 사명의식이었다. 그는 먼저 스코틀랜드와 잉글랜드 종교개혁이 많은 노력에도 불구하고 고난을 두려워하지 않는 진정한 성도의 믿음을 세우지 못했다는 점을 깊이 반성했다. 그리고 외형적 형식에 머물러버린 종교개혁의 실패는 무엇보다 체제와 형식 같은 외형적인 통일성에 집중하다가 순수하고 명확한 말씀의 진리를 우선순위에 두지 못한 데 있다고 생각했다. 순수하고 명확한 말씀 중심의 예배는 종교개혁의 성패 여부를 결정하는 견인차였다. 하나님께서 자신에게 주신 사명은 구약의 선지자들과 같이 어떤 고난의 위협과 타협의 유혹 앞에서도 담대하고 분명하게 말씀을 선포하고 말씀 중심의 예배를 확립하는 개혁이었다.

프랑크푸르트의 잉글랜드 피난민 교회에서 벌어진 갈등은 16세기를 넘어 17세기 잉글랜드 교회에서 벌어진 청교도와 국교회주의자 사이의 갈등을 예고했다. 메리 여왕 시기 피난 교회 속에서 벌어진 종교개혁의 목적과 그 방식에 대한 갈등

---

42) Works, IV, 32f, 43f. Reid, 160.

은 엘리자베스 여왕이 즉위한 이후 잉글랜드 종교개혁 과정에서 다시 등장했다. 여러 학자들은 국왕에 의한 교회 통치를 거절하고, 교회 구성원들의 민주적 합의에 의한 독자적 치리 그리고 『공동기도서』와 같이 정해진 형식에 맞춘 예배가 아니라 성경 본문에 따른 설교와 공동체의 헌신을 강조하는 예배를 추구한 비국교도 청교도(Non-conformist puritans)의 강조점이 이미 1555년 프랑크푸르트에서 시작되었다고 평가한다.[43] 그렇게 보면 녹스의 주장은 17세기 잉글랜드 국교회주의에 맞서 순수하고 명확한 종교개혁과 신앙 회복을 추구한 청교도 사상과 실천에 중요한 기초였다고 말할 수 있다.[44]

녹스는 프랑크푸르트 시의회의 명령에 의해 더 이상 바른 진리를 설교할 수 없다면 자신이 이 도시에서 할 일은 남아있지 않다고 생각하고 제네바로 돌아가기로 결심했다. 칼빈은 녹스가 부당한 정치적 모함을 당해 추방당한 것을 이해했지만 프랑크푸르트 시의회나 그곳에서 지도력을 쟁취한 잉글

---

43) 리드는 녹스의 예배 개혁 시도로 인해 프랑크푸르트의 잉글랜드 피난민 교회에서 발생한 이 분열은 엘리자베스 여왕 등극 이후 잉글랜드로 복귀한 개혁 세력 사이의 갈등으로 이어졌고, 이 갈등이 결국 '청교도'라고 불린 비국교회파 운동의 중요한 출발점 가운데 하나라고 평가한다. Reid, 161-162.
44) Patrick Collinson, *The Elizabethan Puritan Movement* (Oxford, 1967), 72. Reid, 163.

랜드 피난민 교회의 지도자들을 자극하려 하지 않았다.[45] 녹스는 피난 기간에 부름 받은 사역지에서 최선을 다해 시도한 예배 개혁의 사역에서도 다시 실패를 경험했다. 그러나 녹스는 이 경험을 좌절과 실패가 아닌, 이전 선지자들이 경험한 훈련과 연단의 또 다른 기회로 삼았다. 그는 바른 예배의 회복을 통한 종교개혁의 어려움이 무엇인지를 절감했다. 로마 가톨릭의 우상 숭배만큼이나 다른 목적 때문에 불필요한 형식에 집착하는 것 역시 바른 예배의 회복을 가로막는 또 다른 큰 문제임을 깨달았다. 말씀의 선포를 통한 그리스도의 직접적인 통치보다 다른 정치적 고려에 마음을 빼앗기는 인간적인 욕망이 문제였다. 집착과 욕망은 이미 징계를 받아 피난민이 되어버린 비참한 상황 속에서도 도무지 사라지지 않았다. 녹스는 왜 잉글랜드와 스코틀랜드의 종교개혁이 열매를 거두지 못하고 오히려 하나님의 심판을 받게 되었는지 재확인했다. 그리고 프랑크푸르트의 피난민 교회 사역의 성취와 좌절을 통해 많은 문제들에도 불구하고 순수한 예배와 말씀을 향한 성도들의 갈망이 있음을 확신했으며, 무엇보다 이런 가운데서도 여전히 말씀하시며 자기 백성을 보호하고 부르시는 하나님의 신실하심을 목격했다.

---

45) Works, IV, 28-30.

녹스는 프랑크푸르트를 떠나 1555년 3월에 다시 제네바로 떠났다. 레버가 남겨진 프랑크푸르트 피난민 교회의 담임목회자가 되었다. 그러나 이런 갈등을 겪고 난 후 프랑크푸르트 성도들은 더 이상 『공동기도서』를 따라 예배드릴 수 없었다. 프랑크푸르트에 남아 있는 잉글랜드 피난민 성도들 가운데 녹스의 선지자적 선포와 예배 개혁에 동의하는 성도들은 콕스의 타협적인 개혁 정책에 맞서 계속 저항했다. 어떤 이들은 잘 알아들을 수 없더라도 프랑스 피난민 교회에 참석해 그들과 함께 예배를 드리기도 했다. 이에 맞서 국교회주의자들이 더 강하게 『공동기도서』의 준수를 주장하자 더 많은 성도들이 반발했다. 심지어 담임목회자 레버까지도 이런 강압적인 요구를 거절했다. 그러나 남겨진 성도들은 정치적 술수에 능한 콕스와 그의 지지자들과 싸워 이길 수 없었다. 더 이상의 갈등은 종교개혁의 대의를 무색하게 만들 위험이 있었다. 결국 위팅엄을 비롯한 여러 교인들은 프랑크푸르트를 떠나기로 결정했다. 그리고 그들은 녹스가 떠나 머물고 있는 제네바를 그 목적지로 삼았다. 순수한 예배를 향한 열정이 그들의 발걸음을 움직였다. 8월 출발한 피난민 교회 성도들 중 일부는 바젤에 남기로 했고, 나머지 교인들은 발걸음을 재촉해 제네바를 향했다. 프랑크푸르트 잉글랜드 난민 교회에는 교인이 거의 남지 않았다. 잉글랜드 피난민은 11월 제네바에서 다시 피난민 교회를 설립했다. 이들은 제네바 시의회의 배려로 생피에르 교회 옆 강당을 예배처소로 사용할 수 있게 되었다. 그리고 새로운 피난민 교회는 녹스와 굿맨(Thomas Goodman, 1520-1603)을 목회자로 선출했다.

제네바 칼빈의 강의실

회복 - 제네바 피난민 교회 목회

칼빈은 돌아온 녹스를 다시 한 번 따뜻하게 맞아주었다. 녹스는 프랑스어에 능통했기 때문에 칼빈과 불편함 없이 대화를 나눌 수 있었다. 특히 녹스가 갤리선에서 복역하던 중 정박한 도시들이 주로 프랑스 북부의 도시들이었고, 그가 주로 머무른 항구 도시 디에프 역시 칼빈의 고향인 피카르디 지방에 가까웠기 때문에 그의 억양은 칼빈에게 친숙했음에 틀림없다. 그러나 어려움 없는 언어 사용은 두 사람이 나누는 친교의 표면적 이유에 불과했다. 칼빈과 녹스가 동역자 이상으로 친밀한 교제를 나눌 수 있었던 근본적인 이유는 종교개혁의 대의와 그 실천 방법에 대한 공통된 이해였다.

두 사람 모두에게 종교개혁은 본질적으로 하나님의 영광을 드러내기 위해 성경의 진리와 순수한 예배를 회복하는 영적 과제였다. 그러나 제네바의 시의회와 잉글랜드 왕실이 종교개혁을 받아들인 동기는 영적이기보다는 세속적이었다. 양 지역의 정치 지도자들은 종교개혁을 모두 자신들의 정치, 경제, 외교적인 목적을 위해 받아들였다. 칼빈과 녹스가 각각 제네바 시의회나 잉글랜드 국교회주의자들과 갈등한 이유는 바로 이 목적의식의 차이 때문이었다. 두 개혁자는 모두 하나님의 영광을 온전히 드러내는 개혁은 분명하고 담대한 말씀의 선포와 순수하고 명확한 예배의 시행 그리고 이를 위한 교회 치리의 확실한 실시를 통해 이루어진다고 생각했다. 이와 달리 정치적 이해타산에 민감한 정치인들에게 이러한 개혁자들이 주장한 신앙적 결단과 헌신은 뒷전이었다.

칼빈은 성경의 가르침을 있는 그대로 선포하고 성경의 가르침대로 순수한 성찬을 회복하려는 녹스의 노력을 높이 평가했다. 녹스가 경험한 개인적인 고난은 칼빈 자신이 겪은 고난과 너무 닮아 있었다. 칼빈은 피난민 처지에 놓여 있는 녹스를 보며 분명히 자신의 과거를 떠올렸을 것이다. 하나님의 갑작스러운 부르심에 순종했으나 실패하고 쫓겨난 목사로서의 뼈저린 경험은 칼빈의 경험이기도 했다. 칼빈은 1538년 부활

절, 성찬 시행 문제와 관련해 제네바 시의회와 충돌한 후 추방당한 적이 있었다.[46]

칼빈이 절망스러운 실패 후 도저히 앞날을 예견할 수 없었을 때 스트라스부르크의 개혁자 부써가 그를 따뜻하게 환대해주었다. 부써는 열여덟 살이나 어린 칼빈을 동역자로 존중해 프랑스 피난민 교회의 담임 사역을 할 수 있게 배려해주었다. 또 독일 여러 도시에서 열린 종교회의에 칼빈을 데려가 멜란히톤을 비롯한 당시 기라성 같은 대륙의 개혁자들과 교제할 수 있도록 주선했다. 또 결혼에 대한 기대가 거의 없던 칼빈에게 재세례파 미망인 이델레트 드 뷔르(Idelette de Bure)를 소개해주어 가정을 이룰 수 있도록 도왔다. 칼빈은 이전까지 부써를 그다지 높이 평가하지 않았다. 그러나 스트라스부르크 체류 이후에는 부써를 아버지 같은 스승이라고 부르며 존경했다.[47] 3년 후 제네바 시의원들의 요청을 받고 자신을 쫓아낸 도시로 다시 돌아가야 할지 말지 여부를 심각하게 고민하는 칼빈에게 부써는 영적인 멘토로서 그곳의 사역이

---

46) François Wendel, 『칼빈: 그의 신학사상의 근원과 발전』, 김재성 역 (서울: 크리스챤다이제스트, 2003), 64-65.
47) Michiel A. van den Berg, Friends of Calvin (Grand Rapids: Eerdmans, 2006), 106-107.

하나님께서 주시는 사명임을 확신할 수 있게 해주었다.[48]

칼빈은 자신이 부써에게 받은 배려와 도움을 녹스에게 기꺼이 제공했다. 부써가 자신에게 그러했듯이 녹스에게 목회할 수 있는 사역지를 마련해주었으며 그의 가정을 돌보아주었고 여러 가지 측면에서 조언과 지원을 아끼지 않았다. 서로 닮은 목회 경험과 고난 그리고 무엇보다 같은 대의를 공유했기 때문에 두 피난민 개혁자는 이처럼 믿음 안에서 깊은 사역의 교제를 나눌 수 있었다.[49] 계산 없는 사랑과 배려는 또 다른 사랑과 배려를 낳는다. 잘 들여다보면 종교개혁의 역사는 메마른 교리적 합의나 정치적 결탁의 과정이 아니라 하나님의 주권적 은혜를 높이려는 같은 영적 목적을 위해 사랑과 위로를 나누는 그리스도의 지체들의 연합과 교제를 통해 성취되었다. 부써와 칼빈, 칼빈과 녹스의 관계가 이 사실을 잘 보여준다.

1555년부터 1559년까지 제네바 생활은 녹스에게 가장 행복하고 유익한 시간이었다. 제네바의 상황도 좋았다. 녹스가 제네바에 자리잡은 1555년은 칼빈의 종교개혁 노력이 마침내 어느 정도 성공을 거둔 해였다. 앞에서 언급했듯이 칼빈은

---

48) Wendel, 77.
49) Berg, 227-237.

1538년 부활절을 마지막으로 제네바에서 추방당했다. 그러다가 다시 제네바 시의회의 공식 요청을 받고 1541년 제네바로 복귀했다. 그러나 칼빈의 종교개혁을 적극 지지하겠다는 약속과 달리 시의회는 여전히 칼빈이 원하는 철저하고 신앙적인 권징 시행에 대해 미온적 태도를 보였다. 시의회의 유력 인사들이 신앙과 도덕상의 이유로 권징의 대상이 될 경우 칼빈과 목회자들에 대해 반감을 노골적으로 드러냈다. 칼빈이 리베르텡파(Libertines), 즉 자유방종파라고 비판한 페렝(Ami Perrin)과 파브르(Gaspar Fabre) 같은 제네바의 유력 가문의 인사들은 본래 스트라스부르크에 머물던 칼빈을 다시 초청하는 데 앞장선 사람들이었다. 그러나 제네바의 정권을 장악한 이후 칼빈을 다시 불러올 때 내세운 종교개혁의 명분은 그들에게 더 이상 중요하지 않았다. 도리어 자기들의 권력을 두려워하지 않고 그들의 방종을 비난하는 설교자들을 못마땅하게 여겼다. 칼빈의 소문을 듣고 프랑스에서 몰려온 개신교 난민들에게 느낀 위협도 이들이 종교개혁자들을 반대하는 또 다른 이유가 되었다.[50]

제네바의 정치지도자들은 노골적으로 칼빈과 목회자들의

---

50) Wendel, 99-104, William Monter, *Calvin's Geneva* (London: John Wiley & Sons, 1967), 82-88.

현재의 제네바 아카데미

설교를 방해했다. 제네바 교회 지도자들은 컨시스토리를 통해 이들을 권징하려 했다. 그리하여 이들은 권징에 반발해 폭동을 일으켰다. 그러나 이는 도리어 그들에게 부메랑으로 돌아왔다. 페렝 일파는 1555년 투표를 통해 시의회에서 실각하고 제네바에서 추방당했다.[51]

이 모든 일의 배후에 칼빈의 가르침과 개혁 시도가 있었던 것은 사실이지만 칼빈 본인이 이 정치적 투쟁의 전면에 나선 것은 아니다. 그는 1555년까지 제네바 시민권은 고사하고 참

---

51) William G. Naphy, *Calvin and the Consolidation of the Genevan Reformation* (Manchester: Manchester University Press, 1994), 167-199.

정권조차 갖지 못한 체류민(habitan) 신분에 불과했기 때문이다. 그러나 이제 1555년 종교개혁을 지지하는 이들이 투표를 통해 시의회를 장악한 후 확실한 권징의 시행이 가능해졌다. 또 훌륭한 목회자 교육기관을 세워 제네바뿐 아니라 유럽 각 지역의 개혁교회를 굳건히 하려는 계획도 본격적으로 진행되어 1559년 마침내 제네바 아카데미가 개교하였다. 녹스가 정착한 1555년에 이르러 칼빈을 반대하던 정치 세력과의 15년 가까운 갈등이 끝나고 제네바는 비로소 종교개혁의 실천이 가능해졌다.

1556년 9월 스코틀랜드의 순회 설교 사역을 마치고 돌아온 녹스는 1558년 제네바 시로부터 시민권을 부여받았고, 1559년 고국으로 돌아갈 때까지 제네바에 세워진 영어권 피난민 교회를 위한 목회에 전념했다. 또 이 기간 칼빈의 영향 아래서 더 깊은 신학적 훈련과 성경 연구를 위한 시간을 가질 수 있었다. 녹스는 칼빈이 계획한 종교개혁의 본격적 건설 과정을 직접 목격할 수 있었다. 매주 함께 모여 지난 설교를 돌아보고 다가올 설교와 예배를 준비하는 목사회 모임과, 신앙과 도덕을 세우기 위해 시의회에서 파견한 장로들과 목사들이 매주 목요일 성도들을 돌보고 치리하는 컨시스토리를 잘 관찰했다. 루터파가 주장하는 공재설(consubstantiation)이나 츠빙글리파가 주장하는 기념설과 다른, 실질적이며 영적인 그리스도의 현존(real presence)을 기념하는 성찬에도 참여했다. 어린이들에게 체계적으로 시행하는 문답식 교리교육과 모든 시민을 대상으로 하는 칼빈과 목회자들의 공개 성경 강좌도 목격했다. 그리고 설립 과정에 있는 제네바 아카데미에 참여하기 위해 모여드는 학자들을 만나 교제했다. 그 가운데에는 칼빈의 후계자인 베자(Theodore de Beza, 1519-1605)도 있었다. 녹스는 그들이 목회자 교육 기관을 세워가는 과정도 직접 접할 수 있었다.

제네바의 안정된 개혁 상황을 소문으로 듣고 앙리 2세(HenryⅡ, 1519-1559, 재위 1547-1559)의 박해를 피해 프랑스 각지에서 위그노(Huguenots)들이 더 많이 이 도시를 찾아왔다. 이 위그노들은 고급 기술을 가진 상공업자와 학문적 소양이 높은 귀족들로 이루어져 있었다. 위그노를 통해 제네바는 새로운 경제적 활력을 찾았다. 특히 이 도시는 출판업의 중심지가 되었다. 녹스 역시 1559년까지 여러 저술들을 제네바에 위치한 크레스펭 출판사를 통해 발표했다.[52] 출판업의 발전은 칼빈뿐 아니라 여러 훌륭한 개혁신학자의 저술들이 제네바에 유입되고 파급된 것을 의미한다. 스코틀랜드와 잉글랜드 그리고 프랑크푸르트에서까지 무려 세 번이나 종교

---

52) Reid, 166-167.

제네바 종교개혁 기념비(왼쪽부터 파렐, 칼빈, 베자, 녹스)

개혁 사역의 실패를 경험한 녹스에게 이 모든 새로운 개혁의 활력과 실천은 잉글랜드와 고국 스코틀랜드의 종교개혁의 가능성을 다시 소망할 수 있게 해준 큰 격려와 소망이 되었다.

프랑크푸르트뿐 아니라 주변의 여러 도시에서 모여든 잉글랜드 피난민들은 11월 1일 교회를 창립했다. 이 교회는 제네바 교회의 모범을 따라 예배형식과 교회치리를 세워나갔다. 녹스가 스코틀랜드로 떠나 있는 1년 동안은 굿맨과 길비(Anthony Gilby, 1520-1585)가 목회자로 지명 받아 사역했는데, 녹스는 그기 부재중인 때에도 계속 영향력을 발휘하였다.[53] 그러나 녹스 자신을 비롯해 제네바 잉글랜드 피난민 교회는 특정 지도자를 중심으로 공동체를 세우기보다는 예수 그리스도의 통치만을 드러내기 위해 협의와 공동목회를 지향했다.

1556년 2월 10일 피난민 교회는 크레스펭 출판사를 통해 『기도의 형식』(Form of Prayers Ministration of the Sacraments ets.)을 출판했다.[54] 이 책은 예배형식만 아니라 이에 앞서 신앙고백, 임직 규정, 성경연구 모임 운영, 교회 치리 규정, 결혼과 장례와 같은 각종 의식 규정 그리고 교리 교육과 점검에 대한 내용을 모두 포함하고 있었다. 이 출판은 제네바의 피난민 교회의 두 가지 시대적 사명 의식을 반영한다. 첫째, 이들은 에드워드 6세 치하의 국교회주의자들이 강요한 『공동기도서』를 뛰어넘어 국교회의 위계 체제를 극복하고 성경 말씀을 중심으로 그리스도의 통치를 온전히 드러내는 새로운 공동체를 조직하는 데까지 나아가려 했다. 위팅엄은 『기도의 형식』 서문에서 신앙고백과 예배와 치리는 반드시 하나님의 말씀에 의해 결정되어야 할 본질적 문제라고 밝히고 이제 만들어갈 새로운 공동체의 유일한 기준으로서 하나님 말씀의 충

---

53) Reid, 170.
54) Works, IV: 149-214.

족성을 강조했다.

> 그러므로 우리는…하나님의 영광과 그의 단순하고 순수한 말씀을 높이려는 소원을 가지고 개혁교회를 위해 이 형식과 규칙을 제시한다. 이 형식과 규칙은 우리 구세주께서 우리의 모든 행위를 다스리도록 유일하고 충족하게 남겨주신 하나님 말씀의 범위 내에 제한되었다. 따라서 인간이 만들어낸 그 어떤 것이 포함된다면 이것은 어떤 협의나 모사를 허락하지 않으시고 질투하시는 우리 하나님 앞에서 결코 선하고 거룩하고 아름답게 보이지 않을 것이며, 다만 악하고 불순하며 혐오스러울 뿐이다.[55]

둘째, 이들은 이 새로운 공동체가 제네바에만 국한되지 않고 유럽 각지와 무엇보다 앞으로 돌아가게 될 고국 잉글랜드에서 실현되기를 원했다.

> 덧붙여 오늘날 그리스도의 교회 위에 드리워진 위험은 우리를 더 나아가게 만들었다. 어떤 야만스러움과 오류의 어리석음이 하나님의 교회 안에 들어오기 위해 틈타

---

[55] Works, IV: 160–161.

고 있는 조짐을 보면서 모든 경건한 교회가 이것들에 대적하기 위해 하나님의 거룩한 말씀, 즉 모든 점에서 합당한 어떤 한 가지 교리와 신앙고백에 동의하는 것보다 더 나은 방어의 길은 없다고 생각한다. 그리스도의 교회가 모든 이단과 핍박과 다른 위험에 대적한 보편적인 사례를 통해 우리 후손들도 이 교리와 신앙고백을 확증할 수 있을 것이다. 이것이 어떤 한 사람의 교리가 아니라 모든 그리스도의 교회의 동의임을 깨달음으로써 이를 통해 모든 젊은이가 잘 성장하고 훈련받게 될 것이다.[56]

이처럼 제네바의 잉글랜드 피난민 교회가 출판한 예배모범은 온전한 공동체의 수립 그리고 그 공동체의 확산과 계승이라는 두 가지 목적을 실천하기 위한 구체적인 시도였다. 『기도의 형식』이 제시한 신앙고백은 1537년 파렐이 작성한 제네바 신앙고백과, 이에 덧붙여 1538년과 1541년 두 차례 칼빈이 작성한 신앙교육서(Catechism)의 주요 내용을 사도신경의 순서를 따라 간략하면서도 명확하게 진술했다. 그런데 이 글에서 한 가지 주목할 점은 칼빈이 말씀과 성례 두 가지를 참 교회의 표지로 언급한 데 반해, 이 신앙고백은 세 가지를 참

---

56) Works, IV: 167-168.

가시적 교회의 표지 혹은 징표로 삼았다는 점이다. 이 세 가지 표지는 하나님 말씀에 의한 통치, 순수하게 시행되는 세례와 성찬 그리고 잘못을 경고하고 바로잡는 교회권징의 철저한 시행이다.[57] 가시적 교회의 순수성과 합법성과 관련해 권징을 강조한 점은 피난 중인 잉글랜드 회중이 고국의 로마 가톨릭이나 국교회주의자들에 맞서 진정한 교회의 기초를 전통이나 체제가 아닌 말씀에 의한 분명하고 확실한 치리 시행에서 주장하려 한 의도를 잘 보여준다.

이 모범은 예배 순서의 단순함을 강조한다. 예배는 무엇보다도 성경 해석을 통한 하나님 말씀의 선포를 그 핵심으로 삼아야 한다. 죄의 고백, 시편 찬송, 주의 강림을 구하는 기도가 설교 전에 있어 말씀 선포에 앞서 모든 예배자가 스스로를 준비한다. 이어서 설교가 있고 설교 이후에는 토론이 이어져 선포된 말씀의 이해를 돕는다. 예배는 이후 목회자의 기도와 축복으로 끝난다.[58] 단순함을 추구한 제네바 잉글랜드 교회의 예배 모범이 보여주는 특징은 세 가지이다. 첫째, 자율성이다. 『공동기도서』와 비교할 때 매번 함께 따라서해야 하는 기도문 같은 것은 없다. 죄의 고백 순서에 사용할

---

57) Works, IV: 172-173.
58) Works, IV: 178-186.

수 있는 기도의 예문이 몇 가지 기록되어 있지만 그것은 예시일 뿐이다. 목사와 회중은 그들이 고백해야 할 죄의 문제를 자유롭게 고백하고 용서를 구할 수 있다. 공동기도문과 같이 다 정해져 있는 것이 아니라 기도의 내용과 순서를 목사의 재량으로 조정할 수 있다. 마지막 축복 역시 구약 민수기의 축복이나 신약 고린도후서의 축복 가운데 목사가 선택하여 선언할 수 있다. 둘째, 가르침의 강조이다. 『기도의 형식』은 매주 첫째 날 정해진 장소에 모이는 모임을 '예배'가 아닌 '성경해석'(Interpretation of the Scriptures)이라고 부른다. 이 시간에 목사는 정해진 순서에 따라 성도들이 숙지하고 온 본문을 따라 설교한다. 또 설교 이후에 성도들이 자유롭게 질문하고 대화할 수 있는 시간을 가진다. 일방적이며 형식적인 순서가 아니라 실제로 내용이 잘 전달되고 이해되어 실천될 수 있는 것이 예배의 기본 과제이다. 셋째, 공동체성이다. 『기도의 형식』이 제시하는 고백 기도의 사례 가운데에는 특별히 전체 기독교와 국가의 죄를 고백하는 기도문이 포함되어 있다. 이는 예배를 통해 개인의 죄 문제뿐 아니라 공동체와 국가 전체의 문제에 대한 하나님의 뜻을 구할 필요가 있음을 강조하는 것이다. 피난 중인 상황에서 고국 잉글랜드 교회의 회복을 위한 기도는 당연한 의무였을 것이다. 이와 같은 시대적 요구를 고려한다 할지라도 개인 차원을 넘어서 예배가 갖는 공동체성, 혹은 공공성에 대한 강조가 제네바 피난민 교회가 예배와 관련하여 보여준 중요한 특징이라고 말할 수 있다.

성찬 역시 단순함을 가장 중요한 특징으로 삼고 있다. '하나님 말씀의 확증이 없이는 이 거룩한 예식에 아무것도 첨가되지 않게 하는 것'이 가장 기초적인 성찬 시행의 원칙이었다.[59] 잉글랜드 피난민 교회도 제네바 교회가 그러했듯이 매주 성찬을 시행하지는 않았다. 그러나 성찬은 목사의 판단에 따라 최소 한 달에 한 번 시행하되 반드시 매주 드리는 기도와 설교와 함께 시행되어야 했다. 또 성도들이 원할 때에도 주일 예배 중 시행할 수 있도록 하여 성도의 권리와 기회를 보장했다. 그리고 성찬을 성경의 가르침대로 단순하게 시행하기 위해 예수님께서 제자들과 하셨듯이 목사가 회중과 함께 탁자에 앉아 감사기도를 드리고 나서 떡과 포도주를 나누어주도록 했다. 또한 『기도의 형식』이 참고한 칼빈의 『기도 형식』(Formes des Prieres)이나 풀랭의 『거룩한 예식』은 떡과 포도주를 나누는 방식에서 미신을 낳을 가능성이 없다면 다양한 방식을 허용했다. 이에 반해 잉글랜드 피난민 교회의 『기도의 형식』은 이 부분에서 조금 더 상세한 관심을 보인다. 실제

---

59) Works, IV: 191.

로 목사를 포함한 모든 회중이 함께 둘러앉는 방식은 녹스가 회복하려 한 성찬의 모습을 대표하게 되었다. 이런 방식은 목사 앞에 무릎을 꿇고 성찬을 받도록 한 『공동기도서』에 대한 대안으로 제시된 것이 분명하다. 적어도 이 대안에 관해서는 성경의 사례를 따라야 한다는 원칙이 더 강하게 적용되었다고 볼 수 있다.

교회 직분자를 세우는 규정은 제네바 교회의 사례를 따랐다. 교회 안에는 목사와 장로, 집사가 세워져야 한다. 목사는 가르치며 예배를 집례하고 성도들을 치리하고 권면한다. 장로는 교인들을 다스리고 권면하며 집사는 구제와 봉사를 담당한다. 이들 중 목사와 장로는 칼빈의 제네바 교회와 동일하게 매주 함께 모여 교회 일을 논의하고 치리를 행사한다.[60] 치리는 벌을 주기 위한 처벌이 아니라 회개의 기회를 제공하고 교인 모두가 스스로를 돌아볼 수 있도록 돕는 목회의 한 방편이었다. 따라서 가장 강력한 권징이자 권징의 마지막 단계인 출교(excommunication)는 반드시 모든 회중이 납득할 수 있는 이유와 절차로 이루어져야 한다. 즉 출교는 여러 단계의 권고와 근신 처분에도 불구하고 회개하지 않는 사람에 한해 신중하게 시행되어야 한다. 그리고 출교를 당한 사람이라 할

---

60) Works, IV: 174-175.

지라도 주일 예배 설교에 참여하도록 해야 하며 회개의 증거가 확증된 경우에는 기꺼이 공동체의 일원으로 다시 받아들여야 한다.[61] 중요한 것은 세 직분이 상명하복의 위계 체계가 아니라 역할에서 구별되는 민주적 운영을 위한 직분이라는 점이다. 목사와 장로 그리고 집사의 선출은 반드시 모든 회중이 참여하여 이루어져야 한다.[62] 출교 역시 전체 회중의 결정을 보장하는 대표성을 확보하고 나서 시행해야 한다.[63]

녹스는 1555년 9월부터 1556년 9월까지 1년간 스코틀랜드를 방문해 비밀교회(Privy Kirk)를 중심으로 사역한 후 제네바에 돌아왔다. 이때 부인 마조리와 장모가 함께 제네바로 돌아와 정착했고, 녹스의 두 아들 나다나엘과 엘리에셀이 태어났다.[64] 이 시기 녹스는 가정 생활에서뿐 아니라 목회 사역에서도 처음으로 안정된 시간을 누렸다. 무엇보다 녹스는 단순하고 분명한 종교개혁의 대의를 좇아 신앙 공동체를 세우려 한 잉글랜드 피난민 성도들과 함께 예배 개혁과 말씀 중심의 목회를 실천할 수 있었다. 이후 '사도 시대 이래 가장 완벽한 그리스도의 학교'라는 녹스의 회고는 다름 아닌 칼빈이

---

61) Works, IV: 203-206.
62) Works, IV: 175-176.
63) Works, IV: 205.
64) Reid, 175-176.

1555년 이후 제네바에 정착시킨 말씀 중심의 예배와 지속적인 가르침의 안정된 시행에 대한 높은 평가였다.[65] 녹스가 보기에 스코틀랜드와 잉글랜드에서 종교개혁이 성공적으로 안착되지 못하고 로마 가톨릭을 복구하려는 집권자들의 정책에 따라 미사에 참여하는 우상 숭배로 너무 쉽게 복귀되는 이유는 말씀을 가르치고 또 그 말씀대로 예배하도록 하는 일관되고 명확한 종교개혁 사역이 불충분했기 때문이다. 이처럼 제네바에서 가진 여러 가지 경험과 교제를 통해 녹스는 이후 스코틀랜드에서 펼친 종교개혁 사역을 위한 많은 경험과 유익한 훈련을 받았다.[66]

제네바 체류 시기 녹스는 신학적 작업에도 참여했다. 그는 재세례파의 『필요에 의한 부주의』(Careless by Necessity)에 응답해 450쪽에 이르는 반박문을 저술하여 개혁신학에 따른 예정론을 변호했다. 그러나 이 시기 녹스가 참여한 가장 의미 있는 학문적 작업은 영어 성경 번역과 주석 저술 사업이었다. 녹스는 200명에 이르는 피난민 교회 성도들을 돌보는

---

[65] 이런 평가는 스코틀랜드의 로크 부인에게 보낸 녹스의 편지에 나타난다. *Works*, 4: 240. *Reid*, 168.

[66] 퍼시는 녹스의 망명 기간은 선지자적 사명감을 좌절시키는 침체의 시기라기보다 도리어 그 사명감을 더 분명히 하고 발전시킨 성숙의 기간이라고 평가했다. Eustace Percy, *John Knox* (Richmond: John Knox Press, 1966), 290-291.

바쁜 일정 속에서도 제네바 성도들과 함께 영어로 성경을 번역하는 작업을 진행했다. 이 과정에서 그는 수많은 문제들에 대해 답하는 서신들을 작성했으며, 여러 가지 논쟁에 대한 팸플릿 형식의 저술을 계속 발표했다. 1558년부터 1559년까지 녹스가 제네바에서 발표한 글들은 이 시기 그의 개혁 사상이 더 정교해지고 체계화되었음을 잘 보여준다.[67] 녹스는 그의 사역 초기부터 모든 역사적 상황이 성경에 기록된 대로 하나님의 뜻에 따라 이루어진다는 역사관을 가지고 있었다. 그의 이런 역사의식은 칼빈을 비롯한 스위스 개혁신학자들의 영향을 받아 역사를 하나님의 약속과 그 성취로 이해하는 관점으로 정립되었다.[68] 하나님께서 성취하시는 언약의 역사 속에 부름 받은 말씀의 사역자들은 어떤 상황에서도 삶과 죽음을 그 진리와 함께 해야 했다. 녹스에게는 평안한 삶이 있는 제네바가 아니라 우상 숭배가 지배하고 있는 고국 스코틀랜드가 자신의 남은 삶과 죽음을 바쳐 하나님의 뜻을 이루어드려야 할 사명의 현장이었다.[69]

---

67) Reid, 177-178
68) Works, V: 71ff.
69) Reid, 192.

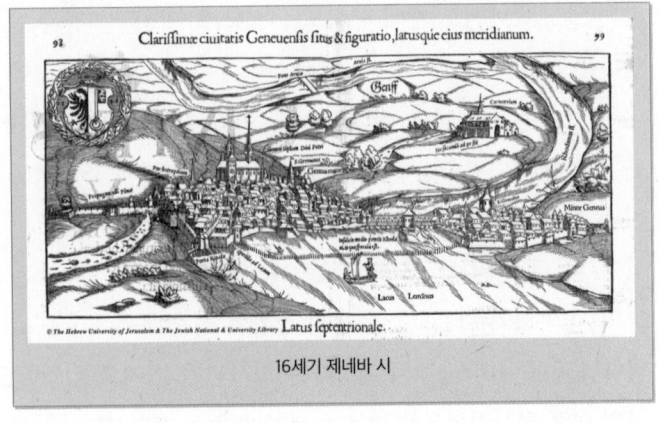

16세기 제네바 시

모험 - 스코틀랜드 방문 설교 사역

녹스의 선지자적 사명 의식은 그를 제네바에 안주하지 못하게 만들었다. 그는 프랑스 갤리선을 타면서 하나님께 돌아오기를 소원했던 고국 스코틀랜드를 한 번도 잊은 적이 없었다. 그는 정치적 상황이 변함에 따라 1555년 11월, 섭정 메리의 종교 정책이 완화된 틈을 타 디에프를 거쳐 스코틀랜드를 방문했다. 그리고 이듬해 9월까지 스코틀랜드에 머물며 순회 설교 사역을 수행했다. 그는 스코틀랜드의 접경 지역으로서 예전에 자신이 사역했던 버릭과 뉴캐슬까지 방문해 하나님의 말씀을 선포했다.

녹스의 비밀 방문 사역은 스코틀랜드의 급박한 정치적 상황 때문에 가능했다. 1550년대 초 스코틀랜드는 왕비 메리의 섭정이 더 강화되어 있었다. 경쟁 관계에 있던 알란 백작 제임스 스튜어트는 정치적 압박을 이기지 못하여 1554년 스스로 공직을 사임하고, 왕비를 단독 섭정으로 지목했다. 세인트 앤드루스 반란이 진압된 이후 메리 왕비와 그녀가 끌어들인 프랑스 군이 세력을 얻었다. 종교적으로는 로마 가톨릭이 지배력을 얻었다.[70] 그러나 일방적인 왕비의 권력 강화는 스코틀랜드 귀족의 반발을 키웠다. 이들은 반프랑스 반가톨릭 경향에서 방향을 함께 했다. 아이러니하게도 이들이 로마 가톨릭에 반대하며 사적인 예배와 신앙 공동체를 유지하는 비밀교회 중심의 신앙생활을 한 것은 프랑스 위그노들에게서 배운 것이었다. 비밀교회 중심의 신앙생활은 여전히 정치적 입지를 중시하는 대귀족들보다는 소영지를 가진 하급귀족이나 주요 도시들의 중산층에게 큰 지지를 얻었다. 어느 정도의 재력을 가지고 있었고 이를 바탕으로 상당한 수준의 지적 능력을 가진 상인과 수공업자들은 대륙으로부터 전해진 여러 종교개혁 문헌들을 접하며 신앙생활의 새로운 변화를 바라고

---

70) Reid, 197-198.

있었다.[71]

왕비에게 반대한 스코틀랜드 개신교 귀족들은 녹스를 그 누구보다도 환영했다. 누가 녹스의 비밀 방문을 주선했는지 정확히 알 수는 없지만 틀림없이 장모인 보우스 부인이 중요한 역할을 했을 것이다. 1년의 방문 기간 동안 녹스가 어떤 사역을 했는지도 그가 보우스 부인과 주고받은 편지들을 통해 재구성해볼 수 있다.[72] 녹스는 언제든지 부름이 있다면 목숨을 아끼지 않을 각오였다. 그러나 녹스는 스승 위샤트의 경우와는 달리 이미 잘 조직된 비밀교회 네트워크의 도움을 받아 더 효율적으로 그리고 비교적 안전하게 사역할 수 있었다. 비밀교회의 지도자 중 한 명인 칼디의 제임스 샌디랜즈(Sir James Sandilands of Calder) 등 여러 명의 귀족들이 녹스가 머물며 설교할 수 있는 거처와 예배처소를 제공했다.[73] 이들의 도움을 받아 녹스는 수도 에딘버러뿐 아니라 동쪽 로디언과 북부 파이프, 앵거스, 메어른, 카일 등지를 순회하며 비밀교회 성도들을 격려하고, 담대하게 개혁의 메시지를 전했다. 아쉽게도 이 비밀 사역 기간에 녹스가 전한 설교들은 기록으

---

71) Reid, 199.
72) Reid, 200.
73) History, I: 1189ff, Reid, 200.

로 거의 남아 있지 않다.

녹스의 설교 사역을 통해 지리멸렬했던 스코틀랜드의 종교 개혁 운동은 새로운 활력을 얻었다. 한 예로 이 방문 사역의 막바지에 던켈드 주교의 대저택에서 열흘 동안 집회가 열렸는데, 녹스는 아침과 저녁 두 차례 강력한 메시지를 전했다.[74] 이 두 번의 설교 가운데 마태복음 4장을 본문으로 삼아 그리스도의 첫 번째 시험에 대해 선포한 설교는 녹스가 제네바에 돌아온 후 책으로 출판되었다. 녹스는 이 설교의 결론에서 "사람이 떡으로만 살 것이 아니요"라는 말씀을 해석하며 핍박 중에 있는 스코틀랜드 성도들이 어떤 세속적 이익이나 박해에 굴복해 타협하지 말고 담대히 하나님의 약속을 붙들어야 한다고 선포했다.[75] 그리고 하나님의 위로와 보호를 그분의 택하심에서 찾아야 한다고 말하면서 고난 중에 있는 성도들을 다음과 같이 격려했다.

> 제가 말씀드렸듯이 하나님께서 선택하신 사람들은 하나님께서 제공하신 보호와 무기를 거절하지 않습니다. 그들은 전투가 격렬해져서 싸움으로 인한 한숨과 신음과

---

74) History, I: 122.
75) Works, IV: 95ff. Reid, 201.

탄식이 가장 클 때 그들의 보호자를 찾습니다. 그렇습니다. 그들은 두려움을 떨쳐버리고 사명과 기도를 계속함으로써 확실하고 온전한 우리의 승리자 예수 그리스도를 찾습니다.[76]

공개적인 예배가 불가능하고 목회자도 많지 않은 스코틀랜드의 열악한 상황에서 녹스가 비밀교회 성도들에게 추천한 예배 방식은 성경 말씀 나누는 것을 중심으로 하는 가정 예배였다. 1559년 종교개혁이 공식적으로 안착되기 전까지 스코틀랜드의 개혁교회는 비밀교회 형태로 운영되었기 때문에 가정에서 예배를 드리는 것이 일반적이었다.[77]

녹스는 제네바로 복귀한 이후 순회 설교를 위해 방문한 고국 스코틀랜드 성도들을 위해 "유익한 조언의 편지"(Letter of Wholesome Counsel)를 저술했다. 이 글에서 녹스는 다시 한 번 구약의 내용을 직접적으로 스코틀랜드의 상황에 연결시켰다. 녹스는 신명기의 "들으라"(쉐마)를 "들으라, 스코틀랜드여"라고 인용하면서 '집에서나 길에서 걸을 때나 누울 때나 일어날 때나' 자녀들에게 하나님의 말씀을 가르칠 것을

---

76) Works, IV: 114.
77) Kyle, *John Knox*, 90.

조언했다. 중요한 것은 일정한 형식과 고상한 제도와 직분이 아니라 분명한 말씀의 선포와 그 말씀에 대한 담대한 순종이었다.

녹스의 순회 사역과 강력한 우상 숭배 비판 설교에 대해 알게 된 로마 가톨릭 당국은 1556년 5월 15일, 그를 수도 에든버러의 블랙프라이어스 교회(Balckfriars Kirk)로 소환했다. 녹스는 이제 스승 위샤트의 뒤를 따를 각오가 되어 있었다. 그러나 녹스와 동행해 에든버러에 들어온 여러 개신교 귀족들의 위세 앞에 로마 가톨릭 주교가 오히려 위축되었다. 토론과 재판 어느 것도 제대로 이루어지지 않았다. 녹스는 개신교 귀족들의 의견을 받아들여 왕비 메리에게 참된 교회에 대한 박해를 철회할 것을 요구하는 편지를 작성해 글래스고 대주교에게 전달했다.[78] 온전한 승리는 아니었지만 녹스의 담대한 행동은 도리어 그것이 고난을 이길 수 있는 능력임을 보여주었다. 그러나 스코틀랜드의 모든 성도가 그렇게 담대하게 신앙을 고백하고 고난을 감수한 것은 아니다. 실제로 녹스가 가장 우려한 것은 스코틀랜드의 많은 성도들이 마음으로는 성경의 진리를 고백하면서도 자신의 이익과 지위를 유지하기 위해 로마 가톨릭 미사에 참여하는 위선이었다. 녹스

---

78) Reid, 202.

는 순회 설교 사역 기간뿐 아니라 제네바에 돌아온 이후에 쓴 글들을 통해서도 이와 같은 위선을 강력하게 비판했다. 이런 위선이야말로 스코틀랜드와 잉글랜드가 종교개혁에 실패한 이유였다. 그리고 무엇보다 이런 위선은 하나님의 진노와 심판을 불러올 것이 확실했다.

스코틀랜드 개신교인들은 녹스의 설교에서 큰 위로를 얻었다. 그와 동시에 큰 경고의 음성도 들었다. 이제 왕비의 섭정 치하에서 적당하게 신앙생활과 사회생활을 타협하는 것은 하나님의 뜻이 아님은 확실했다. 개인 차원에서뿐 아니라 스코틀랜드 국가 전체 차원에서도 하나님 말씀의 진리와 우상숭배 사이에서 양자택일을 해야만 했다. 목숨을 걸고 스코틀랜드 각지를 다니며 외친 녹스의 메시지는 억눌려 있던 스코틀랜드 성도들에게 소망을 주는 동시에 회개와 헌신을 촉구했다. 녹스의 사역 이후 스코틀랜드에서는 담대한 설교자들의 사역이 본격적으로 전개되었다. 1556년부터 더글라스(John Douglas), 메스벤(Paul Methven), 할로우(William Harlaw), 윌록(John Willock) 등의 설교자들이 스코틀랜드 주요 도시에서 담대하게 개혁의 메시지를 전했다. 이들은 모두 1560년 이후 스코틀랜드의 종교개혁을 위해 녹스와 함께 사역했다.[79]

---

79) Reid, 205-206.

비밀교회의 귀족들 역시 녹스의 사역에 자극을 받아 1557년 12월 3일에 이르러 신앙의 대의를 위해 고난을 감수하겠다고 다짐하며 상호 간에 '언약'(covenant)을 체결했다. 그들은 참된 목사들의 사역을 지지하며 모든 능력과 생명을 바쳐 그리스도의 회중 전체를 보호하고, '추악함과 신성모독'으로 가득한 우상 숭배를 거절하며, 최선을 다해 진정한 개혁을 실행하겠다고 맹세했다.[80] 이들은 실제로 제네바에서 전해 받은 예배 모범에 따라 각 가정을 중심으로 예배를 드리기 시작했고, 개혁의 실행을 왕비와 주교들에게 강력하게 촉구했다.

녹스는 스코틀랜드의 사역을 일단 마무리하고 1556년 7월 제네바로 돌아가는 여정을 시작해 9월에 제네바로 돌아왔다. 많은 비밀교회들이 힘을 얻고 동역자들이 개혁의 기치를 들었지만 그에게는 돌보아야 할 가족과 제네바에 두고 온 또 다른 회중이 있었기 때문이다. 하여간 녹스는 위샤트와 같은 순교의 기회를 얻지 못했다. 그는 스코틀랜드를 떠나면서 언제든지 자기를 불러준다면 목숨을 내버리고 돌아오겠노라고 약속했다. 스코틀랜드의 로마 가톨릭 주교들은 녹스가 머무는 동안 귀족들의 눈치만 보다가 비겁하게도 그가 스코틀랜드를 떠난 후에야 궐석으로 재판을 열어 그를 정죄하고 허수

---

80) Works, IV: 257. Reid, 206-207.

아비를 만들어 화형에 처했다.[81]

녹스는 1557년 가을, 다시 스코틀랜드를 방문하기 위해 제네바를 떠나 디에프에 도착했다. 지난해 그를 도운 개신교도 중 사임(James Syme)과 발론(James Barron), 로른(Lord Lorne)과 글랜카이른 백작(Earl of Glencairn) 등이 5월에 제임스 스튜어트의 서명이 담긴 편지를 들고 녹스를 찾아왔기 때문이다. 그들은 구체적으로 종교개혁의 재개를 위한 일정을 제시했다. 즉 지금 왕비가 그들에게 정치적인 타협을 원하고 있으며 제임스 스튜어트 같은 인물들이 개혁 진영에 동참했기 때문에 이제 녹스와 같은 설교자들이 합류한다면 다시 한 번 종교개혁의 불길을 당길 수 있을 것이었다. 녹스 역시 그들의 의견에 동의했다.[82] 그리하여 그는 제네바 교회와 칼빈의 동의를 얻어 제네바의 목회를 잠시 중단한 채 쉽지 않은 여정을 거쳐 9월에 도버 해협 앞에 도착했다. 그러나 그를 기다리고 있는 것은 스코틀랜드나 잉글랜드의 협력자들이 아니었다. 그곳에는 스코틀랜드 귀족들의 편지만이 그를 기다리고 있었다. 그들은 스코틀랜드의 정치 형편이 지난 봄에 비해 많이 악화되었으니 잠시 사태를 지켜보자고 말했

---

81) Reid, 203.
82) History, I: 132

다.[83]

 녹스는 이렇듯 정치적 상황에 따라 우유부단한 태도를 보이는 귀족들이 마음에 들지 않았다. 종교개혁은 정치적 형편에 따라 결정할 사항이 아니라 생명을 걸고 추진해야 할 사명이었다. 스코틀랜드 귀족들에 대한 의심은 이후 녹스가 고국에서 종교개혁을 진행하는 동안 사실로 드러났다. 녹스의 강력한 격려와 경고에도 불구하고 귀족들은 자신의 정치적·경제적 필요에 따라 신앙의 문제를 이용하려 했다. 녹스는 디에프에서 10월 27일 편지를 보내 자신의 스코틀랜드 입국을 서둘러 달라고 촉구했다. 그리고 이후 적극적인 헌신에 나서지 못하는 스코틀랜드 개신교 귀족들을 보며 여러 편의 글을 저술해 귀족과 평민 그리고 여왕까지 하나님 앞에서 개혁의 바른길로 나서야 함을 강력한 어조로 경고했다.[84] 이런 와중에 들려온 잉글랜드의 개혁자들 처형 소식과 디에프에서 끊임없이 접한 프랑스 위그노들에 대한 박해 소식은 녹스의 마음을 더욱 급하게 만들었다. 녹스는 디에프에서 12월에 "스코틀랜드에 있는 진리를 고백하는 자에게"라는 제목의 편지를 보내 스코틀랜드의 지식인과 귀족들

---

83) History, I: 133.
84) Reid, 181-182.

에게 두려워하지 말고 종교개혁을 위해 저항에 나설 것을 촉구했다. 이 편지에서 그는 우상 숭배를 강요하는 국왕에 대해 공개적으로 저항하고 예배와 성례의 온전한 집행을 요구하는 것이 지도자들을 향한 하나님의 뜻이라고 말했다. 그렇다고 반란이나 무장봉기를 옹호한 것은 아니다.[85] 이런 강력한 경고에도 불구하고 스코틀랜드에서는 아무런 움직임이 보이지 않았고, 결국 녹스는 1558년 봄 제네바로 돌아왔다. 디에프에 머무는 몇 달 동안 저술한 글과 편지는 제네바에서 책으로 출판되었다. 8월까지 출판한 이 글들은 세속정부의 우상 숭배 정책에 맞서 하나님께서 원하시는 종교개혁을 성취하기 위해 집권자들과 백성들이 어떤 정치적 행동을 취해야 하는지 자세히 밝혔다. 그는 귀족들이 군주를 제거할 의무와 권리를 가지고 있으며, 만일 귀족들이 이 의무를 제대로 행사하지 않을 경우에는 일반 백성들이 행동에 나서야 한다고 말하기 시작했다. 그러면서 만일 국가의 구성원들이 바른 신앙을 확립하기 위한 행동에 나서지 않는다면 구약의 이스라엘 백성이 당한 심판을 피할 수 없을 것이라고 경고했다.[86]

---

85) Works, IV: 276, Reid, 182.
86) Works, IV: 510, Reid, 190.

제임스 5세와 메리 기즈

프랑크푸르트와 제네바에서의 목회 경험 그리고 직접 목격한 스코틀랜드와 잉글랜드의 영적인 후퇴 상황은 녹스의 선지자적 선포와 예배 개혁 노력을 더욱 구체화시켜 주었다. 녹스가 경험한 스코틀랜드와 잉글랜드의 상황은 전혀 낙관적이지 않았다. 녹스는 두 나라의 로마 가톨릭 왕실과 그 왕실의 종교정책에 야합한 사람들 모두 임박한 하나님의 심판을 피할 수 없다고 생각했다. 그러나 권력자들의 폭정에 굴하지 않고 신앙을 지키는 참된 성도들에게는 하나님의 위로와 승리의 소망이 필요했다. 그리고 이 위로와 소망의 메시지는 더 구체적으로 정치적 상황을 해석하고 이에 맞추어 행동하게 하는 지침까지 포함해야 했다. 따라서 1558년까지 저술된 녹스의 글들을 보면 잉글랜드와 스코틀랜드를 향한 선지자적 경고를 담고 있지만 그 어조는 비교적 온건하다. 이에 비해 1558년 이후에 저술된 작품들은 더 직접적인 경고와 더 혁명적인 실천 촉구를 포함하고 있다.[87]

외침 – 정치적 저술들[88]

녹스는 제네바에 머무는 동안 여러 편의 서신을 써서 출판했다. 그 가운데 스코틀랜드에서 수행한 비밀 순회 설교 사역이 계속된 1556년 9월까지 그가 쓴 글들은 고난 중에 있는 잉글랜드와 스코틀랜드 성도들에게 위로와 격려를 전하고, 로마 가톨릭의 우상 숭배적 미사를 강요하는 양국의 지도자들을 경고하는 내용으로 이루어졌다. 녹스는 특히 바른 예배의 실천이 가능한 사회적 변화의 필요를 절실히 느꼈다. 그러나 이 사회적 변화에 대한 녹스의 본격적인 저술은 스코틀랜드 비밀 사역을 마치고 돌아온 1557년 9월 이후부터 이루어

---

87) Kyle, "Prophet of God," 97.
88) 이 부분의 내용은 다음 논문을 요약 정리한 것이다. 김요섭, "정치적 판단과 신앙적 결단: 저항권 사상에 나타난 녹스의 종교개혁 이해", 『성경과 신학』 88(2018): 85–119.

졌다. 스코틀랜드의 정치적 변화를 목격한 후 다시 고국으로 돌아갈 계획을 준비하는 가운데 종교개혁을 위한 구체적인 계획을 세우기 시작한 것이다.

제네바 목회 시기 녹스가 쓴 글 중에 역사적으로 가장 큰 논란을 일으킨 것은 『여성들의 괴물스러운 통치에 반대하는 첫 번째 나팔소리』(First Blast of the Trumpet against the Monstrous Regiment of Women)였다. 이 글은 녹스가 스코틀랜드 귀족들의 요청을 받아 다시 한 번 스코틀랜드로 들어가기 위해 디에프에 머물던 1557년 10월부터 12월 사이에 완성되었고, 이듬해 제네바에서 익명으로 출판되었다. 이 작품의 일차적인 동기는 스코틀랜드에서 발생한 정치적 변화를 성경의 관점으로 해석하는 것이었다. 스코틀랜드 귀족들은 녹스의 재방문을 통해 자신들의 종교적 입지를 강화하려 했다. 그러나 녹스가 도버 해협을 건너 스코틀랜드로 향하기 바로 직전 그들은 갑자기 섭정 왕비 메리 기즈와 정치적 타협을 하는 것으로 입장을 전환했다. 1558년 왕비 메리가 어린 딸 메리와 프랑스 왕세자의 결혼을 추진하던 중 이 결혼을 위한 스코틀랜드 귀족들의 지지를 얻기 위해 이제까지 강경하게 추진하던 친로마 가톨릭, 친프랑스 정책을 일부 완화할 의향을 보여주었기 때문이다. 더 이상 자신의 사역 재게를 원하지 않는 스코틀랜드 개신교 귀족들의 조석변개하는 태도를 목격하면서

개혁자로의 성장 199

녹스는 심각한 영적 위기감을 느꼈다. 하나님 앞에서의 결정이 아닌 자신들의 정치적·경제적 입장만을 대변하는 귀족들의 태도는 녹스가 보기에 심판을 받을 수밖에 없는 배교 행위였다.[89] 또 한 가지 녹스가 이 문제작을 저술해 출판하게 된 계기는 잉글랜드에서 극단으로 치닫고 있는 개신교 지도자들에 대한 박해를 성경적 안목에서 해석하고 경고하기 위함이었다. 이와 더불어 프랑스와 독일 등 유럽 전체에서 나타나고 있는 개신교 세력에 대한 로마 가톨릭 세력의 군사적 탄압에 대해 해석하고 대안을 제시하는 것 역시 이 글의 중요한 저술 동기였다.[90]

스코틀랜드로 돌아가기 위해 디에프에서 머무는 동안 녹스는 이 저술과 더불어 스코틀랜드의 귀족과 백성들을 향해 세 편의 편지를 썼다. 그 첫 번째 편지에서 녹스는 귀족들에게 부여된 정치적·종교적 의무가 있음을 주장했다. 그리고 이 의무를 감당하기 위해 귀족들이 왕의 폭정에 맞설 줄 알아야 한다고 역설했다.[91] 녹스는 여기에서 더 나아가 세 번째

---

89) Kyle, *John Knox*, 93.
90) 공교롭게도 당시 종교개혁을 억압하고 있는 대표적인 국가들의 집권자는 메리 기즈와 메리 튜더 그리고 프랑스의 왕비 캐서린 메디치로 모두 여성이었다.
91) *Works*, *I*: 269-274.

편지에서 스코틀랜드 백성이 왕의 우상 숭배적 종교정책에 맞서 바른 가르침을 줄 수 있는 목회자를 요청할 권리가 있다고 말했다. 그리고 귀족들은 이 요청으로 인해 백성들이 당할 수 있는 핍박을 어떤 대가를 치르더라도 막아야 할 의무가 있다고 주장했다.[92] 하나님께서 세우신 왕의 권위에 대한 순종의 의무보다는 하나님께 순종하기 위한 저항의 의무를 강조한 것이다. 그리고 이 의무는 단순히 책임을 가진 귀족들에게만 머물지 않고 일반 백성에게도 해당되는 것으로 확장되었다.[93]

세 편의 편지에서 본격적으로 거론되기 시작한 녹스의 정치적 저항 사상은 1558년 봄에 출판된 『첫 번째 나팔소리』에서 혁명적인 주장으로 발전되었다. 이 저술에서 녹스는 잉글랜드의 메리 여왕을 직접적 공격 대상으로 삼아 여성이 국왕이 되어 통치하고 있는 상황 자체가 문제라고 주장했다. 녹스가 볼 때 여성이 국왕으로 군림하고 있는 것은 성경의 가

---

92) *Works*, IV: 284-285.
93) 카일(Kyle)은 『첫 번째 나팔소리』의 출판 이전까지 녹스의 정치적 견해는 여전히 '혁명'을 주장하지는 않는다고 분석한다. 그 이유는 1557년 말까지는 녹스가 여전히 설교 사역을 통해 스코틀랜드 귀족들에게 바른 신앙의 길을 가르친다면 메리 기즈의 로마 가톨릭 정책을 무력화시킬 수 있으리라는 기대를 가지고 있었고, 또 그의 정치사상이 여전히 칼빈의 온건한 견해의 영향하에 놓여 있었기 때문이다. Kyle, *John Knox*, 95-96.

르침과 교부들의 견해에 맞지 않을 뿐 아니라 자연적 본성에도 위배되는 것이었다.[94] 녹스는 고린도전서 11장과 14장, 디모데전서 2장의 관련 성경 구절을 인용하면서 여성이 남성 위에 군림하는 것은 비성경적이라고 주장했다. 녹스는 원죄로 인해 아담과 하와 사이에 선포된 하나님의 결정도 인용한다. "너의 뜻은 너의 남편에게 종속될 것이며 네 남편이 너에게 지배권을 행사하게 될 것이다."[95] 더군다나 여성 군왕이 하나님의 뜻을 거슬러 우상 숭배를 강제하는 현실은 반드시 극복되어야 할 잘못된 상황이었다. 이와 같은 녹스의 주장은 아무리 16세기의 남녀불평등 상황을 고려한다 하더라도 당대와 후대의 많은 논란거리가 되었다. 메리에 이어 잉글랜드 국왕으로 즉위한 엘리자베스는 끝까지 녹스의 견해를 용납하지 않았다.

『첫 번째 나팔소리』의 과격한 견해에 대한 잉글랜드 피난민들의 항의와 이후 엘리자베스 여왕과의 불편한 관계는 녹스와 견해를 달리한 칼빈과 베자에게 신학적으로나 정치적으로 적지 않은 부담이 되었다. 실제로 칼빈은 녹스가 이런 글을 제네바에서 출판한 사실을 1년이 지난 후에야 알았다고

---

94) *Works*, IV: 381-386, 393.
95) *Works*, IV: 377-378.

자신의 입장을 변호해야만 했다.[96] 녹스는 이 저술에 나타난 주장으로 인해 후대에는 '여성혐오론자'로 낙인찍히기도 했다. 그러나 이 글에서 녹스가 비판하려 한 근본적인 문제는 여성의 열등함이나 여성의 권위에 대한 혐오감보다는 로마 가톨릭 정책을 강요하는 여성 통치자의 잘못된 권

에든버러 신학교의 녹스 동상

력 사용에 대한 것이었다. 사실 녹스는 여성혐오론자는 아니었다. 실제로 녹스는 여러 서신들을 통해 버릭 교회의 성도였다가 자신의 장모가 된 보우스 부인, 런던의 개신교 신자 로크 부인, 또 에든버러의 여성 교인들과 목회적 교제를 나누었으며, 이 편지에서 여성들에 대한 깊은 배려와 존중을 충분히 보여주었다.[97]

---

[96] Richard C. Gamble, "The Christian and the Tyrant: Beza and Knox on Political Resistance Theory," *Westminster Theological Journal* 46 (1984): 128-132.

[97] 녹스와 보우스 부인 사이의 목사와 성도로서의 관계에 대해서는 W. Stanford Reid, "John Knox, Pastor of Souls," *Westminster Theological Journal* 40 (1977): 1-21; A. Daniel Franfoster, "Elizabeth Bowes and John Knox: A Woman and Reformation Theology," *Church History* 56 (1987): 333-347 참조.

녹스의 『첫 번째 나팔소리』가 당시 시대를 향해 던진 가장 큰 충격은 이 글의 결론에 나타난 저항사상이었다. 녹스는 이 글의 결론에서 신실한 성도들은 여성 군왕이 그들을 종교적으로 억압할 때 "반드시 본질상 괴물인 그로부터 영예와 권위를 박탈해야 하며" 만일 그녀를 지지하는 어떤 세력이 있다면 "그들을 향해 죽음을 선고해야 한다"라고 주장했다.[98] 그리고 자연법칙에 어긋날 뿐 아니라 하나님의 진리를 억압하고 있는 여성 군주에게 적극적으로 저항하지 않는다면 이것이야말로 하나님께 대한 반역이라고 말했다. 이처럼 과격하고 혁명적인 주장을 뒷받침하기 위해 녹스는 구약의 사례를 예로 들었다. 대제사장 여호야다가 신실한 유대인들을 독려해 바알 숭배를 조장하던 섭정 아달랴와 바알 제사장을 몰아내고 합법적인 요아스를 왕으로 세운 것과 같은 일이 잉글랜드에 필요하다는 것이다. 여기서 일찍이 불링거가 그에게 답을 주며 언급한 성경의 사례가 적극적으로 인용되었다. 녹스는 아달랴와 메리 튜더, 바알 제사장과 메리의 종교 고문 가드너, 신실한 유대인들과 잉글랜드의 개신교 귀족들을 연결시켰다. 그리고 녹스 자신은 유대인들을 독려한 대제사장 여호야다와 동일시했다. 이처럼 녹스는 우상 숭배적

---

98) *Works*, IV: 415-416.

인 독재에 저항해야 한다는 혁명적 주장을 펼치는 과정에서도 자기 자신을 하나님께 종교개혁의 사역을 위해 부름 받은 선지자로 이해하는 선지자적 사명의식을 일관되게 붙잡고 있었다.[99] 그렇다면 여성 지도력의 부당함과 관련해 드보라의 사례는 어떻게 해석해야 할까? 녹스는 구약에 나타난 여성 지도자 드보라의 경우는 아주 예외적인 사례이므로 보편적인 원리로 볼 수 없다고 주장했다. 하나님께서 드보라를 사용하신 것은 말씀의 권위로써 우상 숭배를 물리치신 것에 강조점이 있는 것이지 여성 지도자의 집권을 가능하게 하는 것은 아니라는 것이다.[100] 녹스는 선지자적 사명감으로부터 스코틀랜드 귀족들의 타협적 태도와 잉글랜드의 격심한 핍박 앞에서 어떤 두려움도 없이 이와 같은 과감하고 급진적인 선포를 『하나님의 나팔소리』로서 외치려 했다.

녹스의 선지자적 개혁 주장은 1558년 제네바에 돌아와 스코틀랜드 귀족들과 백성들을 향해 저술한 글에서 더 구체화

---

99) 아브레우(Abreu)는 이 저술의 결론이 나타난 근본적인 동기는 녹스가 당시 잉글랜드의 상황을 구약 역사의 반복으로 여기고, 스스로를 그 상황 가운데 '나팔 소리'를 외칠 사명을 받은 것으로 인식한 녹스의 성경 이해였다고 분석한다. Maria Zina G. de Abreu, "John Knox: Gynaecocracy, 'The Monstrous Empire of Women'," *Reformation and Renaissance Review* 5 (2003): 173-174.

100) *Works*, IV: 403-404. Kyle, *John Knox*, 100-101.

되었다. 녹스는 이제 그보다 앞서 틴데일(William Tyndale, 1494-1536)과 칼빈처럼 악한 군주에 대한 백성의 순종의 의무보다는 하나님의 뜻을 따르기 위한 저항의 의무를 강조하기 시작했다. 1558년 여름, 스코틀랜드의 섭정 태후 메리에게 보낸 편지에서 녹스는 만일 그녀가 스코틀랜드의 종교개혁이라는 왕의 의무를 실천하지 않고 부패한 로마 가톨릭을 계속 지지한다면 반드시 하나님의 심판을 받게 될 것이라는 선지자적 경고를 전했다. 그리고 그 심판은 자신과 같은 선지자들의 외침에 응답하는 행정관들과 백성들을 통해 나타날 것이라고 주장했다.[101]

녹스는 스코틀랜드 로마 가톨릭 권력자들을 향해 『호소』(Appellation)라는 제목의 편지를 써서 출판했다. 이 글은 자신을 궐석으로 재판해 인형을 만들어 화형에 처한 스코틀랜드 주교들을 향한 변호와 비판을 담고 있다. 이 편지에서 녹스는 국가 내에서 권력을 가진 귀족들과 모든 백성이 우상 숭배적인 군주에 맞서 바른 종교를 지켜야 할 의무가 있음을 주장했다.[102] 그리고 이 저항을 위해서라면 무력을 사용한 폭동도 가능하다고 말했다. 만일 이런 종교적 책임을 가진 귀족

---

101) *Works*, IV: 435-436, 452-459.
102) *Works*, IV: 469-470.

들이 자신들에게 주어진 의무를 감당하지 않고 왕의 잘못된 명령에 순응한다면 이것은 하나님의 말씀을 멸시하는 것이다.[103] 귀족들과 백성들의 저항의 의무를 뒷받침하기 위해 녹스는 군왕의 권위의 근거를 재론한다. 즉 왕이 권위를 갖는 것은 왕실에서 태어났기 때문이 아니라 하나님의 뜻에 따른 것이며 그 뜻에 따라 왕이 하나님 앞에서 감당해야 할 의무가 부과되는 계약관계가 존재한다는 것이다. 그리고 이 계약관계는 하나님과 군왕 사이에서만이 아니라 왕의 의무 수행의 대상인 백성과의 관계에서도, 또 백성과 하나님 사이에도 존재하는 것이다. 따라서 하나님 앞에서 자신의 종교적 의무를 거절한 왕에 대해 백성이 저항하는 것은 왕에 대한 백성의 계약적 관계에 따른 권리일 뿐 아니라 백성과 하나님 사이에 맺어진 계약에 따른 백성들의 의무이기도 하다.[104]

일반 백성들의 의무에 대한 녹스의 입장은 『평민들을 향한 편지』(The Letter to the Commonality)에서 더 자세하게 나타난다. 이 글에서 녹스는 귀족들이 하나님 앞에서 감당해야 할

---

103) *Works*, IV: 495-496.
104) *Works*, IV:488-489, 500-506. Richard L. Greaves, "John Knox and the Covenant Tradition,' *Journal of Ecclesiastical History* 24 (1973): 27-28; W. Owen Chadwick, "John Knox and Revolution," *Andover Newton Quarterly* 15 (1975): 254-255.

종교적 의무는 일반 백성에게도 동일하다고 주장한다. 실제적으로는 귀족과 평민 사이에 차이가 있는 것이 사실이지만 영적으로는 하나님 앞에서 참된 신앙을 세우는 일에 동등한 의무를 부여받았기 때문이다. 따라서 백성들은 그들의 집권자에게 거짓 선지자를 쫓아내고 참된 설교자를 세울 것을 합법적으로 요구할 수 있으며, 만일 집권자가 이 요구를 거절하면 백성 스스로 참된 설교자를 세울 수 있다. 그리고 집권자가 핍박을 가해 우상 숭배를 강요할 때 백성들은 자신들의 지위로 인해 어쩔 수 없다고 변명해서는 안 된다. 백성들은 집권자뿐 아니라 잘못을 알면서도 우상 숭배에 동참한 자들 역시 하나님의 심판 대상에 포함된다는 것을 인식해야 한다. 따라서 백성들은 핍박에 맞서 집권자에게 저항하고, 더 나아가 악한 집권자를 권좌에서 내려오게 해야 한다.[105] 그러나 녹스가 여기서 말하는 일반 백성의 저항은 근대적인 대중혁명을 의미하는 것은 아니다. 녹스는 대중의 폭동으로 인해 발생할 수 있는 무정부 상태의 무질서를 경계했다. 다만 녹스가 백성으로 생각하는 대상은 주로 국가의 행정직을 맡고 있지 않은 지방 영주들(Lairds)과 일정 수준의 교육을 받고 경제력을 가진 시민(Burgesses)이었다. 따라서 녹스가 이 글에서

---

105) *Works*, IV: 539-540.

독려하는 백성들의 저항은 현대적인 의미의 민주적 저항이라 기보다는 그들을 대변해줄 귀족이나 의회와 함께하는 저항 이었다.[106)]

1558년 11월, 잉글랜드의 메리 여왕이 갑자기 사망한 후 이복동생 엘리자베스의 왕위 계승 논쟁이 벌어지는 동안에 도 녹스의 정치적 입장은 크게 바뀌지 않았다. 녹스는 이 예측할 수 없는 잉글랜드의 왕위 계승 상황을 바라보면서 1559년 1월 『잉글랜드를 향한 짧은 권면』(A Brief Exhortation to England)을 저술했다. 이 글은 잉글랜드 백성에게 성경이 가르치는 대로 참된 종교를 받아들일 것을 촉구하는 동시에 메리 치하에서 하나님의 말씀을 저버리고 우상 숭배에 동참한 자들에게 하나님의 심판이 반드시 임할 것임을 강력하게 선포했다. 하나님의 준엄한 심판을 피할 수 있는 유일한 길은 종교개혁 신앙을 회복하고 로마 가톨릭 지도자들을 죽음으로 처벌하는 것이었다.[107)] 카일이 정확히 평가했듯이 녹스의 이 모든 권면은 구약 선지자의 선포를 따르려 한 녹스의 선지자적 사명의식을 선명하게 보여준다.[108)] 『권면』은 새로운

---

106) Kyle, *John Knox*, 106.
107) *Works*, V: 507, 510-517.
108) Kyle, *John Knox*, 108-109.

대안으로서 잉글랜드가 추구해야 할 기독교 국가(The Christian Commonwealth)의 수립 방법이 무엇인지를 밝힌다. 그 방법은 첫째, 모든 교황주의자를 공직에서 축출하고, 둘째, 각 도시와 마을에 목회자들이 사역할 수 있도록 하며, 셋째, 교회와 국가가 함께 철저한 권징을 세우는 일에 협력하고, 넷째, 개신교 행정관과 교육자들이 학교를 세워 운영하는 것이다. 이 모든 개혁 방안은 녹스가 스코틀랜드에 귀환한 후 의회에 제출한 『제1 치리서』(The First Book of Discipline)에서 실제로 제안한 내용과 동일했다.[109]

---

109) *Works*, V: 515-516. Kyle, *John Knox*, 109.

3

개혁자의 사역

THE Confession of Faith Of the KIRK of SCOTLAND.

SVBSCRIBED
By the Kings Majeſtie and his Houſholde, in the yeare of God 1580.

With a Deſignation of ſuch Acts of Parlament, as are expedient, for juſtefying the Vnion, after mentioned.

And Subſcribed by the Nobles, Barrons, Gentlemen, Burgeſſes, Miniſters and Commons, in the yeare of God 1638.

JOSHVA Chap. 24. verſ. 25.
So Ioſhua made a Covenant with the people the ſame day, and gave them an Ordinance and Law in Sichem.

2 KINGS 11. 17.
And Iehojada made a Covenant betweene the Lord and the King, and the people, that they ſhould bee the Lords people: likewiſe betweene the King and the people.

ISAIAH 44. 5.
One ſhall ſay, I am the Lord: another ſhall be called by the name of Iacob: and another ſhall ſubſcribe with his hand unto the Lord, &c.

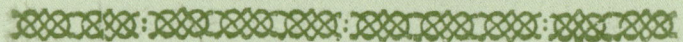

스코틀랜드 신앙고백 표지

Chapter 03
개혁자의 사역

스코틀랜드 신앙고백은 17세기 이후 유일한 머리이신 그리스도가 모든 교회를 실질적으로 통치해야 한다는 신학적 원리 아래, 국가로부터 교회의 독립성과 각 교회의 자율성을 강조하는 장로교 제도로 스코틀랜드 교회가 발전하는 신학적 기초를 제공했다.

귀국 – 스코틀랜드로의 복귀

녹스는 1559년 5월 2일, 드디어 꿈에 그리던 고국 스코틀랜드로 돌아왔다. 그의 귀국 1년 전부터 스코틀랜드의 상황은 새로운 국면을 맞이하고 있었다. 정치 상황과 종교 상황 모두 바뀌었다. 개신교 귀족들은 녹스가 1557년 12월 3일 전한 설교와 그 이전에 전달한 서신들을 통해 큰 격려와 자극을 받았다. 그 결과 이들은 스코틀랜드의 상황 속에서 바른 신앙을 같이 고백하고 실천하기 위해 "언약"(Covenant)을 함께 체결했다. 개신교 귀족들은 이 "언약"에서 오직 참된 복회자들의 지도에 따라 '우리들의 모든 능력과 목숨을 다하여' 그

개혁자의 사역 213

리스도의 회중 전체를 보호할 것이며, '오염과 신성모독'에 가득 차버린 우상 숭배적인 사탄의 교회를 척결하기 위해 진정한 개혁을 실행하는 데 최선을 다하겠다고 서약했다.[1]

서약의 실천은 먼저 그들의 예배를 통해 드러났다. 스코틀랜드의 개신교인들은 회중 가운데 한 가정을 정해 그 집에 모여 말씀 중심의 예배를 드렸다. 그런데 가장 시급한 문제는 예배에서 설교할 목회자가 없다는 사실이었다. 신뢰할 만한 목회자의 설교를 들을 수 있는 가정 교회도 있었지만 설교할 목회자를 찾을 수 없는 가정 교회도 많았다. 따라서 잠정적으로 일반 성도 가운데 경건한 사람이 설교하도록 허용하기도 했다.

"언약"은 구체적인 정치적 실천으로 이어졌다. 이 언약에 서명한 귀족들은 정치적으로 섭정 메리 왕비를 압박했다. 이들은 무엇보다 자신들이 시작한 개신교 예배의 허용을 요구했다. 그리고 더 나아가 그동안 많은 문제를 일으킨 로마 가톨릭 주교들의 면직을 요구했다. 왕비는 "언약"에 동참한 개신교 귀족들의 신앙적 결의와 정치적 압박에 위협을 느끼고, 수도 에딘버러 이외의 지역에서 개신교 예배를 허용해줄 용의가 있다고 말했다. 다만 그 예배 가운데 자신의 섭정 통치에

---

[1] Works, IV. 257ff, Reid, 206-207

대한 직접적인 반대가 없어야 한다는 조건을 달았다. 그러나 왕비의 말은 사실 정치적 미봉책일 뿐이었다. 스코틀랜드의 로마 가톨릭 세력은 개신교인에 대한 박해를 멈추지 않았고, 로마 가톨릭 고위 성직자들은 왕비의 조치를 빌미 삼아 에딘버러 시 안에서 활동하던 개신교 목회자들을 추방했다. 로마 가톨릭 귀족들과 고위 성직자들은 수도 이외의 다른 지방에서도 개신교를 향한 위협과 박해를 계속했다. 위샤트가 화형을 당한 세인트앤드루스에서는 또다시 박해가 발생했다. 1558년 4월, 개신교 설교자 마이른(Walter Myln)이 로마 가톨릭 귀족들에게 체포되어 재판을 받고 이단 혐의로 화형을 당한 것이다.[2]

개신교 귀족들의 반발은 다시 거세졌다. 왕비는 여전히 정치적 안정을 원했기 때문에 다시 한 번 중재에 나섰다. 그러나 중재는 성공하지 못했다. 무엇보다 왕비의 친프랑스 정책이 문제였다. 이에 스코틀랜드의 개신교 귀족들은 왕비의 노골적인 친프랑스, 친로마 가톨릭 정책에 더 크게 반발했다. 이런 상황에서 왕비는 프랑스에 머물고 있는 딸 메리 여왕을 드디어 4월 프랑스의 왕자 프랑수아(François II, 1544-1560)와

---

[2] 비록 처형당하지는 않았지만 로벨(George Lovell), 퍼거슨(David Fergusson) 등의 목회자들도 같은 혐의로 체포되어 에딘버러로 소환되었다. Reid, 208.

결혼시켰다.[3] 이 결혼으로 인해 왕비가 스코틀랜드의 왕권을 프랑스 왕실에 넘기려 한다는 그동안의 우려와 혐의가 현실화되는 듯 보였다. 이제는 귀족들뿐 아니라 일반 백성들까지도 섭정 왕비에게 더 큰 불신을 가질 수밖에 없었다. 개신교 귀족들이 다 마음에 드는 것은 아니지만 그렇다고 프랑스인을 왕으로 모실 의향은 전혀 없었기 때문이다. 에딘버러 시민들은 1558년 9월 1일, 세인트자일스 축일 행렬에 난입해 왕실과 로마 가톨릭 세력에 대한 불만을 표출했다.[4] 그럼에도 불구하고 왕비는 11월에 열린 의회에서 다시 한 번 정치적 수완을 발휘해 딸의 스코틀랜드 통치를 위한 기반을 더 공고히 하려 했다. 왕비는 이 의회에서 딸 메리 여왕의 결혼에 대한 인준을 얻어내고, 더 많은 프랑스인들에게 스코틀랜드의 관직을 하사하려 했다. 반발하는 개신교 귀족들에게는 이 사항들을 인준해줄 경우 신앙의 자유를 허락해주겠다며

---

3) 앙리 2세(Henry II, 1519-1559, 재위 1547-1559)와 카트린 드 메디치(Catherine de Medici, 1519-1589) 사이에서 장남으로 태어난 프랑수아는 1559년 앙리 2세가 사고로 사망한 후 1559년 왕위에 올랐다. 하지만 어린 나이와 병약한 몸 때문에 삼촌인 기즈 공작 프랑수아와 로렌 추기경 샤를이 섭정으로 국정을 운영했다. 기즈 공작 프랑수아는 스코틀랜드의 섭정 메리의 남동생이었다. 프랑수아 2세는 이듬해 귀에 생긴 염증으로 후사를 남기지 못하고 사망했다.
4) Reid, 209.

협상에 나섰다. 귀가 솔깃한 왕비의 제안에 개신교 귀족들은 예배의 자유를 얻는 대가로 그 요구 사항을 다 수용하려 했다. 그리하여 메리와 프랑수아의 결혼이 의회의 인준을 받았다. 이제 법적으로 스코틀랜드의 왕권은 프랑스에 머물고 있는 어린 여왕 부부 두 사람의 공동 소유가 되었다.

잉글랜드 엘리자베스 여왕

그러나 정치적 판단은 늘 세속적 이익에 따라 좌지우지되는 법이다. 왕비는 의회에서 얻어낼 것을 얻어내자 태도를 바꾸었다. 메리 여왕과 프랑수아의 왕권이 인준됨으로써 프랑스의 군사적 지원이 확보되자 다시 입장을 바꾸어 로마 가톨릭 체제를 적극 옹호했다. 그리고 개신교 목회자들과 그 지지자들을 재판에 소환해 심문했다. 그러나 소탐대실이었다. 왕비는 비록 왕실 정치에서는 승리했을지 모르지만 스코틀랜드 전역에 걸쳐 백성들의 지지를 상실했다. 대부분 귀족들과 백성들은 종교 여부와 상관없이 프랑스 왕자를 스코틀랜드의 군주로 인정하고 싶어 하지 않았다. 프랑스에 나라를 내이준 욍실과 한편이 되어버린 로마

개혁자의 사역 217

가톨릭 세력에 대한 반발도 더 커질 수밖에 없었다.[5]

민심을 얻고 사태를 전환시키기 위해 왕비는 이듬해 1559년 3월, 로마 가톨릭 지방 종교회의를 소집했다. 나름대로 로마 가톨릭의 부패를 개혁해보려는 심산이었다. 그러나 이 회의에 모인 주교들은 큰 개혁 의지를 갖고 있지 않았다. 개신교 진영과 대화에 나설 마음도 별로 없었다. 그들은 도리어 자신들의 체제와 현실을 적극 옹호했고, 더 나아가 개신교 설교자들에 대한 강력한 징계를 결의했다. 그리하여 5월 10일, 모든 개신교 설교자가 스털링으로 소환되었다.

이에 반발해 왕비를 반대하고 개신교를 지지해온 귀족들이 다시 결집했다. 그들은 스스로를 '회중의 영주들'(The Lords of the Congregation)이라고 불렀다. 그리고 개신교 목회자들을 보호하기 위해 퍼스에서 스털링까지 행진하며 항의에 나섰다.[6] 왕비 메리는 5월 10일, 이들을 '반란자'로 규정했다. 그들을 진압하기 위해 왕비의 군대가 출동했다는 소식이 들리자 회중의 영주들 역시 군사를 소집하기 시작했다. 이제 로마 가톨릭을 지지하는 왕비와 개신교를 지지하는 귀족 사이의 대립은 군사적 충돌로 이어질 수밖에 없었다. 급박한 정

---

5) Reid, 211.
6) Dawson, 177.

치적 대립의 상황 속에서 순수한 신앙을 지키고 참된 예배를 드리는 일은 결코 쉽지 않았다. 무엇보다 신앙의 문제를 철저하게 정치적 이익에 따라 판단하는 위선적인 정치인들과 종교지도자들 앞에서 종교개혁의 문제는 자주 정치적 충돌이나 더 나아가 군사적 충돌로 비약되곤 했다. 바로 그 5월에 녹스가 스코틀랜드에 상륙했다. 녹스의 귀국은 자신뿐 아니라 스코틀랜드 개신교 세력에게 큰 의미가 있는 사건이었다. 귀국 즉시 녹스도 당연히 '반란자' 중의 한 명으로 지목 되었다. 종교개혁자 녹스는 이미 정치적·군사적 충돌 직전의 상황 속에서 진리에 입각한 진정한 개혁의 대의와 방법을 선포해야만 했다. 고국에 돌아와 녹스가 상대해야 할 대적은 이제 하나님의 뜻을 자신의 정치적 이익으로 왜곡시키려는 세속적 지도자들이었다.

전투 - 양 진영의 군사적 충돌

녹스는 귀국 직후 던디를 거쳐 퍼스에 모여 있던 개신교 진영에 합류했다. 그리고 1559년 5월 11일 목요일, 퍼스에 위치한 세인트존스 교회에서 첫 설교를 전했나. 본문은 예수께서 예루살렘 성전을 청결하게 하신 사건을 기록한 복음서 본문

퍼스의 세인트존스 교회

이었다. 녹스는 이 본문을 가지고 로마 가톨릭의 우상숭배를 강력하게 비판했다. 그의 설교를 들은 퍼스의 시민들은 바로 그날 대성당으로 달려가 미사 준비를 가로막고 성상을 파괴했다. 녹스의 기록에 따르면 설교를 듣자마자 회중은 성당뿐 아니라 근교 수도원까지 달려가 "곧바로 돌을 던지기 시작했고 소위 장막이라고 불린 곳과 모든 우상의 기념물에 손을 댔다."[7] 녹스는 성상 파괴와 약탈의 폭력적 양상에 동의하지 않았다. 그러나 하나님께서 엘리야를 통해 바알 선지자들을 제거하신 것처럼 이 모든 일련의 사건들 역시 자기 백성 가운데 우상을 제하신 하나님의 손길의 결과라고 해석했다.[8] 이날 벌어진 미사 중지와 우상 파괴는 스코틀랜드 종교개혁에서 기념비적인 사건으로 기억되고 있다. 독일 종교개혁기념일이 루터가 비텐베르크 성교회

---

7) History, I: 163. Douglas W. B. Somerset, "John Knox and the Destruction of the Perth Friaries in May 1559," *Scottish Reformation Society Historical Journal* 3 (2013): 1–34.
8) Dawson, 180–181.

(Schlosskirche) 문에 95개조를 게시한 1517년 10월 31일이라면, 스코틀랜드의 종교개혁기념일은 퍼스에서 성상 파괴 사건이 발생한 5월 11일이라고 할 수 있다.[9]

퍼스에서 발생한 성상 파괴 사건은 왕비의 군대가 이들 회중파를 진압하기 위해 군사를 동원할 명분을 제공했다. 이에 개신교 회중 측에서는 어떻게 해서라도 유혈사태를 막아보기 위해 던의 어스킨(John Erskine of Dun, 1509-1591)을 비롯한 여러 귀족들이 목회자들과 함께 협상단을 구성해 왕비와 대화를 시도했다. 하지만 이 대화는 성과를 거두지 못했고, 결국 내전이 본격적으로 불붙었다. 1559년 봄, 스코틀랜드의 왕권을 공동 소유한 프랑수아의 발루아 왕실이 프랑스에서 군대를 보내 내전에 참여했다. 프랑스 왕실은 이 해 초 샤토-캉브레 화의(The Peace of Chateau-Cambrès)로 합스부르크 황실과 오랜 시간 끌어오던 전쟁을 끝냈기 때문에 대외적 상황에 개입할 수 있는 여유가 있었다. 그래서 이제는 며느리의 왕국에서 발생한 반란 진압을 돕겠다고 나선 것이었다.[10]

외국 군대의 침입에 맞서 5,000명에서 6,000명에 이르는 회중파 영주들과 지지자들이 퍼스에 집결했다. 회중파 영주들

---

9) Dawson, 179.
10) Dawson, 177-178.

은 외세의 극복이라는 명분보다 개신교 신앙의 보호라는 종교적 명분을 더 강조했다. 메리 측에서는 거의 마지막으로 개신교에 우호적이던 제임스 스튜어트(James Stuart, 1st Earl of Moray, 1531-1570)와 아가일 백작 캠벨(Archibald Campbell, 5th Earl of Argyll, 1532-1573)이 회중파 귀족들과 대화에 나섰다. 그러나 신앙적 언약으로 단결한 개신교 귀족들을 설득할 수는 없었다. 개신교 귀족들은 잉글랜드에 도움을 요청했다. 이제 이 충돌은 프랑스와 잉글랜드가 관여하는 국제전의 양상으로까지 비화될 조짐이 보였다.

이때 회중의 영주들과 함께 하고 있던 녹스는 군사적 대립이 코앞에 닥친 일촉즉발의 상황을 단순한 정치적 대립으로 보지 않았다. 녹스에게 종교개혁은 철저하게 신앙 결단의 문제였다. 그는 신앙적 관점에서 사태를 해석하고 대안을 제시했다. 즉 개신교 귀족들은 이제 힘을 합쳐 종교개혁의 성공을 위해 프랑스인들과 우상 숭배자들을 축출해야 한다고 주장한 것이다. 물론 전쟁은 녹스가 선호한 선택은 아니었다. 녹스가 원한 것은 성당이나 수도원을 폭력으로 파괴하는 '혁명'이 아니라 그 우상 숭배의 자리가 바뀌어 바른 예배와 참된 경건이 바르게 회복되는 '개혁'이었다.[11] 그러나 녹스가 적

---

11) Reid, 219.

극적으로 나서서 개신교 귀족들의 정치적 타협을 촉구할 형편은 아니었다. 그는 불가피한 상황이라면 정치적 판단에 따른 무력 충돌도 불사할 수 있다고 생각했다. 바른 신앙의 보호를 위해 귀족들은 그들에게 주어진 칼의 권세를 사용할 수 있다고 생각했기 때문이다.

퍼스에 집결한 개신교인들은 일단 왕비의 군대와 프랑스 군대의 공세를 피하기 위해 세인트앤드루스로 이동했다. 그들이 이동한 후 공백상태가 된 퍼스에는 프랑스 군대가 진입했다. 스코틀랜드 종교개혁의 상징적 도시가 된 퍼스는 개혁의 기치를 먼저 든 행동에 대한 정치적 대가를 치러야만 했다. 왕비는 먼저 퍼스 시장을 교체하고 개신교인들을 추방했다. 그리고 로마 가톨릭 미사를 공식적으로 재개했다. 시민들은 반발했지만 왕실 군대는 이 반발을 무력으로 진압했다. 그런데 불행하게도 진압 과정에서 한 어린아이가 프랑스군의 총에 맞아 사망하는 사고가 발생했다. 하지만 왕비의 태도는 단호했고, 왕비는 이 불상사에 대해 아무런 유감도 표명하지 않았다. 이에 시민들은 더욱 격분했고, 왕비의 이런 몰인정한 태도와 프랑스 군대를 끌어들인 행위에 대한 분노는 퍼스뿐 아니라 스코틀랜드 전역으로 번져갔다. 심지어 왕비 측에 속해 있던 제임스 스튜어트와 이기일 백직, 루스벤 경(Lord Ruthven)도 왕비에게 등을 돌려 세인트앤드루스의 개신교 진영에 합류해버렸다.[12] 이제 이 내전은 로마 가톨릭 왕실과 개신교 귀족 사이의 다툼이 아니라 스코틀랜드인과 프랑스 군대의 전쟁으로 전환되었다. 6월 12일부터 여러 회중파 귀족들은 세인트앤드루스에 병사를 모아 집결했다. 그리고 이 와중에 대주교 해밀턴은 근처 포클랜드 궁전으로 도주했다. 세인트앤드루스에 모인 회중파 귀족들은 이곳에서 진정한 종교개혁을 이루겠다는 언약을 다시 확인했다. 유서 깊은 이 작은 대학도시는 10여 년 전 세인트앤드루스 폭동이 일어난 때와 마찬가지로 다시 한 번 스코틀랜드 종교개혁의 거점이 되었다.

세인트앤드루스는 녹스 개인에게도 특별한 장소였다. 20여 년 전 자신이 개혁자로서 소명을 받은 곳일 뿐 아니라 이 사명을 감당하기 위해 설교를 시작한 곳이며, 그 사명 때문에 체포되어 프랑스 갤리선에 올랐던 곳이기 때문이다. 이제 다시 이 도시에 돌아와 그때와 거의 비슷한 상황 속에서 사역을 하게 된 것은 하나님께서 그에게 주신 개혁자로서의 사명을 확신하기에 부족함이 없었다. 녹스는 자신이 세인트앤드루스에서 주일 설교를 전하겠다고 말했다. 피신 중이던 로마 가톨릭 대주교는 절대로 녹스의 설교를 허용할 수 없다고 당국자들을 위협했다. 정치적 계산을 따라 득이 될 것이 없다

---

12) History, I: 180.

고 판단한 회중파 귀족 중 일부도 녹스의 설교를 말렸다. 그러나 녹스는 양보하지 않았다. 단호한 설교는 정치적 계산이 아닌 신앙적 결단이었기 때문이다. 그가 이 도시에서 설교해야 할 이유는 갤리선에서 구해주시고 다시 이곳에 돌아오게 해주신 하나님의 뜻이었다. 녹스가 이해한 하나님의 뜻은 스코틀랜드의 종교 중심지인 세인트앤드루스에서 자신의 삶과 죽음을 모두 걸고 담대하게 복음의 진리를 선포하는 것이었다. 따라서 주일 설교는 정치적 타협의 대상이 아니었다.

마침내 녹스는 1559년 6월 4일 주일, 세인트앤드루스 트리니티 교회에서 설교했다. 그는 이 설교에서 그 어느 때보다 더 강력하게 로마 가톨릭의 미사와 우상 숭배를 비판했다. 그리고 구약 이스라엘 백성들과 함께 하시며 승리를 주신 하나님께서 지금 회중의 군대와 함께 하셔서 승리하게 하시려고 그들의 믿음과 헌신을 원하신다고 선포했다. 퍼스에서처럼 이 선포에 감동한 세인트앤드루스 시민들이 성당의 모든 기물과 우상 숭배의 잔재를 끌어냈다. 그리고 그것들을 얼마 전 마이른 목사가 화형당한 장소에 가져가 불태웠다.[13] 녹스는 6월 23일, 로크 부인에게 보낸 편지에서 이날 일어난 극적인 사건에 대해 이렇게 전했다.

---

13) History, I: 181f.

세인트앤드루스의 트리니티 교회

　내가 오랫동안 가슴속에 그리던 갈증이 드디어 흡족하게 해소되었습니다. 하나님은 제가 기대하던 것 이상으로 40일 이상이나 고국에서 그의 영광을 성취시키기 위해 저의 혀와 입술을 사용하셨습니다. 귀족들뿐만 아니라 평민들까지도 목마르게 말씀을 갈구하는 것을 보면, 그리스도께서 이곳뿐 아니라 북부 지방, 지구의 땅 끝에서까지 결국 승리하실 것을 깨닫고 마음의 커다란 평화와 위로를 느끼게 됩니다.[14]

---

14) Works, IV: 23f.

이후에 잉글랜드 대사였던 랜돌프(Thomas Randolph)는 이 기간 녹스가 전투의 상황에서 회중 군대를 향해 담대하게 선포한 설교를 이렇게 묘사했다. "마치 500개가 넘는 나팔이 귀에 울리는 것 같았습니다."[15] 1559년 10월이 되자 세인트앤드루스 교구는 녹스의 지도 아래 새로운 개신교적 교회 제도를 도입했다. 장로들과 집사들이 선출되었고, 교회 법정 혹은 당회(Kirk session)가 세워졌다. 스코틀랜드 전국에 걸친 교회 제도 개혁은 이듬해 이루어졌다. 그러나 세인트앤드루스의 개혁은 녹스에게는 개혁의 첫 발걸음으로서 중요한 의미를 가졌다. 그가 목격하고 참여한 제네바의 교회 개혁이 자신의 선지자적 사명을 처음 확인한 이 도시에서 가장 먼저 시도되었기 때문이다.[16]

왕비는 프랑스군 사령관 클루텡(Henri Cleutin)을 세인트앤드루스에 보내 회중파를 진압하려 했다. 이에 회중파 영주들은 세인트앤드루스를 나와 6월 24일 쿠퍼 뮤어(Cupar Muir)에서 왕비의 군대와 대치했다. 병력의 수나 전투력을 볼 때 급조된 회중파 군대는 프랑스 정예 부대에 상대가 되지 않았다. 그러나 승패는 군대의 전력에 달려 있지 않았다. 회중파 군대에

---

15) Dawson, 183.
16) Dawson, 198.

게는 신앙적 명분이 있었다. 그들은 석양 무렵에 언덕 위에 일렬로 도열했다. 프랑스 군대 사령관은 지평선 위에 일렬로 도열한 회중파 군대의 수가 엄청나게 많은 줄로 착각했다. 사령관은 예상치 못한 전력을 목격하고는 불필요한 피해를 줄이기 위해 전투보다 협상을 택했다. 협상이 진행되는 동안 회중파를 지원하는 군사들이 속속 도착했다. 스코틀랜드 개신교 군대의 위세에 눌린 프랑스 군대는 결국 퇴각을 결정했다. 이날 쿠퍼 뮤어 전장에 함께 있었던 녹스는 훗날 이 전투는 하나님께서 특별히 개입하셔서 피 흘림 없이 승리를 얻게 하신 기적이었다고 회고했다.[17]

프랑스 군을 퇴각시킨 후 회중파 군대는 기세를 올려 퍼스로 진격해 도시를 재탈환했다. 그리고 파죽지세로 수도 에딘버러까지 진군했다. 시민들이 그들을 환영했다. 왕비는 수도를 버리고 근교 던바(Dunbar)에 위치한 수도원까지 후퇴할 수밖에 없었다. 쉽게 수도가 함락되었다. 일단 에딘버러를 점령한 개신교 귀족들은 숨고르기에 들어갔다. 그들은 던바에 진을 친 왕비와 프랑스 군과 정치적 타협을 모색했다. 유혈 사태에 대한 부담을 느낀 두 진영은 7월 24일 리스 링크스(Leith Links)에서 만나 협약을 맺었다. 이 협약을 통해

---

17) Dawson, 182.

왕비는 더 이상 개신교인과 목회자들을 박해하지 않고 신앙과 설교의 자유를 허락하겠다고 약속했다. 또 개신교 귀족들은 프랑스 군대의 철수를 요구했다. 그러자 왕비는 프랑스 군대를 철수시킬 테니 개신교 귀족들은 이튿날 에딘버러에서 철수할 것과 왕실의 권위에 복종할 것 등을 요구했다. 개신교 진영은 이 협약에 따라 스털링으로 철수했다. 협약 체결 이후 에딘버러에서는 로마 가톨릭 미사뿐 아니라 개신교 예배도 허용되었다.[18]

회중파 군대가 머물던, 한 달이 채 되지 않는 짧은 기간 동안 에딘버러 시민들은 적극적으로 개신교 신앙을 받아들였다. 그들은 7월 7일 톨부스(Tollbooth)에서 회합을 갖고 녹스를 세인트자일스 교회의 목사로 선출했다. 그러나 녹스는 당장 그곳에서 설교할 수 없었다. 아직 그에게는 회중파 군사들을 위한 군목으로서 사역이 남아 있었기 때문이다. 따라서 7월 협약 체결의 결과 회중파가 스털링으로 철수할 때 녹스는 그들을 따라 철수했다.

녹스가 에딘버러를 떠난 사이 세인트자일스 교회의 설교는 윌록이 담당했다. 윌록은 단호하며 거침없는 녹스에 비해 온건하고 더 많은 융통성을 지닌 목회자였다. 후에 다시

---

18) Reid, 220-221.

에딘버러 올드톨부스

이야기하겠지만 윌록은 녹스와 함께 평생 동역하며 스코틀랜드 종교개혁을 위해 중요한 역할을 감당한 개혁자였다. 녹스도 자신이 없는 사이 세인트자일스에서 설교를 담당한 윌록의 사역을 '치열한 전투 중 보여준 가장 신실한 노고와 담대한 용기'였다고 높이 평가했다.[19]

---

19) Dawson, 199.

외교 – 외교적 대화 시도와 정치적 노력

귀국 후 녹스는 스털링 회중파 귀족들과 에딘버러 개혁교회의 설교자뿐 아니라 개신교 세력의 외교적 자문 역할도 맡았다. 국제 정치 역학구도에서 오래전부터 프랑스와 대립 관계에 있던 잉글랜드는 스코틀랜드를 프랑스의 영향 아래 둘 수 없었다. 1558년 잉글랜드의 군주가 된 엘리자베스 여왕은 언니 메리의 친로마 가톨릭 정책을 뒤집고 다시 친개신교 정책을 추진했다. 그러자 스코틀랜드의 개신교 귀족들은 프랑스 세력에 맞서기 위해 잉글랜드와 반드시 동맹을 맺어야 했다. 여기에 녹스는 가장 필요한 인물이었다. 그는 그 누구보다도 잉글랜드의 유력자들을 잘 알고 있었다. 잉글랜드 종교개혁에 참여해 활동했으며 피난민 사역을 통해서도 잉글랜드의 유력한 인사들과 교분이 있었기 때문이다. 스코틀랜드 귀족들의 요청에 응해 녹스는 잉글랜드의 개신교 지도자들에게 스코틀랜드 회중파 귀족들을 지원해줄 것을 요청했다. 녹스는 1558년 6월과 7월, 스코틀랜드 개신교 측을 대변해 잉글랜드의 세실 경(Lord William Cecil, 1520-1598)과 퍼시 경(Sir Henry Percy)에게 서신을 띄워 스코틀랜드의 종교개혁을 지원해 달라고 요청했다. 녹스는 단순힌 정치직 연대가 아니라 브리튼 섬에 하나님의 진리에 순종하는 교회를 회복하는 거룩한 동역을 이루기 위해 군사적 지원을 요청한다고 말하며 신앙적 동지들의 결단을 요청했다.[20] 녹스는 만일 스코틀랜드에 종교개혁이 성공한다면 두 나라 사이의 우의 관계가 안정적으로 유지될 수 있을 것이라고 강조했다. 또 더 나아가 잉글랜드가 스코틀랜드의 종교개혁을 지원하는 일은 잉글랜드 개신교회가 에드워드 6세 시대에 범한 불충함에 대한 가장 적절한 회개가 될 것이며, 하나님께서 잉글랜드가 실천하는 회개와 헌신을 기쁘게 받아주실 것이라고 말했다.[21]

하지만 녹스의 설득에도 불구하고 정치인들은 신앙적 결단보다 정치적 계산을 따랐다. 잉글랜드 측에서는 지금 스코틀랜드의 내분에 참여하는 것이 어떤 정치적 실리가 있을지 계산하는 데 시간이 필요했다. 잉글랜드에서 즉각적인 반응이 없자 스코틀랜드 개신교 귀족들은 커크칼디 경을 대표로 하여 세실에게 다시 한 번 지원을 요청하는 편지를 보냈다. 커크칼디는 개신교 귀족 군대를 총지휘한 인물이며 녹스와 오랜 친분을 가진 종교개혁의 동지였다. 비록 이 두 사람 사이의 친교와 동역은 정치 상황에 의해 그다지 오래 가지 못했으나 1560년대 초반까지는 두 사람 사이의 신뢰와 동역은 견

---

20) Dawson, 184.
21) Reid, 222.

고하게 유지되고 있었다. 스코틀랜드 개신교 귀족들의 연이은 지원 요청에도 불구하고 엘리자베스 여왕과 잉글랜드 정부는 어떤 공식적인 답도 즉시 주지 못했다. 스코틀랜드 회중파 귀족들은 자칭 백성들을 대변한다고 주장하고 있었지만, 사실상 어떤 합법적인 교회도, 국가도 대변하지 못하고 있었기 때문이다. 잉글랜드 정부는 녹스와 커크칼디의 요청에 대해 단지 프랑스 군대가 전격적으로 스코틀랜드에 진주하거나 노골적으로 내정을 간섭한다면 이 경우에는 절대 방관하지 않겠다는 뜻만을 전했다.

녹스는 개인적으로는 이 외교적인 역할을 구실 삼아 전에 자신이 사역한 버릭과 뉴캐슬 교회와 교인들을 돌보고 싶었다. 그러나 녹스의 이와 같은 목회적 기대는 이루어지지 않았다. 이유는 제네바에서 출판한 그의 문제작 『첫 번째 나팔소리』 때문이었다. 엘리자베스 여왕은 이 책에서 녹스가 여성의 통치 자체가 비성경적인 불법이라고 주장한 점을 여전히 불쾌하게 생각하고 있었다. 또 이 책이 주장하고 있는 여성통치불가론은 엘리자베스 자신의 아직 불안정한 정권에 위협이 될 수 있다고 생각했다. 녹스는 잉글랜드 지도자들에게 여러 차례 편지를 보내 이 책이 불러일으킨 논란에 대한 해명을 시도했다. 자신은 로마 가톨릭을 조장하던 여성 통치자를 반대한 것일 뿐이라고 변명했다. 그리고 이제는 이전의 입장과는 달리 엘리자베스가 잉글랜드에 새로운 국왕으로 즉위한 것을 하나님의 특별한 뜻으로 믿고 있다고 말했다. 즉 『첫 번째 나팔소리』에서도 성경에서 드보라같은 여성 통치자가 등장하는 것은 특별한 예외라고 생각했고, 지금 바로 엘리자베스가 그 예외에 해당한다고 생각한다는 것이다.

녹스는 이런 해명을 통해 종전 자신의 주장이 틀렸다고 인정하거나 여성 통치자에 대한 이해를 철회하려고 하지는 않은 것 같다. 이처럼 면목 없는 해명까지 해야 했던 이유는 녹스와 스코틀랜드 개신교 귀족들 모두 엘리자베스와의 껄끄러운 관계를 끝내야만 했기 때문이다. 녹스는 쉽사리 현실에 타협하거나 정치적 이해에 따라 자신의 주장을 굽히는 인물이 아니었다. 하지만 이제는 스코틀랜드의 종교개혁이라는 대의와 자신의 사명을 위해서 잉글랜드에 하나님께서 여성 통치를 특별히 허락하셨음을 기꺼이 인정했다.[22] 그럼에도 불구하고 잉글랜드 여왕을 찾아가 종교개혁을 위한 연대를 모색하는 시도는 불가능했다. 메리 여왕 사망 이후 잉글랜드와 프랑스의 외교적 긴장 관계를 포함해 잉글랜드 내 정치적 상황이 녹녹하지 않았기 때문이다.

다행히 녹스는 엘리자베스 여왕의 묵인 하에 잠시 잉글랜

---

22) Reid, 224.

드 북부 도시들을 방문할 수 있었다. 그는 버릭을 방문해 이 지역 주지사(Lord Lieutenant)의 보좌관 제임스 크로포트 경을 만나 스코틀랜드 측의 입장을 전달했다. 즉 잉글랜드가 프랑스 군의 진입을 방어하기 위해 필요한 요충지에 수비대를 파견해주고 군자금을 지원해준다면, 스코틀랜드 귀족들이 잉글랜드와 영구적인 동맹을 맺을 수 있다는 내용이었다. 이런 녹스의 외교적 역할은 큰 성공을 거두지는 못했다. 외교 협상과 정치적 판단에는 대의나 명분보다 상황에 따른 변수가 더 중요했기 때문이다. 앞서 말한 것처럼 1558년 7월부터 스코틀랜드에서 왕비와 귀족들 사이의 협상이 시작되었다. 그 결과로 잉글랜드와의 적극적인 동맹 협의는 소강상태로 접어들었다. 잉글랜드 역시 이미 프랑스와 맺어 놓은 평화 협정 때문에 스코틀랜드의 개신교 귀족들과 적극적인 동맹을 체결할 수 없다는 입장을 공식적으로 전달했다. 결국 녹스는 잉글랜드가 지원해준 3,000파운드의 군자금만을 얻어낼 수 있었다. 그나마 그 군자금마저도 운반하는 과정에서 로마 가톨릭 귀족들의 습격을 받아 빼앗기고 말았다. 녹스는 설교자로서는 훌륭했지만 외교·정치적으로 유능하기에는 종교개혁이라는 대의에 너무 충실했다.

에딘버러의 시민들과 지방 귀족들은 녹스의 설교에 큰 감동을 받았기 때문에 여전히 그를 신뢰했다. 그러나 회중파 귀족의 지도자들은 그렇게 생각하지 않았다. 녹스에 대한 엘리자베스의 반감을 확인한 그들은 녹스에 대해 부담을 느끼기 시작했다. 그들에게 지금 벌어지고 있는 모든 논란은 철저하게 정치적 문제였다. 따라서 종교개혁이라는 신앙적 목적에 집착하는 녹스의 비타협적인 태도는 큰 부담이 아닐 수 없었다. 한 예로 녹스는 설교 중에 회중파 귀족의 대표적 지도자인 2대 아란 백작 제임스 해밀턴(James Hamilton, 2nd Earl of Arran)의 변덕스럽고 타협적인 태도를 대놓고 질타했다. 아란 백작 해밀턴은 메리 왕비가 섭정이 되기 전에 잠시 섭정직을 맡은 인물이었다. 그러나 왕비 측의 압력을 견디지 못하고 섭정직을 억지로 양도했고, 이후에는 정치적 계산을 따라 여왕을 지지하던 입장을 바꾸어 회중파에 동참했다. 이런 조석변개는 철저하게 정치적 계산의 결과였다. 그럼에도 불구하고 회중파 귀족들이 볼 때 아란 백작의 합류는 상당히 큰 도움이 되는 일이었다. 그는 스코틀랜드 왕위 계승 서열에서 메리 여왕 다음 순위였고, 막강한 로마 가톨릭 가문인 해밀턴 가문의 일원일 뿐 아니라 프랑스에서도 샤텔헤랄트 공작(Duke of Châtelherault) 지위를 가진 유력한 인물이었기 때문이다.[23] 그러나 녹스는 아란 백작에 대해 깊은 불신감을 숨기지 않았

---

23) Dawson, 188.

다. 그런 세속적 위치 따위는 하나님께 받은 사명을 수행하는 데 그다지 중요하지 않았다. 반면 회중파 귀족들은 유력한 지도자의 신앙을 서슴지 않고 문제 삼는 녹스가 마음에 들지 않았다. 그래서 그를 지금 진행 중인 정치적 논의에서 제외시키려 했다. 그들은 다만 녹스가 가진 잉글랜드의

제임스 해밀턴

인맥과 그를 향한 대중들의 지지를 이용하고 싶었을 뿐이다. 더군다나 엘리자베스 여왕이 녹스에게 큰 반감을 가지고 있음이 확인되자 녹스를 활용할 때 발생하는 득실 계산이 복잡해졌다. 결국 스코틀랜드의 회중파 귀족들은 정치적 계산에 따라 녹스를 노골적으로 개혁 논의에서 배제하려 했다.

정치적으로나 경제적으로 유력한 인물이 교회 안에서도 더 관심을 받고 더 환영받는 것은 예나 지금이나 비슷하다. 물론 그런 영향력은 하나님께서 주신 귀한 은사이며 감사의 이유일 수 있다. 그러나 세속적 영향력에 집중하고 지나친 관심을 기울이다가 자칫 교회의 본분을 망각하고 독특한 신앙의 방법을 혼동할 위험이 있음을 잊어서는 안 된다. 녹스에게 종교개혁은 근본적으로 그리고 궁극적으로 신앙에 관련한 문

제였다. 그리고 500년이 지난 지금 한국교회의 상황에서도 신앙의 과제와 정치적 과제가 구별된 영역임을 분명히 인식해야 할 필요성은 큰 변함이 없다.

설전 – 정치적 혼란 속에서의 설교 사역

앞에서 언급했듯이 개신교 세력은 왕비와 협상 결과, 에딘버러에서 물러나 스털링으로 잠시 철수했다. 그 사이 메리 왕비와 로마 가톨릭 세력은 에딘버러에서 다시 미사를 시행하면서 이를 계기로 개신교 세력의 영적 영향력 확대를 막으려 했다. 그러나 에딘버러 시민들의 여론은 왕비의 의도와 반대로 흘러갔다. 시민들은 본래 왕비와 그녀가 끌어들인 프랑스 세력을 싫어했고 그러는 사이에 개신교 설교자들의 영향력은 커져갔다.[24] 왕비는 만약의 사태를 대비해 에딘버러 외곽 리스에 위치한 요새를 강화했다. 긴장감이 팽팽해지자 에딘버러 시민들의 지지를 확보하기 위한 양측의 선전전이 거세

---

24) 당시 에딘버러 시의 실권을 쥐고 있던 상인 계층은 스코틀랜드 토속 귀족들에 우호적이었으며 종교적으로는 개신교에 호감을 가지고 있었다. Reid, "The Coming of the Reformation to Edinburgh," *Church History* 42 (1973): 28–29.

졌다. 왕비의 지지자들은 개혁자들을 비난하기 위해 일부 과격한 목회자들의 성경 가르침을 왜곡했으며, 이들의 선동을 받은 무리들이 폭동을 일으켜서 왕실을 붕괴시키고 정권을 찬탈하려 한다고 주장했다. 이에 맞서 개신교 진영은 왕비와 로마 가톨릭 세력이 스코틀랜드를 우상 숭배로 물들이고, 더 나아가 프랑스에 나라를 팔아먹으려 한다고 비난했다. 그리고 만일 왕비가 프랑스인을 추방하고 의회의 지도에 따라 정상적인 통치를 수행한다면 자신들이 반대할 이유가 없다고 주장했다. 처음 회중파 영주들이 왕비에게 반기를 든 것은 개신교 설교자들을 보호한다는 종교적인 동기 때문이었다. 그러나 그 시점부터는 서로를 향한 비난 속에서 다분히 정치적이며 세속적인 동기를 노골적으로 표면에 내세웠다.

이와 같은 치열한 정치적 비난전의 상황에서 녹스가 정확히 어떤 역할을 했는지는 알기 어렵다. 그가 이 선전전에 어떤 식으로 참여했는지도 파악하기 어렵다.[25] 잉글랜드의 도움을 요청하는 외교적 활동이 계속되었지만 이 기간 녹스가 집중한 가장 중요한 사역은 세인트자일스 교회에서 매 주일 담당한 설교였다. 그는 주중에는 에딘버러뿐 아니라 스털링과 세인트앤드루스를 오가며 여러 편의 설교를 전했다. 그의

---

25) Reid, 226-227.

설교는 종교개혁의 필요성과 스코틀랜드의 각성을 촉구하는 내용으로 채워졌다. 되도록 많은 스코틀랜드인들이 종교개혁의 목적을 바르게 이해하여 올바른 교회와 국가를 세우는 일에 참여하는 것이 그에게는 가장 시급하고 중요한 과제였기 때문이다. 하지만 왕비와 로마 가톨릭 측은 뇌물과 정치적 압박을 사용해 여러 귀족들을 자기편으로 끌어들였다. 정치적 갈등이 이 선전전의 중요한 요인인 것은 분명했다. 그러나 녹스가 보기에 이 대립은 궁극적으로 진리와 비진리 사이의 싸움이었다. 그래서 정치적·경제적 수단을 사용해 개신교 세력을 확장하는 것은 바람직하지 않았다. 종교개혁은 하나님 앞에서 결단해야 할 신앙의 문제이므로 그 싸움의 방법 역시 신앙적이어야 했다. 목회자 녹스가 선택한 신앙적 방법은 담대하고 분명한 진리의 선포, 즉 설교였다.[26]

10월 회중파 개신교 귀족들은 왕비와의 협상을 폐기하고 다시 진군해 에딘버러에 입성했다. 시민들은 이들을 환영했다. 왕비는 준비해 놓았던 리스 요새로 후퇴했다. 회중파 귀족들은 설교자들과 톨부스에서 회의를 열고, 왕비의 섭정직 해임과 국가위원회에 의한 스코틀랜드의 통치를 결의했다. 해임 사유는 왕비가 프랑스에 머물고 있는 메리 여왕을 대신

---

26) Works, VI: 77, 79.

해 마땅히 국민들의 뜻을 받들어 통치해야 함에도 불구하고 권력을 남용해 외세를 끌어들이고 나라를 혼란에 빠지게 했다는 것이었다. 반대로 왕비는 이 결정을 불법으로 선언하고 도리어 회중파 지지자들을 반역자로 정죄했다. 군사적 충돌이 다시 발생했다. 회중파 군대는 왕비의 저항을 진압하기 위해 군사를 동원해 여러 차례 리스 요새를 공격했다. 그러나 단단히 준비를 갖춘 요새는 쉽게 함락되지 않았고, 회중파 귀족들에게 불리한 상황이 전개되었다. 오랜 전투에 지친 시민들과 제대로 급료를 받지 못한 병사들이 대열을 이탈하기 시작했다. 늘 그렇듯 귀족들은 모든 문제를 정치적 타협으로 해결하려 했다. 개신교 귀족들은 다시 전열을 가다듬고 군사적 지원을 더 모으기 위해 에딘버러를 떠나 잠시 스털링으로 두 번째 후퇴를 결정했다.

그 사이 윌록이 잉글랜드로 떠났고 녹스가 10월에 에딘버러로 돌아왔다. 녹스는 세인트자일스 교회에서 설교를 시작했고, 그날 이후 이 교회의 담임목사로서 사역했다. 시를 점령한 회중 측과 요새에 진을 친 왕비 측의 군사적 대립이 격해질수록 로마 가톨릭 지지자들이 녹스의 생명을 노리고 있다는 흉흉한 소문들이 들려왔다. 그러나 대부분의 에딘버러 시민들은 녹스의 설교를 사랑했고 그를 존경했다. 에딘버러 시의회도 사례비로 1년에 200파운드를 책정해 녹스의 생활을 안정되게 지원해주었다. 이런 위기 속에서도 녹스의 설교 사역이 가능했던 것은 무엇보다도 세인트앤드루스에서처럼 에딘버러에서도 녹스의 열정적 선포와 헌신적인 목회 사역이 교인들을 감동시켰기 때문이다.[27] 스코틀랜드 교회의 미래뿐 아니라 자신의 처지도 장담할 수 없는 위기 상황에서 녹스는 11월 7일, 세인트자일스 강단에서 시편 80편을 본문으로 설교했다. 녹스는 이 설교의 결론에서 다시 한 번 무엇이 왕비와 로마 가톨릭 세력을 반대해야 할 이유인지 확인했다.

> 저는 지금 우리가 겪고 있는 모든 슬픔과 혼란과 공포가 기쁨과 명예와 용기로 변화할 것이며, 하나님께서 이스라엘로 하여금 베냐민 지파를 이기게 하셨듯이 우리도 이기게 하실 것을 믿어 의심치 않습니다.…그렇습니다. 우리와 우리의 썩을 육신이 무엇이 되든지 간에 저는 이 대의가 사탄의 방해에도 불구하고 스코틀랜드의 모든 영토에서 승리할 것을 의심하지 않습니다. 왜냐하면 이것이 영원하신 하나님의 불변하는 진리이며, 시대가 아무리 험악할지라도 이 진리는 반드시 승리할 것이

---

27) Reid, 222.

기 때문입니다.[28]

  녹스의 설교가 에딘버러에서 불러일으킨 감동은 단순한 정서적 동의가 아니었다. 그의 설교를 들은 에딘버러 시민들은 참된 종교개혁의 필요성과 시급성을 깨닫고 그 대의에 동의했다. 가장 중요한 결과는 시민들의 관점이 변화했다는 점이었다. 에딘버러 시민들은 녹스의 설교를 통해 어떻게 당시 혼란스러운 정치 상황을 신앙의 관점으로 이해해야 하는지를 배웠다. 한 예로 에딘버러 시민들은 이듬해 메리 여왕이 복귀할 때 시편 찬송을 함께 부르며 여왕을 환영했다. 시편 찬송은 개신교 예배의 대표적인 순서로서 에딘버러 시민들이 보여준 행동은 자신들이 이미 개신교 신앙을 따를 것임을 분명히 한 행동이라고 볼 수 있다.[29] 세속적 이익과 당파적 판단에 따라 신앙을 결정하던 시민들의 태도가 이제는 신앙의 관점에서 자신과 상황을 해석하는 방향으로 점점 더 변해간 것이다. 이 점에서 녹스의 설교 사역은 성공적이었다. 회중파 귀족들의 정치적 판단과 지혜로운 타협이 아니라 신앙적 결단과 순수한 헌신이 스코틀랜드의 종교개혁을 이루어낸 것이

---

28) Works, I, 472-473.
29) Reid, "Coming of the Reformation to Edinburgh," 36

에딘버러의 세인트자일스 교회

다. 녹스의 설교를 통해 복음의 변함없는 진리를 발견하고 상황을 바라보는 관점이 바뀐 에딘버러 시민들은 로마 가톨릭 진영의 회유 시도와 왕실의 정치적 위협 앞에서도 흔들리지 않는 성도들로 성장했다. 1560년 9월 에딘버러 시의회는 로마 가톨릭 미사 금지를 선언하고, 더불어 모든 상점 문을 닫고 예배 중 상업적 행동을 금지하는 주일성수법을 통과시켰다.[30] 녹스의 설교와 사역을 통해 일어난 에딘버러의 변화를

---

30) Reid, "Coming of the Reformation to Edinburgh," 37.

기반으로 스코틀랜드의 이후 종교개혁은 성공적으로 정착될 수 있었다.

녹스의 담대한 설교는 에딘버러 시민들뿐 아니라 전투 중에 있는 회중파 개신교 군사에게도 새로운 동기와 용기를 주었다. 그들은 스털링에서 다시 모임을 갖고 전열을 가다듬었다. 그러나 스코틀랜드 회중파 귀족들만으로는 왕비의 군대나 프랑스 군대를 이길 수 없었다. 잉글랜드의 군사적 지원이 절실했다. 레팅턴의 메이틀랜드(William Maitland of Lethington, 1525-1573)가 외교 사절로 선임되어 잉글랜드를 방문해 지원을 요청했다. 여전히 잉글랜드는 공식적으로 공신력을 가지지 못한 회중파를 지원하기 어려웠다. 회중파 내에서 내부 분열이 발생했다. 여러 회중파 귀족들이 왕비의 선전전과 은밀한 회유 앞에 흔들렸다. 지역감정에 따른 균열도 발생했다. 서부 지역의 대귀족들은 동부 파이프 지역의 귀족들을 견제하기 위해 에딘버러에서 위기에 빠진 회중파 귀족들을 도우려 하지 않았다. 나아가 12월 초에는 프랑스 군대가 반란군을 진압하고 왕비를 돕기 위해 추가로 스코틀랜드에 상륙했다. 이들은 회중파의 거점인 세인트앤드루스를 공격할 채비를 갖추었다. 정치적·외교적인 상황으로 볼 때 스코틀랜드의 종교개혁은 도저히 성공할 것으로 보이지 않았다.

11월 18일 녹스는 잉글랜드의 세실 경에게 다시 편지를 보내 잉글랜드가 스코틀랜드의 개신교 세력을 돕지 않는다면 스코틀랜드는 프랑스의 손에 들어가게 될 것이며, 그 다음 차례는 잉글랜드가 될 것이라고 경고했다. 그러나 녹스의 정치적 경고는 단순히 외교적 판단이 아니었다. 그는 종교개혁자이자 목회자였고 무엇보다 신앙인이었다. 녹스는 같은 날 로크 부인에게 보낸 편지에서 정치적 상황에 따라 조석변개하는 인간들과 무관하게 하나님께서는 최후의 승리를 허락해 주실 것을 확신한다고 말했다.[31] 남은 것은 하나님께서 시작하고 이루시는 이 상황 가운데 부름을 받은 스코틀랜드와 잉글랜드 지도자들의 순종 여부뿐이다. 녹스는 초지일관 정치적이며 세속적인 판단으로 신앙과 교회의 개혁을 다루려는 사람들에게 하나님께서 주권적으로 이루시는 개혁의 역사 가운데 신앙적 결단을 내릴 것을 촉구했다. 그리고 그 결단에 따른 순수한 헌신과 순종을 요구했다. 녹스가 보기에 종교개혁이 상대해야 할 적은 로마 가톨릭 세력만이 아니었다. 개혁에 더 큰 위협이 되는 적은 내부에 있었다. 이들은 신앙과 교회를 바르게 세우려는 노력을 자신들의 욕망과 기득권을 강화하고 유지하기 위한 기회로 삼으려는 정치인들이었다. 신앙이나 개혁이라는 가면을 쓰고 있는 교회 안팎의 정

---

31) Reid, 232-232.

치인들은 식별이 쉽지 않기 때문에 로마 가톨릭 지도자들이나 왕비 측 정치인들보다 훨씬 더 위험했다. 이와 같은 녹스의 판단은 단지 16세기 스코틀랜드에만 적용되는 판단이 아니다. 오늘날에도 얼마나 많은 사람들이 교회와 신앙의 헌신을 통해 사사로운 이익을 추구하고 세속적인 득세의 기회를 얻으려고 애쓰고 있는가? 그리고 또 얼마나 많은 교회 지도자라는 자들이 종교개혁을 한갓 선동구호와 이데올로기로 전락시켜놓고 실상은 자신들의 추잡한 욕망과 세속적 명성을 위해 악용하고 있는가?

녹스의 편지를 받아 본 세실 경은 드디어 사태의 시급함을 깨닫고 엘리자베스를 설득하려 했다. 이 설득은 마침내 성공을 거두었다. 프랑스 군대가 세인트앤드루스 해변 앞에 도착한 1560년 1월, 잉글랜드 함선도 윈터 제독의 지휘 아래 스코틀랜드에 도착했다.[32] 녹스는 잉글랜드의 개입을 하나님의 특별한 도움의 손길이라고 해석했다. 정치적 필요를 위해 종교를 활용하는 세속 지도자들과 달리 녹스는 항상 정치적 상황을 신앙의 관점에서 이해하고 그 이해에 따라 반응했다.[33] 프랑스 군대는 일단 철수했다. 그리고 2월 27일 스코틀랜드

---

32) Dawson, 189-190.
33) Works, VI, 108. Dawson, 189.

개신교 귀족들은 잉글랜드와 버릭에서 만나 상호 주권을 침해하는 일 없이 단지 스코틀랜드에서 프랑스 군을 축출하겠다는 동맹 협정을 맺었다. 동맹에 따라 잉글랜드 군이 여러 차례 프랑스 군이 주둔하고 있는 리스 요새를 공격했다. 그러나 리스 요새는 여전히 난공불락이었다. 잉글랜드 군대도 이 요새를 함락시키지 못했다. 아무리 생각해 보아도 남의 나라에서 그들의 권력투쟁을 위해 별 실속 없이 피를 흘리는 것은 서로에게 어리석은 짓이었다. 실익 없는 군사적 충돌에 지친 프랑스 군과 잉글랜드 군 사이에 6월부터 휴전 협상이 다시 시작되었다.

승리 – 개신교 국가 수립

하나님의 도움의 손길은 잉글랜드의 개입에서 끝나지 않았다. 1560년 6월 11일 뜻하지 않게 기즈의 메리 왕비가 세상을 떠난 것이다. 에딘버러 성에 은거하고 있던 왕비는 이해 초부터 병을 앓고 있었다. 왕비는 리스의 프랑스 군이 잉글랜드의 공격을 잘 막아내고 있는 모습을 기뻐했지만 프랑스 군대가 더 이상 자신의 지시를 따를 생각이 없다는 사실을 알고는 깊은 실의에 빠졌다. 이러한 실망감은 육체를 약하게 했을 뿐 아니라 권력을 향한 굳은 의지도 흔들어 놓았다. 왕비는 마지막 며칠 동안 개신교 귀족들과 화해를 청했다. 심지어 윌록 목사를 불러 자신도 개신교 설교자들이 가르치는 것처럼 그리스도만을 유일한 구원의 주로 믿는다고 고백했다. 그러나 녹스는 이후에 기록한 『역사』에서 자신은 평생 이중적인 태도를 보인 왕비의 마지막 고백을 별로 신뢰하지 않았다고 말했다.[34] 과연 녹스의 판단처럼 기즈의 메리는 죽음의 순간마저도 자신이 구축해 놓은 정치적 입지를 보존하는 데 활용하려 한 것뿐일까? 아니면 마지막 순간 자신의 인생을 정리하며 하나님 앞에서 자신의 신앙을 고백하게 된 것이었을까? 어쩌면 녹스는 냉정한 판단을 통해 메리 왕비 개인에 대한 비난이 아니라 끝내 마지막 순간까지도 하나님 앞에 홀로 설 수 없게 만드는 세속적 욕망의 위험을 경고하고 싶었는지 모른다.

왕비가 죽고 난 후 프랑스 군 지도부와 잉글랜드 정부 지도자들 사이에서 평화조약이 시작되었다.[35] 한 달간 진행된

---

34) Dawson, 191.
35) 6월 16일부터 시작된 협상에는 프랑스 대표로 로슈푸코(Charles de Rochefoucault), 랭당(Sieur de Randan), 발렁스 주교 몽뤽(Jean de Monluc) 등이 참여했고, 잉글랜드 측에서는 캔터베리 및 요크 부주교인 우톤(Nicholas Wotton)과 세실이 참여했다. Reid, 236.

협상 가운데 스코틀랜드 귀족들도 그들의 요구사항을 전달했다. 협상안의 핵심은 스코틀랜드에서 모든 외국 군대가 철수하는 것과, 이후 스코틀랜드는 왕이나 여왕이 본토 출신 귀족 신하들을 통해 통치하도록 한다는 것 그리고 1558년 3월 이후 발생한 모든 불법 행동을 문제 삼지 않겠다는 것 등이었다.[36] 귀족들은 일종의 입헌군주제를 원했다. 이는 귀족들의 협의체인 의회를 통해 군왕이 통치하게 하려는 것이었다. 이와 같은 정치 체제는 1557년 녹스가 이미 디에프에서 서신을 통해 제시한 개념이기도 했다. 물론 16세기 스코틀랜드의 귀족들이 제시한 국가 제도가 1688년 명예혁명 이후 수립된 잉글랜드의 근대 입헌군주제도와 같은 수준의 정리된 체제를 갖춘 것은 아니었다. 그러나 한 가지 기본사상은 분명했다. 즉 군왕의 통치는 자의적으로 이루어져서는 안 되며, 반드시 백성들의 자연적 대표인 의회의 결의를 통해 시행되어야 한다는 대의통치 사상이다. 스코틀랜드 귀족들이 이와 같은 통치 형식을 제안한 배경에는 녹스가 강조해온 '언약사상'이 포함되어 있었다. '언약사상'은 녹스에게 성경해석을 위한 해석학적 틀이었을 뿐 아니라 새로운 정치개혁의 이념이기도 했다.

이상의 내용을 포함한 '에딘버러 협정'이 7월 6일에 조인되

---

36) Reid, 236.

었다. 그리하여 치열했던 군사적 대립이 모두 해소되었다. 이 협정을 통해 잉글랜드는 한 가지 문제를 해결하고 싶었다. 이제까지 프랑스에 머무르고 있던 메리 여왕과 프랑수아가 계속 엘리자베스의 잉글랜드 왕위 계승을 문제 삼고 자신들에게 합법적 계승권이 있다고 주장해왔는데, 이제는 더 이상 그런 주장을 하지 않겠다는 확답이었다. 그러나 이후 메리 여왕은 프랑스에서 돌아와 스코틀랜드에 복귀한 후 자신은 한 번도 잉글랜드 왕좌를 포기한다는 말을 한 적이 없다고 주장했다.

에딘버러 협정을 완전히 확정 짓지 못한 것은 종교 관련 문제들이었다. 친프랑스 진영은 여전히 스코틀랜드를 로마 가톨릭 신앙 아래 두려고 했으며, 잉글랜드는 스코틀랜드 역시 자신들이 취한 국교회 형태를 따르기를 바랐다. 에딘버러 조약을 조인한 양측의 정치 지도자들은 녹스와 개혁교회 목회자들이 원하는 형태의 교회를 세울 의지가 별로 없었다. 결국 의회가 지명한 대표들이 왕위 계승과 관련한 문제를 마무리 짓기 전까지 종교에 관한 문제들에 대한 결정은 보류되었다. 8월 1일 의회가 소집되었고, 의회는 구체적인 개혁 작업에 착수했다. 당시 스코틀랜드 의회는 소위 '삼부회'의 구조를 가지고 있었다. 사실상 첫 번째 그룹에는 교회 대표자들이 아니라 귀족 계급이 위치했는데, 샤델헤릴트 공작과 13명의 백작으로 이루어진 대귀족들 그리고 그 이하 19명의 위원

(Lords)이 이들을 대표했다. 두 번째 그룹은 교회 지도자들이었는데 기존의 스코틀랜드 로마 가톨릭을 대표하는 이들 대부분은 이때 소집된 의회에 참석하지 않았다. 그들은 자신들을 첫 번째 개혁의 대상으로 삼은 이 의회에서 더 이상 말할 기회가 주어지지 않을 것을 잘 알고 있었다. 세 번째 그룹은 소지주들과 자유시민 계급의 대표자들이었다.[37] 의회의 개혁 정책은 이 세 번째 그룹이 주도했다. 주로 로우랜드 지방의 신사(Gentry)들이 주축을 이룬 세 번째 그룹은 이미 1540년대부터 개신교를 강하게 지지해오고 있었다. 그 수만 보아도 지방영주 85명과 도시 대표 22명으로 이루어져 있어 이 계층이 스코틀랜드 개혁 의회의 대다수를 차지하고 있었다. 귀족들의 미온적인 태도와 아직 프랑스에 머물고 있던 여왕의 비준 거부에도 불구하고 이들을 통해 스코틀랜드 교회 개혁을 위한 법안들이 통과될 수 있었다.[38]

상황이 급변하여 왕비와 로마 가톨릭 세력이 패배한 이즈음, 녹스는 세인트자일스 교회에서 학개서를 본문으로 설교했다. 그는 8월 11일 설교에서 바벨론에서 돌아온 이스라엘 백성들이 성전을 재건했듯이 스코틀랜드도 이제 본격적으로

---

37) Dawson, 201.
38) Reid, 243-244.

기독교를 개혁해야 한다고 설교했다.[39] 그러나 개신교 정치 지도자들은 적극적인 개혁을 시작하지 않았다. 그들은 사실 단호한 교회개혁을 촉구하는 녹스의 설교를 듣고 싶어 하지 않았다. 메이틀랜드는 녹스의 학개 설교를 듣고 이렇게 비아냥거렸다. "이제 우리 자신들은 잊어버리고 하나님의 집을 건설하기 위해 멍에를 짊어지자."[40]

이즈음 다시 한 번 퍼스 시민들이 일어나 근교 스콘 수도원(Scone Abbey)을 약탈하는 사건이 발생했다. 퍼스 시민들은 내전 기간 동안 왕비파가 이 도시에서 저지른 폭정의 배후에 주교이자 수도원장인 헵번(Patrick Hepburn, 1487-1573)과 그의 아들들이 있다고 의심했다. 녹스는 늘 그랬듯이 폭력은 반대했지만 수도원의 파괴는 어떤 의미에서 하나님의 공의로운 심판이라고 생각했다. 『제1 치리서』에 나타난 삼단논법이 그의 이러한 생각을 잘 드러낸다. 녹스는 우상 숭배적 예배 행태는 반드시 척결되어야 할 시급한 적폐라고 생각했다. 하나님의 거룩한 말씀에 포함되지 않은 방식으로 하나님을 경외하는 것은 우상 숭배이다. 로마 가톨릭 예배 전체는 치명적으로 불순하여 이 왕국과 백성들을 오염시켰다.

---

39) Dawson, 191.
40) History, I, 335. Dawson, 201.

따라서 어디에서라도 이러한 우상 숭배가 발견된다면 반드시 이를 제거해야 한다.[41] 그런 논리에 따라 녹스는 스콘 수도원 사건 역시 하나님께서 행하신 심판의 하나라고 여겼다. 아울러 만일 회중파 지도자들이 하나님께서 주신 승리의 목적을 무시하고 여전히 우상 숭배를 방치한다면 하나님의 엄중한 심판을 결코 피할 수 없을 것이라고 경고했다.[42] 그러나 기존 로마 가톨릭 귀족들과 협상 국면에 있던 대다수 개신교 귀족들은 녹스의 경고를 신중하게 받아들이지 않았다. 약탈을 자행한 이들을 강하게 처벌해야 한다는 주장과 그들의 행동이 정당하다는 의견이 맞섰다. 여하튼 이제 정권을 차지한 귀족들의 눈에는 그 동기가 무엇이든지 간에 평민들의 폭동은 바람직해 보이지 않았다.

녹스와 목회자들은 종교개혁의 확립을 촉구하는 청원서를 의회에 보냈다. 의회는 한참 찬반 토론을 벌였다. 그리고 그 후 목회자들에게 어떻게 하면 교회가 개혁될 수 있겠는지 묻기 위해 신앙고백서 작성을 요청했다. 녹스와 다섯 명의 목회자들이 이 요청에 응해 단 나흘 만에 신앙고백서를 작성해 의회에 제출했다. 스코틀랜드 신앙고백 작성에 참여한 여섯

---

41) *The First Book of Discipline*, Cameron, 94-95.
42) Dawson, 194.

명의 목회자는 당시 세인트자일스 교회의 설교자인 녹스를 비롯해 이제는 글래스고 목사가 된 윌록, 이후 로디언의 감독자(Superintendent)가 된 스포티우드(John Spottiswoode), 법학자이자 퍼스의 목사였던 로우(John Row), 세인트앤드루스 교구 목사였고 이후 대주교로 선출된 더글러스(John Douglas) 그리고 역시 세인트앤드루스의 부수도원장이던 윈람(John Winram)이었다. 공교롭게도 이들의 이름이 모두 존이어서 스코틀랜드 신앙고백은 여섯 명의 존이 작성한 문서로 불렸다.[43] 녹스를 비롯한 목사들은 8월 15일 의회에 출석해 신앙고백서의 내용을 설명했다. 의회는 이들의 설명을 듣고 별다른 반대 없이 신앙고백서를 인준했다. 의원들 가운데는 여전히 많은 로마 가톨릭 지지자들이 있었지만 그들은 신앙고백서의 내용이나 인준에 대해 크게 반대하지 않았다. 이미 정권이 바뀐 상황에서 문제를 일으키지 않으려는 계산 때문이었다. 그와 더불어 사제 위계체제와 수장인 교황의 교령의 권위를 중시하는 로마 가톨릭 입장에서 볼 때 신앙고백 같은 것은 그다지 중요한 문제가 아니었다. 이와 달리 성경의 권위만을 최종적인 근거로 여기는 개혁교회의 입장에서 볼 때 신앙고백은 종교개혁의 가장 중요한 첫 발걸음이었다.

---

43) McNeil, 『칼빈주의 역사와 성격』, 340-341.

종교개혁은 정치적 타결의 산물이 아니라 성경의 진리에 입각한 바른 신앙고백의 구현이어야 했다. 따라서 스코틀랜드의 모든 교회와 국민이 함께 고백해야 할 신앙의 핵심이 무엇인지를 확인하고 가르치며, 그에 따라 교회와 사회를 전체적으로 개혁하기 위한 법적 구속력을 가진 공적인 기초가 마련될 필요가 있었다. 개혁자들이 생각하기에 이 기초는 공식적인 신앙고백이었다. 이런 필요를 따라 작성된 스코틀랜드 신앙고백서는 8월 의회에서 공식 채택되어 공포됨으로써 1주일 만에 전국적으로 그 효력이 발생되었다. 의회가 이 신앙고백을 채택함으로써 스코틀랜드는 역사상 최초의 개신교 국가가 되는 영예를 얻었다. 신앙고백이 장로교 제도를 표명하고 있었기 때문에 스코틀랜드를 사상 최초의 장로교 국가라고 부르는 것은 틀린 말이 아니다. 이 고백은 몇 가지 부분에서 구체적인 법적 효력을 발휘했다. 먼저 이 신앙고백의 내용대로 로마 교황은 스코틀랜드에서 그 종교적 법적 권한을 완전히 상실했다. 더불어 로마 가톨릭의 미사가 공식적으로 전면 금지되었다. 새로운 교회 제도와 예배의 도입은 국가의 의무 사항이 되었다.

녹스는 13년 전만 해도 세인트앤드루스의 반란군들과 함께 갤리선에 끌려간 한갓 반역자에 불과했다. 그러나 이제는 자신의 간절한 기도와 헌신에 응답하시는 하나님의 섭리를 통해 고국 스코틀랜드가 개신교 국가로 세워지는 놀라운 승리를 경험했다. 하지만 녹스는 이 승리의 감격에 빠져 있을 수만은 없었다. 그는 그 누구보다도 이 모든 과정이 순수한 종교개혁의 확립을 위한 신앙적 헌신의 결과가 아니라 의회의 정권을 장악한 귀족들의 세속적 계산에 따라 이루어졌음을 잘 알고 있었다. 그래서 이제부터는 스코틀랜드에 참된 교회를 세우는 종교개혁의 노력이 새로운 국면으로 이어질 수밖에 없었다. 이 국면은 새로운 갈등을 의미했는데, 이는 정치 지도자들의 세속적 야망과 하나님의 섭리에 순종하려는 순수한 신자들 사이의 대립으로 인해 발생했다. 세속적 욕구를 채우기 위해 개신교를 지지한 세력은 주로 고위층 귀족이었던 반면, 비교적 순수한 신앙적 동기를 가진 세력은 주로 자유 시민과 소영주 출신의 귀족들이었다. 하지만 이런 대립도 에딘버러와 세인트앤드루스 같은 도시의 이야기였고, 지방의 상황은 완전히 달랐다. 스코틀랜드 농촌 지역에서는 백성들 대부분이 여전히 로마 가톨릭의 과거 행태에 빠져 있어서 신앙고백이 말하는 종교개혁의 취지와 내용을 제대로 이해하지 못하고 있었다.[44] 이런 혼란의 와중에 메리 왕비 사후 프랑스에서 귀국할 메리 여왕을 지지하는 기존 정치 세력

---

44) Reid, 239.

은 호시탐탐 로마 가톨릭의 재건을 노리고 있었다. 따라서 1560년 8월 개신교 국가의 수립 선언은 완성이 아니라 시작에 불과했다. 녹스는 자신을 참된 개혁의 나팔수로 불러주신 하나님의 소명을 다시 한 번 확고히 하고, 또 다른 개혁의 국면에서 더 힘든 믿음의 싸움을 시작해야만 했다.

기준 - 스코틀랜드 신앙고백의 배경과 내용[45]

가치와 저술 배경

스코틀랜드 신앙고백은 16세기 후반에 등장한 여러 신앙고백에 비해 많은 주목을 받지 못해온 것이 사실이다. 그러나 이 신앙고백은 1560년, 역사상 최초로 개혁파 신학에 기초한 국가로 등장한 스코틀랜드가 공식적으로 채택한 표준문서라는 점에서 역사적 의미를 갖는다. 더불어 이 신앙고백은 웨스트민스터 신앙고백을 비롯한 여러 나라의 개혁교회에 신학적 영향을 남긴 중요한 문서이다.[46] 정확한 정보를 얻기는 힘

---

45) 스코틀랜드 신앙고백에 대한 아래의 내용은 김요섭, "스코틀랜드 신앙고백 교회론의 구조적 특징과 신학적 의미 연구," 「성경과 신학」 68권 (2013): 181-216의 내용을 요약 정리한 것이다.
46) John T. McNeil, 『칼빈주의의 역사와 성격』, 양낙홍 역 (서울: 크리스챤다

들지만 신앙고백의 저자와 참
고 자료에 대해서는 몇 가지
추정이 가능하다.

먼저 저자와 관련해서는 위
에서 밝힌 대로 '존'이라는 이
름의 목회자 여섯 명이 신앙고
백 작성에 동참했다. 그러나
신앙고백의 저술 전후의 정황
이나 그 내용과 문장 등을 종
합적으로 검토해보면, 작성에
가장 중요한 역할을 한 인물

스코틀랜드 신앙고백

은 녹스임이 분명하다.[47] 당시 스코틀랜드의 목회자 가운데
녹스만큼 개혁파 신학에 대해 직접적인 지식과 실천적인 경
험을 가진 사람은 없었다. 앞에서 이미 살펴본 바와 같이 녹
스는 제네바 등지에서 칼빈을 비롯한 여러 개혁자들과 직접
접촉하면서 그들의 신학 이론과 개혁의 현장을 직접 목격하

이제스트, 1990), 331-352; Michael Lynch, "Calvinism in Scotland, 1559-1638," 225-255; David F. Wright, "The Scottish Reformation: theology and theologians," in *Cambridge Companion to Reformation Theology*, eds., David Bagchi and David C. Steinmetz (Cambridge: Cambridge University Press, 2004), 174-193.

47) Hazlett, "The Scots Confession 1560," 287-288, 297-298.

개혁자의 사역 259

고 배웠을 뿐 아니라 피난민 목회를 통해 몸소 이 개혁 과정에 참여하기도 했다.[48] 특히 스코틀랜드의 새로운 교회 설립의 기초가 된 개혁신학의 교회론에서는 칼빈과 녹스의 분명한 연속성을 발견할 수 있다.[49] 실제로 1560년대 당시 여러 기록들도 이 신앙고백 작성에 녹스가 주도적 역할을 했음을 인정하고 있다. 그리고 1560년 잉글랜드 대사로 스코틀랜드에 와 있던 랜돌프(Thomas Randolph, 1523-1590)는 섭정 세실에게 보내는 편지에서 녹스가 스코틀랜드 신앙고백의 저자라고 보고하기도 했다.[50]

그렇다면 이 신앙고백은 어떤 자료를 사용하여 기록되었을까? 스코틀랜드 신앙고백이 직접 인용하는 자료는 당연히 성경이다. 제네바에서 영어 성경 번역 작업에 동참했던 녹스는 이 번역 성경을 가장 유용한 자료로 사용한 것이 틀림없다.[51] 더불어 여러 다른 비슷한 유형의 자료들이 참고된 것으로 추

---

48) Wright, "The Scottish Reformation," 191.
49) Kyle, "The Nature of the Church," 501.
50) 랜돌프가 세실에게 1560년 9월 7일에 보낸 편지. Knox, Works 6:121. John Michael Owen, "The Structure of the Scots Confession of 1560," *Colloquium* 36 (2004): 33.
51) 스코틀랜드 신앙고백은 라틴어 벌게이트에서 근거 본문을 사용하기도 하지만, 인용하는 대부분 본문은 틴데일과 커버데일의 영어 번역에서 가져온다. Hazlett, "The Scots Confession 1560," 299–300.

정할 수 있다. 우선 스코틀랜드 신앙고백이 사도신경의 '성부–성자–성령–교회'의 구조를 따르고 있는 것으로 보아 신앙고백의 저자들이 1559년 출판된 칼빈의 『기독교강요』 라틴어 최종판이 자료로 사용되었다고 생각할 수 있다. 실제로 각 장에서 진술하는 구체적인 신학적 용어와 개념에서도 『기독교강요』와 유사한 점을 많이 보여준다. 주목할 만한 유사한 신학적 주제 가운데 신·구약의 통일성, 율법의 제3 사용, 칭의와 중생의 이중적 은혜에 대한 강조 등은 스코틀랜드 신앙고백의 개혁파적 입장을 뚜렷이 증거한다.[52] 또한 『기독교강요』뿐 아니라 제네바 개혁교회가 사용하던 "제네바 신앙고백"(1537)과 "교리교육서"(1545), 잉글랜드 국교회가 사용하고 있던 "잉글랜드의 42개조"(Forty-two Articles, 1553), 더불어 프랑크푸르트 피난민 교회에서 녹스가 접한 풀랭의 『거룩한 예식』도 중요한 자료로 사용되었을 것이다.[53] 프랑스 위그노와 교제를 나눈 녹스가 1559년 5월 파리에서 열린 총회에서 채택한 "갈리아 신앙고백"도 중요한 자료로 활용했을 가능성이 크다.

---

52) Hazlett, "The Scots Confession 1560," 300–301; Owen, "The Structure of the Scots Confession of 1560," 47–50.

53) Hazlett, "The Scots Confession 1560," 303. 그러나 "공동기도서"에 대한 녹스의 부정적 태도를 생각해볼 때 잉글랜드 국교회의 자료가 적극적으로 사용되었을지는 의문이다. Reid, "Knox's Attitude to the English Reformation," *Westminster Theological Journal* 26 (1963): 12–16.

언약신학의 변증적 구조

스코틀랜드 신앙고백은 개혁파 신학의 중요 문서로서 다른 개혁파 신앙고백들과 비교할 때 구조적 측면에서도 몇 가지 중요한 특징을 보여준다. 어쩌면 이 신앙고백이 나흘 만에 서둘러 만들어졌기 때문에 체계적인 구조와 정교한 내용을 담지 못했다고 볼 수도 있다. 그러나 스코틀랜드 신앙고백은 기본적으로 사도신경을 따라 삼위일체적 구조를 취하면서 동시에 각 조항을 구속사적 틀에서 전개하는 신학적 체계성을 보여준다.[54] 스코틀랜드 신앙고백의 전체적인 구조는 다음과 같다. 1장부터 5장까지는 성부 하나님의 사역, 6장에서 11장은 성자 그리스도의 사역, 12장에서 15장은 성령의 사역, 마지막으로 16장에서 25장은 교회의 사역을 진술한다.

이 가운데 스코틀랜드 종교개혁과 관련해 주목을 끄는 것은 교회론에 대한 마지막 네 번째 부분이다. 16장 이하 교회와 관련한 조항들은 녹스가 체득한 개혁신학의 언약적 이해와 종교개혁적 관점을 잘 반영한다. 사실 스코틀랜드 신앙고백은 이미 5장에서 "교회의 지속, 성장, 보존에 관하여"라는

---

54) Alex C. Cheyne, "The Scots Confession of 1560," Theology Today 17 (1960–61): 323–338. 오웬은 이런 구속사적 구조는 멜란히톤(Melanchthon)의 『신학개요』(*Loci Theologici*, 1553)의 주제별 논의 순서와 유사하다고 주장한다. Owen, "The Structure of the Scots Confession of 1560," 53–54.

제목 아래 교회론 논의를 시작했다.[55] "우리는 아담으로부터 그리스도 예수께서 육체로 오셨을 때까지에 이르는 전 기간 동안에 하나님께서 그의 교회를 보존하시고, 교훈하시고, 성장시키시고, 영광스럽게 하시고, 아름답게 하시고, 죽음에서 생명으로 불러내셨음을 분명히 믿는다."[56] 이처럼 성부 하나님의 사역을 다루는 첫째 부분의 5장에서 신앙고백은 교회를 신약 시대에 와서야 비로소 출현한 조직체가 아니라 이미 구약 이스라엘 백성을 포함해 아담 이래 하나님의 구원 역사 가운데 영속해온 유기체라는 구속사적인 관점에서 이해한다. 이처럼 신앙고백은 이 고백의 주체를 '교회 공동체'로 미리 설정하고, 이 교회 공동체가 하나님의 구원 역사 가운데 있음을 전제로 삼아 이후 조항들을 제시할 것을 예고하고 있다. 스코틀랜드 신앙고백은 이 신앙을 함께 고백할 새로운 스코틀랜드의 개혁교회를 역사적 상황에 따른 어떤 대안으로 제시하지 않았다. 녹스와 개혁자들은 스코틀랜드의 새로운 개혁교회를 창조 이래 종말까지 나아가는 구속의 역사 가운데 이어져온 영적인 공동체의 연속선상에 놓으려 했다.

---

55) SCF, V, CC,3: 442, "Of the Continuance, Increase, and Preservatioun of the Kirk."
56) SCF, V, CC,3: 442.

스코틀랜드 신앙고백의 마지막 장인 25장도 주목을 끈다. 종말에 대해 다루는 25장의 제목은 흥미롭게도 "교회에 값없이 주신 은사에 대하여"이다. 이 제목 역시 스코틀랜드 신앙고백 전체가 구속사의 흐름 속에서 이제 확립되어야 할 교회 개혁의 목적과 방법을 제시하려는 신학적 의도에 따라 구성되었음을 잘 보여준다. 25장은 그 내용에서 '혼합되어 있는 교회'(ecclesia mixtura)로서 가시적 교회에 대한 종말론적 이해를 분명히 진술한다. 왜냐하면 우리는 함께 떨어져 자라난 아주 많은 잡초와 가라지가 알곡 가운데 있음을, 즉 택함 받은 자들의 공동체에 함께 섞여서 겉으로는 말씀과 성례가 가져다주는 복을 누리는 유기된 자들도 많이 있음을 인정하고 고백하기 때문이다.[57]

그러나 이런 교회의 불완전성이 절망이 아닌 것은 하나님께서 그의 구원 역사의 마지막 날에 결국 위선자들을 모두 심판하시고, 교회의 사역을 통해 양육하신 선택받은 자녀들을 마침내 영광스럽게 하실 것이라는 약속이 변함없이 확고하기 때문이다. 스코틀랜드 신앙고백의 마지막 장 역시 칼빈을 비롯한 개혁신학의 교회론과 동일하게 교회 안의 일치의 중요성과 하나님께서 이루실 완성에 대한 소망을 표명한다.

---

57) SCF, XXV, CC.3: 476-477.

그리스도께서 통치하는 교회

스코틀랜드 신앙고백은 세 가지 핵심적인 교회론의 주제와 관련해 '그리스도의 머리이심'이라는 개혁신학의 핵심 교회론적 원리를 따른다. 이 세 가지 주제는 보편 교회의 정의, 참된 교회의 세 가지 표지 그리고 교회 제도의 신학적 기초 등이다. 첫째로 스코틀랜드 신앙고백은 교회의 보편성과 관련해 하나님의 선택과 그리스도가 머리시라는 원리를 강조한다. 그리고 하나님의 선택이 보편 교회의 기초라고 말한다.

> 우리는 성부, 성자, 성령이신 한 하나님을 믿는 것과 똑같이 처음부터 한 교회, 즉 하나님께서 택하신 사람들로 구성되어 하나님을 올바르게 예배하고 그리스도 예수에 대한 참 믿음을 소유한 하나의 공동체가 있었으며, 지금도 있고, 세상 마지막 날까지 있을 것을 가장 확실하게 믿는다.[58]

스코틀랜드 신앙고백이 하나님의 선택을 강조한 것은 어떤 어려운 상황에서도 참된 교회는 존속하며 결국 승리할 것이

---

58) SCF, XVI, CC.3: 458.

라는 소망을 제시하기 위함이다.[59] 더불어 스코틀랜드 신앙고백은 교회의 보편성의 원리로서 그리스도께서 유일한 머리 이심(The Sole Headship of Christ)을 강조한다. "그리스도는 이 교회의 유일한 머리이시며, 교회는 그리스도 예수의 몸이자 신부이고, 모든 시대와 모든 지역, 민족, 언어 가운데 택함 받은 사람들을 포함하기 때문에 이 교회가 보편적이며 우주적임을 믿는다."[60] 신앙고백은 이 원리를 통해 로마 가톨릭의 교회지상주의뿐 아니라 재세례파의 분리주의적 주장 모두를 반박한다. 바른 신앙을 통해 머리이신 그리스도와 연합한 보편적 교회는 그리스도의 몸이다. 이는 로마 가톨릭의 성직 위계체제가 보여주고 있는 '신성모독적인 사람들의 교제'와 대조되는, '하늘 예루살렘의 시민인 성도의 교제'이다.[61] 머리이신 그리스도의 몸으로서의 보편 교회 이해를 따라 급진주의자들의 분리주의도 반박된다. "교회 밖에는 생명도 없고 영원한 행복도 없다. 그러므로 우리는 공평과 정의를 따라 사는 사람이라면, 그들이 어떤 신앙을 고백하든지 간에 구원을

---

59) "또 교회는 세상을 떠난 택자들과 앞으로 태어나서 죄와 사탄과 더불어 싸우며 살아갈 택자들도 포함하는데, 이것을 일반적으로 '승리한 교회'라고 부른다." SCF, XVI, CC.3: 459.
60) SCF, XVI, CC.3: 458.
61) SCF, XVI, CC.3: 458.

받을 것이라고 주장하여 교회를 모독하는 자들을 아주 혐오한다."[62] 녹스는 칼빈이 그러했듯이 분리주의적 교회론을 반박하기 위해 택함 받은 사람들로 구성된 보편적 교회의 비가시성을 언급한다. "이 교회는 홀로 누가 그의 택한 사람인지를 아시는 하나님께만 알려지기에 비가시적이다."[63]

둘째, 스코틀랜드 신앙고백은 말씀의 바른 선포와 더불어 성례의 정당한 시행과 권징의 확실한 실시를 참된 교회의 표지라고 말한다.

> 그러므로 우리는 하나님의 참 교회의 표지 중 첫째는 선지자들과 사도들의 기록이 선포하고 있는 것처럼 하나님께서 자기 자신을 우리에게 계시하신 하나님의 말씀의 참된 전파임을 믿고 고백하며 공언한다.…둘째는 사람에게 새겨져 있는 하나님의 말씀과 약속을 우리의 마음속에 인치고 확인해주는 그리스도 예수의 성례의 정당한 거행이다. 마지막은 하나님의 말씀에 기록된 대로 교회

---

62) SCF, XVI, CC.3: 459.
63) SCF, XVI, CC.3: 459. "키프리아누스는 항상 우리를 머리이신 그리스도에게도 돌아가게 한다. 따라서 이단설과 분파 행동이 생기는 것은 사람들이 진리의 근원으로 돌아가지 않으며 머리이신 분을 찾지 않고 하늘 교사의 교훈을 지키지 않기 때문이라고 그는 단정한다." *Institutes*, IV.2.6, OS.5: 37.

권징의 정당한 실시를 통해 악을 억제하고 덕을 촉진시키는 것이다.[64]

그러나 종말론적 구속 역사의 과정 속에 있는 가시적 교회는 세 가지 표지 시행에서 불완전하며 한계를 지닌다. 그러므로 참 교회의 표지가 갖는 의의는 각각의 사역이 추구하는 궁극적 목적이 얼마나 교회 안에서 분명하게 추구되고 있는가의 문제이다.

먼저 말씀의 바른 선포는 다른 어떤 인간적 만족을 위한 프로그램이 아니라 오직 교회 안에서 그리스도의 통치를 실현하기 위한 사역이어야 한다. "우리는 그리스도 예수의 흠 없는 신부를 추악한 창녀, 즉 악한 교회와 구분하게 하는 증거와 표지 및 확실한 보증은 전통이나 취하는 이름, 계보나 장소 또는 어떤 과오에 동조하는 사람들의 수의 많음이 아님을 확신한다."[65] 두 번째 표지인 성례 역시 이 은혜의 방편으로 교회 안에서 그리스도의 통치를 드러내는 목적에 충실해야 한다. 성례의 제일 목적은 성도들의 주관적 감동이나 공동체의 일치가 아니라 그리스도께서 행하신 구속 사역의 확증이기

---

64) SCF, XVIII, CC.3: 461-462.
65) SCF, XVIII, CC.3: 461.

때문이다. 셋째 표지인 권징 역시 '그리스도의 머리이심'이라는 종교개혁적 이해를 반영한다. 녹스를 비롯한 스코틀랜드 개혁자들은 공통적으로 권징을 바르게 실시하여 '그리스도의 몸' 또는 '그리스도의 신부'인 교회의 특징을 드러내길 원했다.[66] 같은 맥락에서 권징이 스코틀랜드 신앙고백에서 참된 교회의 표지로 포함된 것은 순수하고 배타적인 공동체를 꿈꾸었기 때문이 아니다. 이는 다만 그리스도의 통치에 대한 공동체적 순종의 중요성을 강조하기 위함이다. "하나님의 말씀을 참되게 전파하고, 성례를 정당하게 시행하고, 권징을 하나님의 말씀에 따라 실시하는 것이 참 교회임에 대한 무오한 표지라고 해서 이 무리에 가입되어 있는 모든 사람이 그리스도 예수께서 택하신 사람임을 의미하지는 않는다."[67]

셋째로 스코틀랜드 신앙고백은 교회제도에 대한 조항에서도 교회의 유일한 머리이신 그리스도의 통치를 실질적으로 구현하려 한 개혁신학적 교회론을 따른다. 사실 스코틀랜드 신앙고백은 교회의 구체적 제도에 대해서는 상당한 유연성을 보여준다. "우리는 모든 사람과 모든 시대와 모든 장소에 다 적용되는 정치나 의식 절차가 정해져 있다고 생각하지 않는

---

66) Kyle, "The Nature of the Church," 490-491.
67) SCF, XXV, CC.3: 476-477.

다."⁶⁸⁾ 다만 신앙고백 20장은 바른 교회 제도의 신학적 근거를 밝히고, 이를 통해 교회 제도의 목적과 한계를 밝힌다.

> 회의가 하나님의 분명한 말씀에 따라 결정하고 명령한 것은 그 즉시 존중하고 용납해야 한다. 그러나 만일 사람이 회의의 이름으로 우리의 믿음에 대한 새로운 신조를 강요하거나 하나님의 말씀에 위배되는 제도를 만든다면, 우리는 그것을 우리의 영혼으로 하여금 유일하신 우리 하나님의 음성보다 사람이 만든 교리와 제도를 따르도록 만드는 마귀의 교리로 알고 단호히 거절해야 한다.⁶⁹⁾

위의 진술에 나타난 전국적 총회에 대한 스코틀랜드 신앙고백의 입장은 과거 제도와의 연속성보다는 불연속적이며 개혁적인 측면을 잘 보여준다. 이는 한 개교회 안에서는 물론이고 전국적인 조직에서도 어떤 제도나 회의가 교회 전체의 유일한 머리이신 그리스도의 통치권을 침해하는 일은 있을 수 없다는 것을 강조한다.⁷⁰⁾ 특별히 스코틀랜드 신앙고백은

---

68) SCF. XX, CC.3: 466.
69) SCF. XX, CC.3: 465.
70) "교회는 그 유일하신 머리로 그리스도만을 가지고 있으며, 그의 다스리심 아래에서 그리고 그분이 세우신 질서와 제도의 형식을 따라서 우리 모두는

성경의 권위와 연결하여 총회의 오류 가능성과 그 권위의 한계를 분명히 밝힌다.

> 그러므로 총회의 소집 이유는 하나님께서 만드시지 않은 어떤 영구적인 율법을 만들거나, 우리의 믿음에 대한 새로운 신조를 제정하거나, 하나님의 말씀에 권위를 부여하려는 것, 즉 총회의 결정으로 하나님의 말씀을 삼거나 하나님께서 그의 말씀에서 나타내지 않으신 거룩한 뜻에 대한 참 해석을 하려는 데 있지 않다.[71]

스코틀랜드 신앙고백은 교회 제도에 대한 조항에서도 다시 한 번 머리이신 그리스도의 말씀을 통한 통치가 제도적으로 구현되어야 함을 강조한다. 어떤 이유로든 위계질서나 외적인 의식을 내세워 말씀에 의한 그리스도의 주권적 통치를 침해한다면 그 제도는 절대로 용납할 수 없다. "의식이란 사람이 고안해낸 것이며 단지 일시적인 것에 불과하기 때문에 이 의식이 교회를 교화하기보다 도리어 미신을 조장할 때에는

서로서로 연결되어 있다. 그러므로 교회에 머리가 없다는 구실을 내세우면서 한 사람을 보편교회 위에 세우려는 그들의 처사는 그리스도께 큰 해를 끼치는 것이다." *Institutes*, IV.6.9, CO.2: 818.
71) SCF. XX, CC.3: 465-466.

이 의식은 변경될 수 있고 또 마땅히 변경해야만 한다."[72]

스코틀랜드 신앙고백은 17세기 이후 유일한 머리이신 그리스도가 모든 교회를 실질적으로 통치해야 한다는 신학적 원리 아래, 국가로부터 교회의 독립성과 각 교회의 자율성을 강조하는 장로교 제도로 스코틀랜드 교회가 발전하는 신학적 기초를 제공했다. 첫째, 성경의 자명성에 대한 강조는 곧 잉글랜드 감독교회가 강조하는 예전의 통일성보다는 각 교회 예배의 자율성과 선포의 자율성을 지지하는 것이다. 이미 살펴보았듯이 녹스는 프랑크푸르트와 제네바 그리고 그 이전 잉글랜드의 사역 가운데 성경의 자명성과 권위를 근거로 잉글랜드 국교회가 제정한 『공동기도서』의 일률적 사용을 반대한 바 있다. 둘째, 스코틀랜드 신앙고백이 진술하는 총회의 역할에 대한 이해는 잉글랜드의 감독제도보다는 국가에 대한 교회의 독립성을 추구하는 장로교 제도에 가깝다. 총회의 주된 역할은 '이단을 논박하고 후손에게 공적인 신앙고백을 물려주는 것'과 '좋은 정치를 위하여 교회 안에 질서를 세우고 유지'하게 하는 것으로 규정된다.[73] 그리고 교회 제도는 의회의 승인을 필요로 하지만 신앙고백과 치리서의 내용 결정

---

72) SCF. XX, CC.3: 466.
73) SCF. XX, CC.3: 466.

과 실행은 교회 기관을 통해 독립적으로 이루어져야 함을 주장한다. 목사 임명에서도 녹스와 스코틀랜드 개혁교회는 잉글랜드 감독교회의 제도처럼 국가나 총회가 각 지역 교회의 목회자를 임명하지 않고 잘 준비된 목사 후보자들 가운데 회중이 합당한 목사를 검증해 선정하는 청빙 방식을 제안했다.[74] 이처럼 스코틀랜드 신앙고백에 나타난 개교회의 자율성과 국가로부터 교회의 독립성에 대한 입장은 이후 스코틀랜드 교회에서 발전한 장로교 제도의 가장 중요한 정치 원리로서 이후 전 세계 장로교회에 계승되었다.

방안 – 제1 치리서의 배경과 내용

배경과 구조

개혁교회 목회자들은 신앙고백과 더불어 스코틀랜드 의회에 "치리서"를 제출했다. 치리서는 교회 제도의 구체적 개혁을 제안하기 위한 문서였다. 이 치리서는 1578년 앤드루 멜빌(Andrew Melville, 1546-1622)이 다시 작성해 의회의 승인을 받은 두 번째 치리서와 비교해 보통 "제1 치리서"(The First Book of

---

[74] Reid, "Knox's Attitude to the English Reformation," 8-10.

Discipline)라고 불린다. 이 문서는 8월에 신앙고백서가 제출되기 넉 달 전인 4월 29일에 개신교 귀족들의 요청에 의해 교회개혁의 구체적인 시행안으로 작성되었다. 신앙고백서와 마찬가지로 치리서의 저자가 누구인지는 잘 알 수 없다. 다만 신앙고백서와 마찬가지로 그 내용과 채택 과정에서 녹스가 주도적인 역할을 담당했던 것으로 보인다.[75] 녹스와 개신교 목회자들은 잉글랜드와 프랑스의 군사적 대치가 극에 달해 있던 1560년 5월 30일, 스코틀랜드 신앙고백서에 이어 이 치리서를 작성해 의회에 제출했다. 의회는 즉각적인 검토와 결정을 미루고 대륙의 종교개혁자들의 조언을 듣도록 조치했다.[76]

치리서는 총 9장으로 구성되었다. 그 내용을 보면 1장 "교리에 관하여", 2장 "성례에 관하여", 3장 "우상 숭배의 폐지에 관하여", 4장 "목회자들과 그들의 합법적 선출에 관하여", 5장 "목회자의 사례와 교회에 합법적으로 적합한 임대와 소유에 관하여", 6장 "교회의 임대수입과 상속수입에 관하여", 7장 "교회 치리에 관하여", 8장 "장로와 집사 선출에 관하여", 9장

---

[75] 카메론은 녹스가 이후 "역사"에 기록한 치리서의 최종안은 4월에 처음 작성한 치리서와 분명 차이를 가지고 있으며 그 사이에 두 세 차례 다른 목회자들을 통해 수정된 것이라고 주장한다. James, K. Cameron, *The First Book of Discipline* (Edinburgh: Scottish Christian Press, 1972), 3-14.

[76] W. Stanford Reid, "The Book of Discipline: Church and State in the Scottish Reformation," *Fides et Historia* 18/3 (1986): 35-36.

"교회 제도에 관하여"이다. 치리서는 먼저 1장과 3장에서 교리와 성례 및 로마 가톨릭의 우상 숭배 척결 문제와 관련하여 비교적 간략하게 서술한다. 이는 녹스를 비롯한 목회자들이 이 부분은 이미 신앙고백을 통해 충분히 설명했다고 생각했기 때문일 것이다. 치리서의 여러 조항 가운데 더 주목을 끄는 부분은 구체적 개혁의 제안을 담은 4장과 5장이다.

교회 개혁 방안

치리서 4장은 각 교구의 목사 선출에 관해 다룬다. 치리서가 제안하는 목회자 선출 방식은 장로교회적 '청빙'이라고 볼 수 있다. 즉 각 교구 교회의 목회를 담당할 목사 후보자들은 기존의 목사들을 통해 시험을 거친 후 회중에 의해 합법적으로 선출되어야 직분을 감당할 수 있었다. "가장 좋은 개혁교회, 정확히 말해 그리스도의 지침에 의한 감독자의 교회는 그리스도 예수의 양 무리를 먹이는 데 적합한지 회중이 판단할 수 있도록 그 후보자를 그들에게 제시해야 하며, 후보자는 삶과 태도뿐 아니라 교리와 지식에 대해 검증을 받아야만 한다."[77]

치리서가 규정한 목회자 임명 방식은 이전 로마 가톨릭의

---

77) *The First Book of Discipline*, Cameron, 96.

사제 임명과 두드러진 차이를 보여준다. 그 차이점은 첫째, 목사 청빙 과정에 모든 회중이 참여해 자신들의 목회자를 세우도록 해야 한다는 규정이다. 둘째, 목사 후보자의 신학과 삶을 철저하게 검증해야 한다는 점이다. 이 기준에 따라 철저한 검증을 실시한 결과, 1560년에 처음으로 임명된 개혁교회 목사는 열두 명에 불과했다. 국가가 개혁교회를 인정한 직후 전국에 걸쳐 개혁된 교회를 세워야 하는 과제가 시급하지만, 스코틀랜드의 개혁자들은 시급한 필요에 맞추기보다는 정확하고 바른 길을 선택한 것이다. 종교개혁의 성패는 말씀의 바른 증거에 달려 있기에 아무리 상황이 급하다고 해도 충분한 검증 없이 목회자를 세울 수는 없었다. 목사는 분명히 학식과 경건에서 정확한 훈련을 받고 모든 과정을 거쳐 검증된 인물이어야 했다. 치리서는 목사 후보자들을 훈련하고 검증을 철저하게 시행한 후 그들을 목사직에 임명하기 위해서는 시간이 더 필요하다고 피력했다. 그래서 잠정적 대안으로 여러 교구에 임시 강독사(reader)를 세워 예배를 인도하고 어린이들을 교육할 수 있도록 조치했다.

치리서는 우선 전국적 교회 제도와 사회 제도에 대한 구체적인 제안을 담고 있다. 특히 전국적인 교회 제도와 관련해 전국 규모의 총회를 개최할 것과, 스코틀랜드를 10개의 교구(diocese)로 나누고 각 교구에 감독자(superintendents)를 세울 것을 제안했다. 치리서 5장에서는 더 구체적으로 교회의 개혁을 위한 제도적 조치를 다룬다. 먼저 교구 목사의 사례 및 생활 보장에 대해서 다룬 후 각 교구 목사를 감독하며 돕기 위한 감독자에 대해 제안한다. 리드와 카메론은 녹스가 처음 작성한 치리서 원안에는 감독자에 대한 조항이 없었다고 말한다. 이들은 감독자에 대한 조항은 실제로 치리서에 따라 교구 교회를 개혁하고 새로운 목사를 청빙하려 할 때 체계적인 관리와 적절한 시행 과정에서 필요한 것이었기 때문에 윌록이나 스포티스우드 등이 후에 첨가한 내용이라고 주장한다.[78]

그렇다면 감독자에 대한 규정은 스코틀랜드 개혁교회가 아직 온전한 장로교제도를 채택하지 못하고 여전히 로마 가톨릭의 주교제도를 일부 수용했다는 증거로 볼 수 있을까? 감독자의 성격과 관련해 주목해야 할 점은 감독자들과 주교의 권한 차이이다. 감독자들에게는 로마 가톨릭 주교와 같이 목사를 임명할 독점적 권한이 주어지지 않았다. 치리서에 따르면 감독자는 10곳 혹은 12곳의 지역을 담당해 그 지역 내의 교회 개척과 목사 임명 절차를 관리하는 일종의 행정직이었다. 도리어 감독자는 자신이 담당한 지역 회중에게 항상 철저한 감독과 관리를 받아야만 했다. 실제로 첫 감독자들은

---

78) Cameron, 26, Reid, 250.

에딘버러 세인트자일스 교회 내 존 녹스 동상

의회를 통해 임명받았지만 이후에는 각 지역에서 선거로 선출되는 방식으로 세워졌다.

이런 의미에서 볼 때 치리서가 규정한 감독자는 로마 가톨릭의 잔재나 잉글랜드의 국가교회 감독 제도를 수용한 새로운 의미의 장로교 감독은 아니었다. 무엇보다 녹스와 스코틀랜드 개혁교회는 처음부터 일관되게 성직 위계체계를 거절했다. 목회 현장이나 귀족들의 시각에서 볼 때는 이 감독자가 일종의 주교로 여겨질 수 있었겠지만 그것은 치리서가 원한 것이 아니었다. 치리서의 최대 관심은 스코틀랜드 교회 개혁을 위한 유능한 설교자를 확보하고 각 지역에 파송하는 일이었다.[79]

스코틀랜드 의회는 치리서의 제안 중 일부를 받아들여 1561년 3월 9일, 다섯 명의 감독자를 임명했다. 로디언 지역에는 존 스포티스우드, 파이프에는 존 윈람, 글래스고에는 존 윌록, 앵거스와 메어른 지역에는 던의 어스킨, 아가일 지역에는 존 카르스웰이 임명되었다.[80] 눈에 띄는 것은 이 중요한 첫 임명 명단에 실제로 스코틀랜드 개혁교회를 지도한 녹

---

[79] Robert M. Healey, "The Preaching Ministry in Scotland's First Book of Discipline," *Church History* 58/3 (1989): 344-345.
[80] Reid, 259.

스가 포함되지 않았다는 점이다. 녹스는 새로 선출된 감독자들의 취임예배에서 설교했고, 그들에게 문답을 행할 정도로 감독자 선출에 주도적인 역할을 감당했다. 그러나 정작 녹스 자신은 감독자의 자리를 탐내지 않았다. 그는 세인트자일스 교회의 설교자라는 직함으로 만족했다. 잉글랜드 대사 랜돌프는 세실에게 스코틀랜드 교회의 감독자 임명 상황에 대해 보고하면서 녹스의 자세에 대해 이렇게 말했다. "녹스는 하나님께서 자신을 위치시키신 자리에서 사명을 지킬 수 있는 힘을 주신다면 그것으로 충분히 영광스러우며 다른 자리를 받지 않겠다고 합니다."[81]

자타 공인 스코틀랜드 종교개혁의 주역 녹스는 감독자의 중책을 취하려 하지 않았다. 그가 이처럼 감독자직을 거절한 실제적 이유는 두 가지라고 생각할 수 있다. 첫째는 수도인 에딘버러에 상주하면서 로마 가톨릭 미사를 계속하는 여왕을 질책하고, 개혁에 미온적인 귀족들을 상대하는 것이 그에게는 더 시급하고 중요한 과제였기 때문이다. 둘째, 더 중요한 이유는 새로운 스코틀랜드 개혁교회 안에서 어떤 높은 자리를 차지하는 것보다 자신의 교회 교인들에게 정기적으로 하나님의 뜻을 설교하는 설교자로서의 사명을 더 중요하게

---

[81] Reid, "Coming of the Reformation to Edinburgh," 27.

생각했기 때문이다.[82] 그럼에도 불구하고 스코틀랜드 개혁교회와 개신교 귀족들에게는 녹스의 전국적인 역할이 필요했다. 실제로 그는 그를 필요로 하는 곳이 있으면 에딘버러를 벗어나 어느 지역이든 수시로 방문하여 말씀을 전하고, 목사와 성도들을 격려하며 개혁의 정착을 위해 노력했다. 그러므로 녹스가 취하려 하지 않은 것은 사역의 책임이 아니라 이 중책에 따르는 권력과 명예였다. 그는 아무리 부담이 되는 사역 요청이라 해도 자신이 감독자가 아니라고 핑계 대지 않았다. 그리고 그 많은 수고를 감당하면서도 감독자의 자리를 욕심내지 않았다.

치리서는 전국적인 종교개혁의 정착을 위해 국교회의 주교와 구별되는 감독자 역할의 한계를 구체적으로 규정했다. 그러나 규정보다 중요한 것은 실천이 아닐까? 이 새로운 교회 안에서 새로운 종교 권력을 노리는 기회주의자들에게 감독자의 자리는 새로운 기회로 여겨질 수밖에 없었다. 이런 위험 가운데 녹스는 개혁교회의 감독자 직분은 주교와 같은 어떤 권력의 자리가 아니라 다만 종교개혁의 확립을 위해 더 많이 수고하고 헌신해야 할 봉사의 직분임을 그 자신이 몸소 실천으로 보여주었다. 각 지역 교회의 목회자들이 정착하면서 16

---

82) Reid, 259.

세기 말엽부터 강독사와 감독자는 점차 사라졌다. 그러나 어떤 의미에서 오늘날 장로교회의 노회나 총회의 임원은 스코틀랜드 "제1 치리서"에 나타나는 감독자에 상응하는 직분이라고 말할 수 있다. 그렇다면 오늘날 장로교회의 노회장이나 총회장도 마땅히 로마 가톨릭의 주교나 성공회 등 감독교회의 감독과 같은 직분이 아님을 철저하게 인식해야 한다. 즉 노회나 총회의 임원직은 다른 교회들을 통제하거나 지역교회 목사에게 권력을 행사하는 권력의 자리가 아니라 규정된 권한과 주어진 임기 안에서 '성도를 세우고 그리스도의 몸을 온전케 하는 제한된 봉사의 직분'일 뿐이다.

녹스는 에딘버러에 위치한 세인트자일스 교회에서 개혁을 위한 설교자 직분을 맡아 왕실과 귀족들의 불신앙을 지적하고, 하나님의 뜻을 선포하는 역할에 집중했다. 이는 『기독교 강요』에서 목회자는 사도들과 달리 자신이 담당하는 교회의 양떼에게 매여 있어야 한다는 원리와 일맥상통한다.

> 일정한 임지나 목적이 없이 돌아다니며 교회의 덕을 세우는 일보다 목사 자신의 이익을 따라 마음대로 교회를 버리고 함부로 한곳에 모이는 것은 혼란을 일으킨다. 따라서 목사는 각각 자기의 한계로 만족하며, 다른 사람의 영역에 침입하지 않는다는 이 결정을 가능한 한 전적

으로 준수해야 한다. 이것은 사람의 생각이 아니고, 하나님 자신이 제정하신 일이다.[83]

녹스의 이런 실천은 오늘날 장로교회 안에서 많은 목사들이 자신의 교회 이외에 어떤 연합회나 노회 혹은 총회의 임원이나 수장 자리를 추구하는 데 급급한 모습과는 크게 대조된다. 현대 교회에서 목사 개개인의 전문적인 지식이나 능력은 다양한 사역의 모습으로 드러날 수 있을 것이다. 행정이나 출판, 언론, 선교, 교육 등 다양한 영역에서 전문적인 사역을 감당할 수 있다. 그러나 각 지역 교회를 담임하는 목사의 경우는 자신의 직분에 대한 분명한 이해를 확립해야 한다. 소위 이중직의 금지는 중복된 수입원의 차단이라는 경제적 논의가 아니라 그리스도의 주권 확립과 교회의 목적이라는 신학적 논의에서 접근해야 한다. 물론 칼빈이 노회나 총회의 역할과 지역 교회 목회자들의 행정적 사역을 모두 부인한 것은 아니다. "우리는 목사를 각각 그 교회에 배정하지만, 동시에 한 교회에 매여 있는 목사가 다른 교회를 돕지 못한다고 하지는 않았다. 분란이 생겨서 그가 있어야 한다든지 어떤 모호한 문제에 대해서 그의 조언이 요구될 때가 있을 것

---

[83] Institutes, IV.3.7, OS.5: 49.

이다." 이 문제와 관련하여 칼빈과 녹스가 강조하려 한 것은 '교회의 평화를 위한 일정한 질서'였다. 이 질서는 말씀을 통한 그리스도의 통치였다. 칼빈은 이 질서를 유지하기 위해 목사 개인의 결정이 아닌 '공적인 인정'이 필요하다고 주장했다.[84] 그렇다면 또 다른 전문적 사역을 원하는 목사는 지역 교회의 담임사역을 겸할 수 있는지 스스로 신중하고 정직하게 판단해보아야 한다. 그리고 적어도 칼빈과 녹스가 말했듯이 자의적 결정이 아닌 교단의 '공적인 판단'에 순응해야 한다. 어쨌든 교단 조직이나 여러 기구에서 어떤 지위를 차지하여 계속 유지하려는 목적으로 자신의 강단을 비우거나 더 나아가 강단을 자신의 정치적 목적을 위해 활용하는 행태는 장로교회의 신학적 이해와 역사적 모범에서 크게 벗어난 모습임에 틀림없다. 적어도 로마 가톨릭의 성직 위계체제를 극복하면서 그리스도의 주권 위에 바른 교회를 세우려 한 녹스의 관점에서 볼 때 이런 행위는 절대 장로교회에서 용납될 수 없는 타락이며 위법행위였다.

사회 개혁 방안

교회의 제도적 개혁과 더불어 치리서에서 주목해야 할 또

---

84) *Institutes*, IV.3.7, OS.5: 49-50.

다른 개혁의 영역은 사회적 개혁의 구체적 제안들이다. 녹스와 스코틀랜드의 개혁자들은 목회자 선출이나 몇 가지 교회 제도의 변경만으로 온전한 종교개혁이 가능하리라 생각하지 않았다. 특히 성경의 가르침을 절대적이며 유일한 최고의 권위로 삼는 개혁을 위해서는 모든 백성이 스스로 성경을 읽고 이해할 수 있는 교육이 반드시 필요했다. 치리서는 이를 위해 구체적으로 교구 학교 및 대학의 교육 내용까지 상세하게 규정했다.[85]

이와 같이 교육의 개혁을 제안한 것은 올바른 교육이 없이는 종교개혁이 불가능하다는 깨달음의 결과였다. 녹스뿐 아니라 스코틀랜드의 개혁자들은 종교개혁이 단기적인 행사나 정치권의 입법만으로는 성공할 수 없음을 잘 알고 있었다. 스코틀랜드와 잉글랜드의 종교개혁이 실패한 이유는 두 나라 모두 정치 지도자들이 정치적 계산에 따라 종교개혁의 대의를 그저 편의대로 이용하려 했기 때문이다. 권력자들이 예배의 개혁을 결정하고 명령하면 시간이 흐르면서 자연스럽게 새로운 예배와 새로운 신앙이 확립될 수 있다는 생각은 망상에 불과했다. 세대와 세대를 이어 자리잡을 수 있는 긴 안목의 정책과 신앙적 결단에 따른 꾸준한 헌신이 없이 종교개혁

---

85) Healey, 345–348.

은 성공할 수 없었다. 녹스는 두 나라에서 뼈저린 개혁의 실패를 직접 경험한 이후 제네바에서 성공의 비결을 발견했다. 그것은 명확한 말씀의 꾸준한 교육이었다.

따라서 녹스의 이런 경험이 치리서에 반영되었다. 특히 치리서는 5장에서 학교 및 대학 교육에 대한 내용을 구체적으로 규정했다. 그 가운데 모든 백성을 위한 학교의 설립은 하나님의 뜻이었다.

> 하나님께서 그의 교회를 이 땅에서 천사들이 아니라 사람들을 통해 가르침을 받게 하셨음을 볼 때, 모든 사람이 하나님과 선한 일에 대해 알지 못한 채로 태어나는 것을 볼 때 그리고 하나님께서 초대교회 시대 사도들이나 다른 사람들을 갑작스럽게 변화시키신 것처럼 사람들에게 기적적으로 조명해주시는 것을 이제는 중단하신 것을 볼 때, 만일 존경하는 여러분이 지금 그리스도의 영광이 진보하기를 계속 갈망하며 그리스도의 은혜가 다음 세대에게도 계속되기를 소원한다면, 이 나라의 어린이들을 도덕적으로 교육하고 경건하게 양육하는 일에 최선의 주의를 기울이는 것이 필수적이다.[86]

---

86) *The First Book of Discipline*, Cameron, 129–130.

전국적인 공교육의 실시는 이전까지 생각도 못한 원대한 계획이었다. 이 계획을 실행하기 위해서는 재정 확보가 가장 실제적인 문제였다. 치리서는 기존 로마 가톨릭 교구 교회가 소유했던 토지의 수입을 취합해 개혁교회의 각 교구에 초급 문법학교를 하나씩 세울 것을 제안했다. 그리고 교장과 교사들을 세워 문법과 라틴어를 교육하고, 제네바의 경우처럼 교리교육서(catechism)를 사용해 올바른 교리를 가르칠 것과, 특히 감독자가 있는 지역 단위로 고등학교를 설립해 교양 인문학과 문법 그리고 수사학과 언어를 가르칠 것을 제안했다.

고등교육과 관련하여 치리서는 스코틀랜드 세인트앤드루스와 글래스고 그리고 아버딘 세 도시에 목회자 양성을 위한 대학을 설립해 운영할 것을 제안했다. 구체적인 대학 개혁의 제안은 녹스보다는 세인트앤드루스에서 오랜 시간 교수를 해온 윈람과 더글라스의 주장으로 여겨진다.[87] 그러나 녹스 역시 교회의 개혁을 위해서는 반드시 바른 신학과 지식을 소유한 전문 학자의 양성이 필수적이라는 사실에 깊이 공감했음에 틀림없다. 각 교구에서 시행하는 초급 교육이 치리서의 기초를 이루지만, 결국 이 초급 교육기관을 운영하고 이곳에서 가르치는 교사들을 양성하는 대학 교육이 바르게 자리잡을

---

87) Cameron, 26, 38.

때 교회와 사회 개혁이 가능하기 때문이다.

이런 사실은 500년 전 스코틀랜드나 오늘날이나 크게 다를 것이 없다. 오늘날 성공과 취업이 목적이 되어서 현실에 대한 반성이나 미래를 조망하는 안목을 배양하는, 근본적인 교육 목적을 간과하는 대학 교육은 결코 한 사회를 건전하게 세워갈 수 없다. 하물며 일반 학문도 아닌 신학 교육의 영역은 교육의 근본 목적이 무엇인지 더욱 숙고하여 교육 내용과 학교 운영에 반영해야 한다. 목회자 양성을 위한 신학 교육은 하나님에 대한 지식과 그 지식에 기초한 바른 신앙생활을 가르치고 지도할 수 있는 올바르고 유능한 목회자의 훈련 과정이어야 한다. 신학 교육이 단순히 교회 성장을 위한 방법론이나 특정 인사들의 자기만족 내지는 정치적 입지를 보장하기 위한 수단으로 전락한다면, 그 결과로 교회가 맞이하게 될 장래는 참으로 암담할 것이다. 학생들은 학교가 가르치는 내용 못지않게 가르치는 교수와 학교를 운영하는 지도자들의 행동에서도 많은 것을 배운다. 만일 학교의 지도자들이 그들이 표방하는 신앙고백의 내용대로 정책을 결정하고 처신하지 않은 채 그저 사리사욕과 사적인 명예만 추구한다면, 그 학교는 결코 신실하게 교회를 섬기는 목회자를 배출할 수 없다. 16세기 종교개혁 시대에 이미 지적된 바른 교육의 중요성은 오늘날 한국교회 안에서도 크게 다르지 않다.

충돌 - 스코틀랜드 귀족들의 미온적 태도

1560년 신앙고백과 치리서로 요약할 수 있는 녹스와 동료 목회자들의 종교개혁 시도는 이후 결코 순탄하지 않았다. 1559년 귀국해 통치를 시작한 메리 여왕은 로마 가톨릭 신앙을 여전히 고수하면서 스코틀랜드 신앙고백을 인정하지 않았다. 신앙고백이 공식적으로 왕실의 인준을 받기까지는 7년의 시간이 더 필요했다. 의회 역시 문제였다. 의회는 큰 반론 없이 신앙고백서를 채택했지만 앞에서 살펴본 바와 같이 "제1치리서"는 받아들이려 하지 않았다. 개념으로서는 신앙고백이 근본이지만, 방안으로서는 치리서가 현실이었다. 치리서는 1550년 시도된 로마 가톨릭 진영의 개혁과 달리 각 교회를 중심으로 한 실질적인 개혁과 개혁의 전국적인 적용을 구체적으로 제안했기 때문이다. 따라서 스코틀랜드 종교개혁의 성패 여부는 치리서가 제안한 여러 사안을 얼마나 실행하느냐에 달려 있었다.[88]

의회는 이 제안을 거절할 처지가 아니었지만 그렇다고 즉시 이 제안대로 개혁을 실천할 헌신의 의지도 없었다. 특히 대귀

---

88) W. Stanford Reid, "French Influence on the First Scots Confession and Book of Discipline," *Westminster Theological Journal* 35 (1972): 2.

족들은 치리서가 제안한 철저한 권징에 대해서 정치적 부담을 느꼈고,[89] 목회자들의 급여와 전국적인 공교육을 실시하는 재정 확충 방안에 대해서도 큰 거부감을 가졌다.[90] 치리서는 목사들의 생활 보장과 교회를 통한 교육 및 빈민 구제를 위해서 로마 가톨릭이 소유하고 있던 모든 재산을 정리해 개혁교회가 관리해야 한다고 말했는데, 귀족들은 이 점을 특히 마음에 들어 하지 않았다. 중세 내내 로마 가톨릭 위계체제는 그 어떤 영주나, 심지어 왕실보다 막대한 재산을 운용해왔다. 로마 가톨릭 세력을 축출하고 개혁교회를 세운 마당에 이 막대한 교회 소유의 재산을 다시 개혁교회에게 되돌려 준다는 생각은 고위층 지도자들이 볼 때 결코 쉽게 동의할 사안이 아니었다.[91]

의회에 모인 정치 지도자들은 개혁교회가 제출한 치리서

---

89) Richard L. Greaves, *Theology and Revolution in the Scottish Reformation: Studies in the Thought of John Knox* (Washington: Christian College Consortium, 1980), 58-59.

90) Michael Lynch, "Calvinism in Scotland, 1559-1638," in *International Calvinism 1541-1715*, ed., Menna Prestwich (Oxford: Oxford University Press,1986), 228.

91) 당시 교회는 전국 부동산의 50퍼센트 이상에서 세금을 거두고 있었으며 기타 헌금으로 얻는 수입까지 합치면 연 간 30만 파운드에 달했다. 이에 비해 가장 큰 비용을 지출하는 왕실의 연간 예산은 1만 7천 파운드에 불과했다. Reid, 249.

수용 여부를 놓고 격론을 벌였다. 가장 논란이 된 문제는 역시 교회 재산 처리 문제였다. 여전히 로마 가톨릭의 기득권과 여러 가지로 얽혀 있던 대귀족들은 치리서의 제안을 절대 수용할 수 없었다. 그리하여 치열한 논쟁 끝에 1561년 1월 27일 치리서가 채택되었으나 여러 가지 다른 조건이 첨부되었다. 즉 현재 기존 로마 가톨릭 소유의 토지를 차지하게 된 귀족들은 그 소유 가운데 일부를 사용하여 개혁교회 목회자들의 봉급을 지급하지만 그 토지의 소유권은 귀족들이 영구히 소유한다는 것이다. 귀족들은 로마 가톨릭이 소유하고 있는 많은 토지를 한꺼번에 개혁교회에게 넘겨주는 것은 부당하다고 생각했다. 게다가 그들은 개혁교회가 너무 많은 재산을 소유하게 되면 중세 로마 가톨릭보다 더 심한 개신교 신정통치를 시행하지 않을까 두려워했다.

그러나 의회가 치리서에 명시된 대로 교회의 재산 문제를 정리하지 못한 진짜 이유는 다른 데 있었다. 대귀족들은 만일 치리서대로 교회 재산이 정리되어 교육을 비롯한 사회 개혁에 온전히 사용된다면, 그들의 정치권력이 많은 부분에서 소영주와 신사들 혹은 시민들에게 옮겨갈 수 있을 것이라 생각하고 이 점을 우려한 것이다. 1560년 에딘버러 협약에 의해 스코틀랜드 귀족들은 친프랑스 세력을 몰아내고 군주의 절대적 통치를 제한하여 의회 중심의 통치 개혁을 이루어냈다. 그러나 여기에서 더 나아가 자신들의 특권을 어느 정도 내려놓고, 소영주와 부르주아의 권한까지 확보하는 종교개혁의 확립이나 민주적인 통치의 허용까지 용인할 생각은 전혀 없었다.[92]

스코틀랜드의 실질적인 종교개혁은 녹스가 죽은 이후 앤드루 멜빌이 주도하여 작성한 "제2 치리서"(The Second Book of Discipline)를 교회 총회가 1578년에 받아들임으로써 본격적으로 진행될 수 있었다. 물론 "제2 치리서"에 대한 의회의 인준을 얻는 과정도 험난했다.[93] 1592년 의회가 스코틀랜드 교회의 장로교 헌법을 인준했을 때에도 "제2 치리서"의 제안이 모두 인정을 받지는 못했다.[94] 물론 이런 제한된 승인을 빌미로 삼아 스코틀랜드 신앙고백과 치리서가 갖는 역사적 의의를 평가 절하할 수는 없다. 이 문서들은 모두 스코틀랜드 개혁교회가 17세기에 들어서 스튜어트 왕실의 감독제도 강요에 맞서 장로교회를 지키는 투쟁에 유용한 지침 역할을 담당했

---

92) Reid, 257-258.
93) J.H.S. Burleigh, A Church History of Scotland (Oxford: Oxford University Press, 1960), 200-207; Nigel M. de S. Cameron (ed.), *Dictionary of Scottish Church History & Theology* (Edinburgh: T. & T. Clark, 1993), 556.
94) James Kirk, "Scottish Books of Discipline," in *The Oxford Encyclopedia of the Reformation*, vol. 4, ed., Hans J. Hillerbrand (Oxford: Oxford University Press, 1996), 31-33.

기 때문이다.[95]

녹스는 치리서를 있는 그대로 받아들이지 않은 의회를 두 가지 점에서 비판했다. 첫째, 치리서를 따라 실제로 개혁이 이루어지지 못한다면, 여전히 영향력을 가지고 있는 로마 가톨릭 세력이 이후 정치적 상황에 따라 종교개혁을 전복시키고 다시 득세할 수 있다.

스털링 소재 앤드루 멜빌 동상

둘째, 신앙고백은 그토록 쉽게 받아들였으면서 치리서를 따라 교회와 사회를 실제로 개혁하지 못하는 의회의 태도는 그들이 종교개혁을 순수한 신앙적 결단이 아니라 그저 정치적·경제적 유익을 위해 취사선택한 것임을 적나라하게 보여주는 증거이다. 말로만 종교개혁에 동의하는 것은 진정한 헌신이 아니다. 개인의 일시적이며 주관적인 참여로는 종교개혁이 성취될 수 없다. 위샤트의 순교 이후 결집한 세인트앤드루스

---

95) 17세기 국가감독교회 강요에 맞선 스코틀랜드 장로교회의 언약 사상에 대해서는 McNeil, 『칼빈주의 역사와 성격』, 344-352; Donaldson, *The Scottish Reformation*, 149-202; Michael Lynch, "Calvinism in Scotland, 1559-1638," in *International Calvinism*, 1541-1715, ed., Menna Prestwich (Oxford: Oxford University Press, 1985), 234-255를 참조하라.

의 반란 세력과 에드워드 6세 치하에서 잉글랜드 종교개혁에 동참한 정치 인사들의 실패가 그 증거이다. 진심으로 종교개혁의 대의에 동의하고 종교개혁이 확립되기를 원한다면, 먼저 지도자들부터 자신들의 기득권과 사심을 내려놓아야 한다.

그러나 스코틀랜드의 개신교 귀족들에게 종교개혁은 정치적 기회일 뿐이었다. 왕비의 친 로마 가톨릭 세력과 싸우는 동안에는 스코틀랜드 개신교 귀족들에게 개혁이라는 신앙적 동기가 중요했지만, 잉글랜드와 프랑스 사이에 맺어진 1560년 협약 이후에는 자신들의 정치적·경제적 기득권이 더 중요해졌다. 그 반증으로 새로운 개혁교회의 목회자들은 미사 참여 등 신앙적 일탈 행위를 금지하기 위해 각 지교회 법정에 의한 엄격한 권징을 치리서에 규정하고 집행하려 한 데 비해 형사 처벌권을 가진 정치인들은 교회 법정이 상징적인 경고 수준의 처벌만 집행하기를 원했다.[96]

이런 점에서 보면 1560년은 스코틀랜드의 종교개혁 성공을 축하할 만한 기념의 해는 아니었다. 이때는 단지 종교개혁

---

[96] Michael Graham, "The Civil Sword and the Scottish Kirk, 1560–1600," in *Later Calvinism: International Perspectives*, ed., W. Fred Graham (Kirksville: Sixteenth Century Essays & Studies, 1994), 237–248.

의 성패를 판가름하게 될 새로운 도전의 시작일 뿐이었다. 이제는 다시 복귀를 꿈꾸는 로마 가톨릭 세력뿐 아니라 자신들의 이익을 더 큰 가치로 생각하는 개신교 귀족들 역시 진정한 종교개혁의 대적으로 등장했다. 녹스가 상대해야 할 종교개혁의 더 위험한 적들은 여전히 남아 있는 로마 가톨릭 세력이나 로마 교황청을 비롯한 외세가 아니라 자기를 부인하지 않는 내부의 위선자들이었다. 물론 종교개혁이 상대해야 할 모든 문제의 원인을 내 안에 자리잡고 있는 세속적 욕망이라고 축소할 수는 없다. 즉 종교개혁이 상대해야 할 사회 전체의 구조와 부조리한 외적 체계의 문제를 간과한 채 "내가 먼저 바뀌면 된다"라는 개인적 반성으로 종교개혁을 축소시키는 것은 지나친 주관화이다. 구조와 체제의 문제가 결국은 아담의 타락 이후 인간의 본성에 인 박혀 있는 죄의 본성임을 우리는 직시해야만 한다. 이 점을 놓친 채 전개하는 구조 개혁이나 외적 변화는 의미 있는 역사적 전환이나 정치적 혁명이 될지는 몰라도 진정한 신앙적 의미의 종교개혁을 성취하기 어렵다. 우리는 한때 개혁 세력이던 자들이 나름대로 개혁의 한 단계를 성취한 후 곧바로 개혁의 대상으로 전락해 버리는 수많은 교회사의 사례를 알고 있다. 이런 안타까운 실패기 반복되는 것은 외적인 개혁을 이루어냈지만 그 과정에서 자신 안에 자리잡은 욕망과 교만을 직시하지 못했기 때문이다. 사사기의 기드온이 에봇을 만들어 실패한 것처럼 그리고 겸손하고 경건했던 사울이 왕으로서 권력을 확립한 후에 교만해져서 하나님께 버림을 받은 것처럼 하나님의 뜻에 따라 무엇인가를 이루었다는 자부심이 또 다른 패망의 원인이 된다. 하나님께서 허락해주신 성취를 단지 감사의 제목으로 삼아 끝내지 않고, 그것을 자기 자랑과 업적의 제목으로 삼는 것이 교만이다. 녹스는 성경의 여러 사례와 자신의 실제 경험을 통해 이 위험을 그 누구보다도 정확하고 심각하게 인식하고 있었다.

4
개혁자의 헌신

세인트자일스 교회

Chapter 04

개혁자의 헌신

종교개혁의 궁극적 목적은 말씀으로 자신의 몸인 교회를 통치하시는 예수 그리스도의 유일한 영적 주권을 실제 교회 가운데 구현하는 일이었다.

본문 – 스코틀랜드 장로교회의 개혁시도

녹스는 1560년부터 1561년까지 신앙고백서와 치리서가 의회의 승인을 받게 하려고 최선을 다했다. 이런 바쁜 정치적 활동에도 불구하고 이 시기 녹스의 가장 중요한 사역은 세인트자일스 교회의 목사로서 에딘버러 시민들의 신앙생활을 개혁하는 것이었다. 녹스는 특히 '5월의 여왕'(the Queen of the May) 행사 등 여러 로마 가톨릭 풍습에 해당하는 축일 행사를 단속해야 한다고 생각했다. 성경의 근거가 없는 이런 축일들이 로마 가톨릭의 우상 숭배를 조장하고 도덕적 방탕을 확산시킨다고 보았기 때문이다.[1] 에딘버러 시의회 역시 시민들의 도덕적인 문제에 대한 녹스의 조언을 중시했다. 물론 일부 시민들의 반발이 있었으나, 녹스를 비롯한 개혁자들의 노력과 의회의 법령 제정을 통해 기존의 축일 행사가 폐지되는 등 풍속의 개혁은 어느 정도 성과를 거둘 수 있었다.

녹스의 저술 활동도 계속되었다. 이 무렵 그의 대표작 『스코틀랜드 종교개혁의 역사』 집필 작업이 잉글랜드 대사 랜돌프의 부탁으로 시작되었다. 녹스는 평생에 걸쳐 집필한 이 책에서 그의 경험과 그가 수집한 자료를 토대로 스코틀랜드에서 일어난 종교개혁의 역사를 기술했다. 이 책은 16세기 스코틀랜드 종교개혁의 중요한 사건들과 여러 인물에 대한 풍부한 정보를 얻을 수 있는 유용한 역사적 자료이지만, 오늘날 우리가 생각하는 의미의 역사서는 아니다. 객관적 사실의 서술보다는 종교개혁의 정당성을 옹호하려는 저자의 신앙적 목적이 이 저술 전체를 지배하기 때문이다. 비록 3인칭 관점에서 자신을 "녹스"라고 부르며 기록하고 있지만 이 책의 곳곳에서 그의 주장과 주관적 해석이 자주 나타난다. 이런 의미에서 녹스의 『스코틀랜드 종교개혁의 역사』는 스코틀랜드의 종교개혁을 위해 행하신 하나님의 역사에 대한 녹스 자신

---

1) Reid, 261-262.

에딘버러에 있는 녹스의 집

의 신앙고백적 기록이라고 볼 수 있다.[2]

이렇게 바쁜 일정을 보내던 중 녹스에게 큰 슬픔이 찾아왔다. 1560년 12월, 그의 아내 마조리가 두 살과 세 살 된 두 아들을 남겨 놓고 세상을 떠난 것이다. 마조리는 아마도 그 시대에 만연했던 역병 때문에 사망한 것으로 추정된다. 녹스는 "가장 사랑하는 아내", "가장 고귀한 기억"이라고 말하며

---

[2] 녹스의 『역사』(*History*)의 역사 혹은 설교로서의 성격에 관해서는 Robert M. Healy, "John Knox's 'History': A 'Compleat' Sermon on Christian Duty," *Church History* 61/3 (1992): 319-333 참조.

아내의 죽음을 진심으로 슬퍼했다. 하지만 녹스는 1560년부터 1561년까지 요한복음을 연속으로 설교하면서 큰 위로를 얻었다. 요한복음은 일찍이 녹스가 세인트앤드루스에서 종교개혁자로 하나님의 부르심을 받을 때 하나님의 뜻을 발견한 의미 있는 성경이었다. 다시 한 번 요한복음에서 발견한 예수 그리스도의 복음은 큰 슬픔과 어려움 가운데 있는 녹스에게 큰 힘이 되었다.[3]

녹스는 아내가 세상을 떠난 후 3년간 남겨진 자녀들을 홀로 키웠다. 50대를 바라보는 나이에 바쁜 목회 사역을 감당하면서 자녀들을 돌보는 일은 결코 쉽지 않았다. 그래서 결국 세 아들 중 둘을 장모의 집에 보내 그곳에서 교육시키기로 결정했다. 이후 두 아들은 외할머니 슬하에서 자랐고 몇 년 뒤 모두 캠브리지 대학에 입학했고 모두 목회자가 되어 잉글랜드에서 사역했다. 하나님께서는 자신의 종 녹스의 가족을 이렇게 친히 돌보아주셨다. 한편 녹스에게는 과중한 목회 사역 속에서 건강과 생활을 돌보아줄 배우자의 도움이 절실했다. 그리하여 1563년 스코틀랜드 개신교 귀족인 오킬트리 영주 앤드루 스튜어트(The Second Lord of Ochiltree, Andrew Stewart)의 딸 마가렛(Margaret Stewart)과 재혼했다. 당시 녹스

---

3) Works, VI, 129-130, Dawson, 205.

는 50세였고 마가렛은 17세에 불과했지만, 결혼 이후 녹스와 마가렛 사이의 가정생활은 행복했다. 둘 사이에서는 세 딸, 마르다, 마가렛, 엘리자베스가 태어났다.[4]

녹스의 주변 상황은 급변하고 있었다. 마조리가 세상을 떠난 바로 그 달 5일, 프랑스 왕 프랑수아 2세가 갑자기 세상을 떠났다. 그러자 프랑스에서는 발루아 왕실을 지지하는 귀족들과 왕위를 노리던 기즈 가문 사이의 충돌이 발생했다. 그 결과 스코틀랜드에 머물고 있던 프랑스 군대가 본국으로 철수했다. 녹스는 프랑스 군대의 철수를 하나님께서 주신 기회라고 생각했다.[5] 그러나 녹스의 기대는 오래가지 못했다. 남편 프랑수아 2세와 사별한 메리 스튜어트가 조만간 스코틀랜드로 귀국할 것이라는 소식이 들려왔기 때문이다. 앞 장에서 언급했지만 메리는 아버지 제임스 5세가 세상을 떠난 후 프랑스로 보내져서 그곳에서 성장했다. 어머니 메리 기즈는 어린 딸이 스코틀랜드의 척박한 환경보다는 프랑스의 고급스러운 문화 속에서 교육받으며 프랑스의 유력한 가문들과 관계를 맺기 원했다. 그러나 어린 여왕을 프랑스에 머물게 한 스튜어트 왕실의 일방적인 친프랑스 정책은 결국 스코틀랜드

---

4) Reid, 275-276.
5) History, VI, 346-347, Dawson, 206.

귀족들의 불만을 키워 왕비를 배척하게 된 가장 큰 이유가 되었다. 스코틀랜드 귀족들은 잉글랜드의 군사적 지원을 통해 마침내 프랑스 세력을 몰아내고 왕비가 갑자기 죽은 후 정권을 장악했다. 그리고 신속하게 종교개혁을 비롯한 일련의 입헌 통치의 방안을 마련했다.

그러나 이제 메리 여왕이 귀국하게 되면 의회가 그동안 결정한 개혁안들이 실패할 수 있었다. 녹스를 비롯한 스코틀랜드의 종교개혁자들도 이러한 위기를 잘 인식하고 있었다. 계속 의회의 결정과 승인만을 기다리고 있을 수 없었다. 치리서가 규정한 5명의 감독자들이 의회의 인준을 받아 각 지역에서 종교개혁을 위해 활동하기까지 무려 6개월이 지체되고 있었다. 이에 교회 지도자들은 총회를 소집하기로 했다. 스코틀랜드에서는 중세시대부터 교회가 세속 정부와 무관하게 전국적인 회의를 개최하여 독자적인 결정을 내린 경우가 여러 번 있었다. 1559년 5월에는 프랑스 개혁파 교회의 대표들이 파리에 모여 전국적 차원에서 신앙고백과 치리제도를 확립하는 총회를 개최했다. 프랑스 개혁교회의 상황을 누구보다도 잘 알고 있던 녹스는 프랑스의 형제들이 국가 권력의 위협에도 불구하고 총회를 개최해 신앙고백을 제정하고 전국적인 개혁교회 조직을 갖춘 사실을 높이 평가했다.

1560년 12월 20일, 에딘버러에서 6명의 목사와 여러 교회의 장로 36명이 모여 스코틀랜드 개혁교회의 첫 총회를 개최했다. 비록 많은 수는 아니었지만 이 총회는 스코틀랜드 전체 교회를 대표해 전국적 단위의 사항들을 결의했고, 전체 교회의 명의로 의회에 개혁을 위한 구체적인 요구 사항을 전달했다.[6] 그 가운데 가장 중요한 요구 사항은 목회자가 필요한 교회들을 위해 44명의 목사와 강독사(readers)를 임직해야 한다는 결의였다. 말씀을 바르게 가르칠 수 있는 사역자의 임직은 종교개혁을 위한 필수적인 과업이었다. 총회는 앞으로 이런 전국 단위의 총회를 6개월마다 한 번씩 개최하기로 결정하고, 의회의 허락이 없다 하더라도 다음 회의 때 교회 재산과 그 지출 실태를 직접 조사하기로 했다. 총회는 의회를 향해서는 8월에 결정한 대로 종교개혁 정책을 확고하게 추진해줄 것을 강력하게 요청했다. 특히 이미 불법으로 규정된 로마 가톨릭 미사를 여전히 시행하고 있는 자들을 엄벌할 것을 요청하면서 해당자들의 명단도 첨부하여 제출했다. 스코틀랜드 장로교회의 첫 총회는 신앙의 회복과 확립을 위한 한 뜻을 가지고 한목소리를 냈다는 점에서 이후 모든 장로교회 총회가 기억해야 할 총회의 본분과 역할의 모

---

6) Dawson, 207.

범을 잘 보여주었다.[7]

16세기 종교개혁 시대에 세워진 여러 개혁교회와 마찬가지로 스코틀랜드 장로교회 총회도 정부와 건전하고 조화로운 관계를 설정하기 위해 노력했다. 개혁파 교회들은 이 두 기구를 상호 대립적 관계가 아니라 서로 협력해야 하는 하나님의 통치 기관으로 보았다. 정교 분리 이전인 16세기 유럽 개신교회의 지도자들은 세속 의회를 향해 다양한 방법으로 신앙과 관련한 의견을 적극 개진할 수 있었다. 다른 한편 교회 총회에 참석했던 장로들은 대부분 의회 의원들로서 교회 운영에 참여해야 했다. 따라서 교회의 영적 권세와 국가의 세속적 권세 사이의 분리는 바람직하지도 않고 가능하지도 않았다. 그러나 개혁교회 지도자들이 강조한 것은 혼합이 아닌 구별이었다. 교회의 총회는 세속 의회가 아니었으며, 세속 의회는 교회의 총회가 아니었다. 같은 사람이라 할지라도 세속 의회의 의원으로서 참석할 때와 교회 총회의 총대로서 참석할 때에는 자신의 직무가 갖는 의무와 한계를 잘 분간할 줄 알아야 했다.

세속 권력자들은 개신교의 종교개혁을 더 많은 권한을 확보할 수 있는 기회로 보았다. 세속 정부가 막대한 교회 재산

---

7) Reid, 255-256.

을 관리하게 되었고 교회의 직원들을 임명하게 되었기 때문이다. 이런 점에서 볼 때 종교개혁이 불러온 변화를 정치·사회적 변화의 시각에서 분석해 그 역사적 의의를 평가할 필요가 있다. 그러나 소위 '평신도'로 불리는 비성직자 계층이 교회의 신앙적 결정을 할 수 있게 한 교회의 민주화는 종교개혁자의 궁극적 목적이 아니었다. 대부분 종교개혁자들은 '모든 신자의 사제 됨'(Priesthood of all Believers)을 주장했고, 따라서 모든 직업을 성직으로 여겼다. 성직자와 구별되는 '평신도'라는 개념은 종교개혁자들의 이해가 아니었다. 모든 직분의 폐지나 역할 구분의 무시하는 식의 '만인제사장주의'라는 종교개혁자들의 의도를 오해한 것이다. 루터와 다른 종교개혁자들은 이 개념을 통해 '만인'이 아니라 '모든 신자'가 인간 사제의 중보 역할 없이도 하나님의 말씀을 스스로 깨닫고 직접 죄 용서의 은혜를 확신할 수 있음을 강조하려 했다. 그러므로 누가 참 신자인가의 문제가 교회의 제도적 개혁에 앞서 종교개혁자들에게 먼저 설명되어야 할 선행 과제였다. 즉 아무나 교회와 사회 안에서 '성직'을 담당할 수는 없다. 오직 참된 신앙을 고백하고 그 고백에 따른 삶이 확인된 '신자'만이 자신의 삶 가운데 성직을 담당할 수 있다. 모든 신자는 각자에게 맡겨진 사명을 성직으로 여기고, 주어진 은사에 따라 합당한 의무와 제한적 권한 하에서 실천해야 한다. 종교개혁자들은 이 부분에서 모든 직분의 철폐를 추구한 급진주의자들의 위험을 잘 인식했다.[8] 종교개혁의 목적은 새로운 교회 지도자들의 권력 강화도 아니고, 모든 교인의 아무런 구별 없는 민주화도 아니었다. 종교개혁의 궁극적 목적은 말씀으로 자신의 몸인 교회를 통치하시는 예수 그리스도의 유일한 영적 주권을 실제 교회 가운데 구현하는 일이었다. 그러므로 종교개혁자들이 전제하고 추구한 신학적 가치를 간과하거나 피상적으로 다루면서 종교개혁을 위한 하나의 방편이나 그 정치·사회적 결과물을 종교개혁의 본질이라고 강변하는 것은 종교개혁자들이 일관되게 주장한 영적이며 신앙적 본의를 왜곡할 위험이 크다.

세속 권력자들이 종교개혁을 기회로 삼아 권력을 강화하

---

[8] 이런 위험을 인식했던 칼빈은 특히 목회자 임명 과정에서 발생할 수 있는 위험을 예방하려 했다. "우리는 이러한 사역자의 소명은 하나님의 말씀에 따른 합법적인 것이라고 생각한다. 즉 적절한 사람들을 일반 신도의 합의와 승인을 얻어서 임명해야 한다. 그뿐 아니라 선거는 다른 목사들이 주관해야 한다고 우리는 생각한다. 그렇게 해야만 회중이 경박함과 악한 의도나 무질서 때문에 탈선하는 것을 막을 수 있다." *Institutes*, IV.3.15, OS.5: 56. 녹스 역시 1559년 스코틀랜드에 있는 형제들에게 쓴 편지에서 재세례파의 위험을 강하게 경고했다. Works, IV: 261-286. 녹스와 재세례파의 관계에 대해서는 Richard G. Kyle, "John Knox Confronts the Anabaptists: The Intellectual Aspects of His Encounter," *Mennonite Quarterly Review*, 75/4 (2000): 493-515 참조.

려는 상황 속에서 개혁교회의 지도자들이 추구한 것은 교회가 독자적으로 결정해 개혁을 실천할 수 있는 영적 권위를 확보하는 일이었다. 녹스 역시 세속 권세와 교회 권세의 구별이 어려웠던 16세기 스코틀랜드에서 신앙과 예배, 교회 운영에서 교회의 독립적인 지위와 권세를 확보하는 일에 노력을 기울였다. 항상 청렴하게 산 녹스는 재정 관련 사안에 대해서는 언급을 삼갔던 반면, 교회 재산 처리 문제에 관련해서는 매우 엄격했다. 그 예로 『역사』에서 당시 스코틀랜드 귀족들이 보여준 지나친 욕심을 강하게 비판했다. "다가올 상황은 세속적인 자들이 거절한 것들과 경건한 목회자들의 정책이 요구한 것들을 판단할 것이다. 즉 그들이 더 완벽한 교회를 세우려 했는지, 아니면 이 타락한 세대가 감내하려 하지 않은 탐욕을 증명하는 흉내 내기였는지 말이다."[9]

위기 - 여왕의 귀국으로 인한 새로운 위기

결국 프랑스에 머물던 메리가 귀국하기로 했다. 여왕의 귀국 일정을 조율하기 위해 프랑스로 떠난 제임스 스튜어트는

---

9) Works, I, 374, 2, 280ff, Dawson, 208.

메리가 스코틀랜드에서 벌어진 개혁을 인정하지 않고 있다는 소식을 전했다. 메리는 프랑스에 머물며 교육을 받았기 때문에 프랑스풍의 문화와 종교를 선호했으며 프랑스와 같은 강력한 왕권 중심 국가를 원했다. 그리고 잉글랜드와의 동맹 등 외교 사안뿐 아니라 개신교 국교화 등 종교적 문제까지 모든 신하와 백성이 군주의 명령에 복종해야 한다고 믿었다.[10] 잉글랜드의 엘리자베스 여왕은 메리의 이런 권위적인 태도를 경계했다. 무엇보다 조카인 메리가 사별한 남편 프랑수아와 함께 에딘버러 협약을 인정하지 않은 것을 우려했다. 이 협약 안에는 메리와 프랑수아 모두 다시는 잉글랜드의 왕위를 주장하지 않겠다는 내용이 포함되어 있었기에 협약에 대한 거부는 메리가 여전히 잉글랜드 왕좌를 여전히 노리고 있음을 의미했다. 녹스는 메리의 귀국을 앞두고 엘리자베스에게 편지를 보냈다. 앞에서 언급했듯이 그는 이 편지에서『첫 번째 나팔소리』에 대한 해명과 더불어 자신은 이제 하나님께서 엘리자베스의 왕권을 지켜주실 것을 간구하고 있다고 말했다.[11] 그러나 이 편지의 목적은 변명만이 아니었다. 녹스의 편지는 메리의 복귀를 앞두고 잉글랜드와의 우호적 관계를 회

---

10) History, I, 365ff.
11) Works, VI, 126.

복하기 위한 외교적 노력이기도 했다.

스코틀랜드가 개신교 국가가 된 지 1년 만인 1561년 8월 19일, 메리가 드디어 리스 항구를 통해 스코틀랜드에 상륙했다. 여왕의 귀국은 스코틀랜드 종교개혁에 큰 위협이었다.

에딘버러 홀리루드 궁전의 예배실

녹스는 메리 여왕과 함께 도착한 프랑스 동료들이 정권을 장악할 경우 스코틀랜드의 개혁교회는 프랑스 위그노들과 같이 박해를 받게 될 것이라고 염려했다. 그는 메리의 귀국을 개혁에 미온적인 태도를 보인 스코틀랜드를 향한 하나님의 징계라고 생각했다.[12]

녹스의 우려대로 메리 여왕은 도착한 첫 주일부터 홀리루드 왕궁에서 로마 가톨릭 미사를 강행했다. 여왕의 입장에서 개신교는 받아들일 수 없는 이단 사상이었다. 또 자신의 신하인 목회자들이 왕인 자신의 신앙생활에 간섭하는 것은 왕권에 대한 도전이었다. 여왕은 미사를 통해 당당히 자신의 권위를 선언하려 했다. 그러나 이 소식을 전해 들은 에딘버러

---

12) Dawson, 209.

시민들은 홀리루드 왕궁에 난입해 미사를 중단시키려 했고 개신교 지도자 제임스 스튜어트가 예배실 문 앞을 지키고 서서 불상사를 막아냈다. 주일 오후가 되자 더 많은 군중이 홀리루드 왕궁 주변에 몰려와 여왕의 미사를 규탄하는 시위를 벌였다.[13] 녹스도 가만히 있지 않았다. 그는 다음 주일 세인트자일스 교회 강단에서 여왕의 우상 숭배 행위를 맹렬하게 비난했다. 스코틀랜드 귀족들이 여왕의 우상 숭배 행위를 용인하고 어떤 정치적 타협을 모색한다면, 그것이야말로 유일한 왕이신 예수 그리스도에 대한 노골적인 반역이라고 경고했다. 녹스는 후에 『역사』에서 이 상황에 대한 그의 깊은 우려를 이렇게 표현했다. "그는 모든 참된 종교를 억압하려고 이 왕국 어딘가에 상륙한 1만 명의 무장한 적군보다 단 한 차례의 미사가 더 두려웠다."[14]

녹스의 설교에 크게 화가 난 여왕은 그를 왕궁으로 소환했다. 9월 4일에 녹스와 여왕의 역사적 첫 만남이 이루어졌다. 녹스는 여왕 앞에서도 전혀 굽히지 않았다. 그는 우선 여왕에게 "첫 번째 나팔소리"가 불러온 여성혐오자라는 자신에 대한 오해를 해명했다. 그리고 자신은 여왕에게 맞서 반역을

---

13) Dawson, 212.
14) History, II, 9-11.

일으킬 생각이 전혀 없다고 밝혔다. 그러나 신앙 문제에서는 단호했다. 그는 여왕도 우상 숭배를 벗어나 성경이 가르치는 바른 신앙으로 돌아와야 한다고 말했다. 여왕은 "나의 백성들은 내가 아니라 당신에게 복종하겠구나.…그리고 따라서 백성들이 나에게 복종하는 것이 아니라 내가 도리어 백성들에게 복종해야만 하겠구나"라고 하며 녹스를 비꼬았다. 녹스는 여왕의 말에 대해 "모든 사람은 하나님께 복종해야 하며, 특히 여왕은 교회를 돌보는 역할을 맡았을 뿐입니다"라고 대답했다. 여왕은 이 말을 거절하며 "내가 돌보아야 할 교회는 오직 로마 가톨릭 교회다"라고 말했다. 여왕에게 회심의 가능성이 전혀 없음을 확인한 녹스는 더 이상 "로마의 창녀"를 옹호해서는 안 된다고 거친 용어를 사용해 여왕에게 경고하면서 다음의 말로 대화를 마무리했다. "폐하, 저는 이스라엘 백성에게 드보라가 있었듯이 당신도 스코틀랜드 백성에게 복받은 군주가 되시기를 하나님께 기도합니다."[15] 여왕은 대화를 마친 후 분을 참지 못하고 눈물을 흘렸다. 그러나 이 눈물은 깨달음과 회개의 눈물이 아니라 반역적인 언사를 서슴지 않는 일개 목사를 자기 마음대로 처분할 수 없는 현실에

---

15) History, II, 19-20, Dawson, 215.

대한 분노의 눈물이었다.[16]

여왕은 시민들의 반대와 녹스에도 불구하고 의회가 통과시킨 종교개혁 법령의 효력을 무시했다. 그리고 가는 곳마다 미사를 드리며 로마 가톨릭 세력을 재건하려 했다. 미사는 엄연한 위법이었다. 여왕은 의회에 정치적으로 맞섰다. 즉 종교개혁 의지가 불분명한 귀족들을 설득하여 여론을 형성해 자신의 미사를 허용받으려 했다. 여왕은 경제적·정치적 유인책을 다방면으로 동원했다. 적지 않은 수의 귀족들이 그들의 세속적 이익을 좇아 여왕의 위법 행위를 묵인했다.

녹스는 이런 귀족들의 태도를 배교로 여겼다. 그리고 묵인과 타협의 배교 행위를 여왕의 우상 숭배보다 훨씬 더 위험한 종교개혁의 장애물이라고 생각했다. 아예 교회에 오지도 않는 여왕보다 분명한 경고의 설교를 듣고서도 아무런 반응을 보이지 않는 자들, 더 나아가 개혁을 촉구하는 설교를 직간접적으로 방해하는 자들이 더 위험한 종교개혁의 적대자들이었다. 녹스는 이즈음 칼빈에게 보낸 편지에서 "경건을 가장한 위선을 향해 투쟁하는 것이 얼마나 어려운 일인지 이전에는 미처 몰랐습니다"라고 하소연했다.[17]

---

16) History, II, 13ff. Reid, 268.
17) Works, VI, 134. Reid, 269. Dawson, 216.

스코틀랜드 의회는 신앙고백을 채택했지만 종교개혁의 구체적인 실행 방안을 담은 치리서는 승인하지 않았다. 그 사이 메리 여왕이 다시 끌어들인 로마 가톨릭 세력이 스코틀랜드 정권의 전면에 등장하는 데까지는 불과 1년밖에 걸리지 않았다. 이 1년은 종교개혁이 안착하기에는 터무니없이 부족한 시간이었다. 종교개혁의 사명을 감당하기 위해서는 근본적으로 성경의 진리에 대한 분명한 신학적 이해와 이 진리에 따라 교회와 사회를 바르게 회복하려는 흔들림 없는 개혁의 의지가 필요했다. 그러나 구원의 진리 때문에 개혁에 헌신한 것이 아니라 그저 자신들의 유익을 위해 개혁에 참여한 교회 안팎의 기회주의자들은 결코 하나님 앞에서 판단하거나 헌신하지 않았다. 녹스는 이제 자신이 기도하고 추구한 고국 스코틀랜드 종교개혁의 성패를 놓고 종교개혁에 대한 개념이 왜곡되어 있는 위선자들과 더 치열한 영적 싸움을 시작해야만 했다.

공세 – 종교개혁에 대한 위협과 반대

녹스는 로마 가톨릭의 복원을 믹고 종교개혁을 획립히기 위해 두 가지 과제를 완성해야 한다고 생각했다. 먼저 여왕이 스코틀랜드 땅에서 계속 행하고 있는 미사를 막아야 했다. 그리고 치리서가 제안하는 대로 교회와 사회를 개혁할 수 있도록 의회를 설득해야만 했다. 녹스와 스코틀랜드 개혁교회 총회는 여왕과 의회를 향해 이 두 가지를 지속적으로 요구했다. 세인트자일스 교회 교인들과 에딘버러 시의회 그리고 시민들이 보내준 한결같은 지원과 격려가 녹스에게 큰 힘이 되었다. 시의회는 지방 순회 방문 사역을 수행해야만 하는 녹스를 돕기 위해 존 크레이그(John Craig) 목사를 세인트자일스 교회의 설교 담당자로 선출했다. 더불어 존 케언스(John Cairns)를 강독사로 임명했다. 세인트자일스 교회는 세 명의 목회자 '존'이 동역하는 교회가 되었다.[18] 개혁교회가 미처 정착하지 못한 상황에서 에딘버러 시의회가 특정 교구의 목회를 위해 추가로 사역자를 임명하고 급여를 지급한 조치는 녹스를 위한 특별 배려였다. 에딘버러 시의회는 목사들의 가르침을 따라 도시 내에서 도덕적 규율을 바로잡는 노력뿐 아니라 우상 숭배자들, 즉 미사를 드리는 교황주의자들을 추방하는 데 최선을 다했다.[19] 녹스의 사역에 대한 에딘버러

---

[18] 크레이그는 1571년 녹스가 잠시 에딘버러를 떠났을 때 세인트자일스 강단을 지켰고, 1572년에는 에딘버러를 떠나 몬트로스와 아버딘의 목사로 사역했다. Calderwood, History, III, 75-76.

[19] Reid, 277.

시의회의 지원은 제네바로부터 지원을 받지 못한 칼빈의 경우와도 달랐다. 아마도 칼빈은 끝까지 제네바에서 '그 프랑스인'으로 불린 이방인이었지만 녹스는 동족 스코틀랜드인이었기 때문일 것이다. 무엇보다 녹스가 전적인 지원을 얻을 수 있었던 가장 큰 이유는 어떤 상황에서도 변함이 없는 녹스의 분명하고 담대한 개혁적인 설교 때문이었다.[20]

에딘버러 시의회와 달리 스코틀랜드 국가 의회는 여전히 미온적이며 타협적이었다. 스코틀랜드의 여러 대귀족은 의회에서 그들의 손으로 제정한 법과 달리 여왕과 정치적으로 타협해서 그들의 기득권을 유지하거나 강화하는 데 더 관심이 있었다. 녹스는 이들의 이런 태도를 거침없이 비판했다. 그의 노골적인 비판은 결국 대귀족들의 반발을 불러일으켜 많은 귀족들이 녹스와 결별을 하였는데, 그들 중 가장 중요한 인물로는 제임스 스튜어트와 레팅톤의 메이틀랜드가 있었다. 이 두 사람은 원래 왕비 메리와의 정치적 갈등 속에서 개신교 회중을 지지하는 입장을 함께 공유했었다. 그리고 1560년 스코틀랜드 의회가 개혁교회를 공인할 때에도 의회에서 함께 중요한 역할을 감당했었다. 그러나 메리 여왕이 귀국 후 정치적 이해관계를 따라 종교개혁에 대해 모호한 입장을 취하기

---

20) Dawson, 221.

시작하자, 이들은 여왕이 스코틀랜드에서 개혁교회의 예배의 자유를 인정한 만큼 개혁 진영 역시 여왕의 미사를 허용해야 한다고 주장했다. 또 목회자들의 급여를 확보하고 교회의 재산을 공공의 목적을 위해 사용해야 한다는 치리서의 조항에 대해 여러 가지 핑계를 대며 그 실행을 미루었다. 이들이 주도하여 취한 조치는 겨우 기존 로마 가톨릭이 소유한 재산 가운데 3분의 1을 여왕에게 할애하여 여왕이 자신의 직권으로 새로운 교회들을 위해 재정적으로 지원하도록 한 것이었다.[21] 이들은 이와 같은 '3분의 1 세금' 정책을 통해 기존 로마 가톨릭의 재산 중 3분의 2를 대귀족의 소유로 남겨두려 했다. 물론 이렇게라도 해서 개혁교회의 재정을 위한 재원이 마련된 것은 스코틀랜드 왕실이 공식적으로 개신교를 인정한 조치라는 점에서 의미가 있다. 그러나 기존 로마 가톨릭 입장에서 볼 때 이 조치는 단지 왕실의 요청에 따라 자신들이 운용하던 재정 일부를 개혁교회에 양도한 것에 불과했다.

실제로 기존 로마 가톨릭 재산의 3분의 1만으로는 개혁교회의 목회자 급여와 전국적인 빈민 구제 및 교구 단위의 학교 설립 등 『제1 치리서』가 제안한 주요 개혁 정책을 추진할 수

---

21) Reid, 272-273.

없었다. 더군다나 이처럼 여왕이 교회의 재정 분배 권한을 가지고 있는 한 왕실과 개혁교회 사이의 갈등은 피할 수 없었다. 현실적으로 개혁교회가 재정을 요청할 때마다 여왕은 자신이 가진 권한을 권력 강화의 도구로 활용하며 끊임없이 교회 지도자들을 괴롭혔다. 녹스는 불합리한 목회자 봉급 체계에 대해 강한 불만을 표시했다. "교회 재정의 3분의 2는 여전히 악마의 수중에 남아 있고, 3분의 1만이 악마와 교회 사이에 나누어져 있다."[22]

1년에 두 차례 개최된 교회 총회는 개혁을 위한 실질적인 조치를 취해줄 것을 여왕과 의회에 꾸준히 청원했다. 그 가운데 가장 시급한 문제는 목회자의 급여였다. 중세 로마 가톨릭 체제와 달리 개혁교회 목사들은 자신의 재산을 소유하지 않고 정부로부터 일정한 급여를 받기로 했다. 말씀과 기도에 전념하겠다는 사도행전의 실천을 위한 기득권 포기였다. 그러나 여왕은 이 점을 악용했다. 여왕과 왕실 측근들은 목회자들의 기본적인 경제적 형편을 효과적으로 통제해야만 교회에 대한 지배력을 유지할 수 있음을 잘 알고 있었다. 하지만 녹스를 비롯한 스코틀랜드 교회는 목사의 급여 문제 때문에 여왕과 타협하려 하지 않았다. 매번 총회가 모일 때마

---

[22] History, II: 29, Works, IV: 604ff. Reid, "The Book of Discipline," 39.

다 교회는 한목소리로 신분 고하를 불문하고 미사를 드리는 우상 숭배자들을 1560년 의회의 결의에 따라 처벌해줄 것을 청원했다. 그러나 이 청원서는 제임스 스튜어트나 메이틀랜드 같은 이들의 손을 거치며 완화되거나 보류되었다.

권력자들의 무시와 회피에도 불구하고 개혁교회 총회는 스스로 개혁을 위한 노력을 계속했다. 총회는 특히 자격이 없는 목사나 문제를 일으킨 목회자를 지속적으로 감독하여 징계했다. 한 예로 1563년 제드버러의 목사 메스번(Paul Methven)이 교구에서 간음을 했다는 혐의가 보고되자 녹스를 비롯한 목사들이 이 사실을 엄격히 조사했고, 조사 결과에 따라 총회가 그를 면직했다.[23] 비록 국가 차원의 개혁교회가 설립된 것에 비해 각 교구에서 바르게 설교할 수 있는 목사나 강독사의 수가 턱없이 부족했지만, 스코틀랜드 장로교회는 현실적 필요 때문에 목회자의 부도덕이나 자격 부족을 방임하지 않았다. 총회는 감독자들이나 특별히 파견한 조사단을 통해 각 교구 목사의 자질을 지속적으로 살폈다. 그리고 문제가 확인될 경우에는 단호하게 그들을 면직하거나 정직시켰다. 이는 바른 종교개혁은 조직 완비나 세력 확장이 아닌 오직 복음 진리의 단호한 선포를 통해 이루어질 수 있다고 확신했기

---

23) Reid, 287. History, II, 66f.

때문이다.

녹스에 대한 신학적 공격도 나타났다. 녹스는 1562년 총회의 지시를 받아 스포티스우드와 함께 서부 지역을 방문하여 크로스라구엘(Crossraguel) 수도원장인 케네디(Quintin Kennedy)를 만났다. 케네디는 녹스와 미사의 합법성에 대한 토론을 벌였다.[24] 케네디는 아브라함과 멜기세덱에 대한 창세기의 본문을 인용하면서 이 본문은 그리스도께서 미사를 통해 자신을 제물로 드렸음을 예표한다고 주장했다.[25] 케네디는 이후에도 지속적으로 로마 가톨릭을 옹호하면서 녹스의 신학과 개혁을 위한 노력을 반박하고 공격했다. 또한 린리스고 학교의 교장이었으나 후에 면직당한 니니안 윈젯(Ninian Winzet)은 녹스의 목회자 자격을 공격했다. 그는 녹스가 기적을 행한 일이 전혀 없기 때문에 그를 목회자로 인정할 수 없다고 주장했다. 케네디 역시 "녹스는 멜기세덱의 반차가 아니라 칼빈의 반차를 따른 대제사장"이라고 조롱했다.[26] 녹스는 이런 공격에 맞서 논쟁을 계속하지 않았다. 도리어 이들의 공격을 참된 예배와 바른 목회자에 대해 설명할 수 있는 기회로 삼았

---

24) Dawson, 227.
25) Works, VI, 143f. Reid, 280.
26) Kyle, *God's Watchman*, 19. Dawson, 227.

다. 녹스에 따르면 목회자는 어떤 신적 기적을 행하는 사제가 아니라 하나님의 말씀을 잘 전하는 자로서 전체 회중의 공식적인 인정을 받아 맡은 직무를 수행하는 사역자이다. 녹스는 자신이 세인트앤드루스에서 처음 설교자로 부름을 받았을 때 목사가 될 수 있는 모든 자격을 갖추었다고 주장했다. 그는 이미 사제로 서품을 받은 사실이 있지만, 그것을 자신의 목회직이 정당하다는 주장의 근거로 삼지 않았다. 녹스가 주장한 목사의 합법적인 자격은 하나님의 내적인 소명과 회중에 의한 공적인 인정뿐이었다.[27]

충언 – 메리 여왕과의 대화

1562년 12월 여왕은 다시 한 번 녹스를 홀리루드 궁전으로 소환했다. 이번에는 녹스가 그의 설교에서 10월 만성절 전후에 홀리루드 궁전에서 여왕이 개최한 파티를 강하게 비판했기 때문이다. 녹스는 이 파티가 프랑스에서 벌어지고 있는 개신교 탄압의 성과를 축하하는 행위였을 뿐 아니라 왕실에 만연한 도덕적 해이의 증거라고 비판했다. 여왕은 녹스의 설교

---

27) Reid, 280.

를 군주를 비난하고 백성들을 선동했으며 목사의 권한을 남용한 범죄라고 말했다. 하지만 녹스는 전혀 주눅 들지 않았다. 도리어 여왕에게 차근차근 주일 설교의 개요를 제시하고, 자신에게는 신앙의 회복 이외에 그 어떤 정치적 의도도 없었다고 설명했다. 실제로 녹스의 설교 내용에는 여왕에 대해서는 어떤 직접적인 언급도 없었다. 할 말이 없어진 여왕은 녹스에게 그래도 할 말이 있으면

녹스와 메리 여왕

오해가 되지 않도록 자신에게 찾아와 직접 조용히 충고해 달라고 말했다. 녹스는 이에 대해 이렇게 대답했다. "목사는 공적 예배에서 말씀을 전하도록 하나님께 부름을 받은 것이지 권력자의 귀에 은밀히 속삭이는 직무를 맡은 것이 아닙니다." 그리고 이어서 이렇게 충언했다. "필요하시다면 여왕께서 직접 세인트자일스 교회 예배에 참석하여 교인 가운데 한 사람으로서 하나님의 말씀을 들으소서." 여왕은 녹스의 당당한 태도에 분노하여 치를 떨었다. 그러나 법적으로나 정치적으로 시민들의 많은 지지를 받고 있는 녹스에게 어떤 처벌도 내

릴 수 없었다.[28]

여왕은 대주교 해밀턴을 내세워 종교 문제와 관련해 의회와 협상에 나섰다. 특히 스코틀랜드 전역에서 미사를 드릴 수 있는 합법적 방안을 마련하려 했다. 그런데 마침 1563년 해밀턴과 몇몇 로마 가톨릭파 귀족이 에어셔(Ayrshire)에서 부활절 미사를 드린 사건이 발생했다. 개신교 지방 귀족들은 이들을 법령 위반으로 체포했다. 이에 여왕은 물러서지 않고 다시 녹스를 소환했다. 이번에는 홀리루드 궁전이 아니라 여왕이 사냥 여행 중 머물던 로흐레벤 성(Lochleven Castle)이었다. 여왕은 녹스에게 지방 귀족들의 이런 사적인 법 집행을 금지시키라고 요구했다. 녹스는 법 집행은 세속 통치자들의 권한이므로 말씀 사역자인 자신에게는 그런 권한이 없다고 말했다. 그리고 만일 군주를 포함한 통치자들이 정해진 법을 따르지 않는다면 그때는 백성들이 직접 나서서 법을 집행해야 하지 않겠냐고 자신의 의견을 말했다.

> 그러므로 전하께서는 백성들이 전하에게서 무엇을 받기 원하는지, 또 상호 계약(mutual contract)에 따라 전하께서 백성들에게 해주셔야 할 의무가 무엇인지 잘 생각

---

28) Works, VI, 140f.

해보시는 것이 좋을 것입니다. 그들에게는 전하에게 복종해야 할 의무가 있지만 그것은 오직 하나님 안에서의 의무일 뿐입니다. 마찬가지로 전하께서도 백성들 앞에서 법을 지키셔야 할 의무가 있습니다. 당신은 백성들의 순종을 바라고 계십니다. 그들은 전하께 악한 일들로부터 보호와 방어를 원하고 있습니다. 여왕 전하, 당신께서 만일 지금 악행을 처벌하기를 원하는 백성들을 향해 당신 스스로의 의무를 외면하신다면, 어떻게 그들에게서 온전한 복종을 받으실 수 있겠습니까. 두렵건대 여왕 전하, 백성들의 복종을 얻으실 수 없을 것입니다.[29]

녹스는 스코틀랜드 신앙고백을 관통하는 언약 사상을 정치 영역에까지 확장했다. 하나님과 성도 사이 맺어진 언약적인 관계는 군주와 신하의 관계, 귀족과 백성의 관계에도 적용되어야 한다는 것이다. 사회적 계층 간의 상호 관계는 더 이상 일방적인 명령과 복종의 관계가 아니라 함께 확인하고 준수해야 할 약속에 따른 관계이다. 그 약속은 기본적으로 하나님께서 각자에게 주신 직분에 충실한 역할 분담의 상호계약이다. 약속의 관계는 서로에게 부여된 조건이 있다는 점

---

29) Works, II: 372-373.

에서 언약 준수 의무를 양측에게 부과한다. 만일 하나님 앞에서든 서로를 향해서든 이 언약의 관계를 무시하거나 위배할 경우, 이에 합당한 권력의 제한과 심지어 처벌이 반드시 있어야 한다. 녹스는 출애굽한 이스라엘과 종교개혁을 시작한 스코틀랜드 사이의 평행적 해석을 성경적 근거로 제시했다. 이스라엘 백성들이 하나님의 언약 백성이 되어 율법에 순종해야 했듯이 이제 스코틀랜드도 새로운 하나님의 언약 백성이 되었으므로 하나님의 명령에 순종해야만 한다는 것이다. 그 가운데 스코틀랜드가 즉각적으로 순종해야 할 명령은 "우상숭배자는 반드시 죽이라"는 엄중한 명령이었다.[30]

메리 여왕과 녹스의 네 번째 만남은 1563년 6월에 이루어졌다. 메리 여왕은 자신과 스페인 왕자 카를로스(Don Carlos, 1545-1568) 사이에 추진되고 있는 결혼 계획을 녹스가 강하게 비판한 점을 문제 삼았다. 메이틀랜드를 포함한 대귀족들은 그동안 홀로 지내던 메리의 재혼을 외교적인 이해득실에 따라 추진해오고 있었다. 얼마 전 메리의 외삼촌인 프랑스의 로레인 추기경이 오스트리아의 칼 대공작과 혼사를 추진했으나 이 결혼은 메리가 거절해 불발되었다. 이번에는 스페인 왕이며 한때 잉글랜드의 전 여왕 메리의 남편이기도 했던 필립 2

---

30) History, II, 125, Dawson, 240.

세(Phillip II, 1527-1598)의 아들 카를로스가 여왕의 두 번째 남편 후보에 거론되었다. 하지만 이 혼사는 스코틀랜드에 적합한 선택이 아니었다. 카를로스는 유럽 전역에서 개신교를 지속적으로 탄압해온 합스부르크 왕실의 왕자였다. 만일 합스부르크 왕실의 계승권자가 스코틀랜드의 동시 통치자가 된다면 종교개혁은 명분을 잃고 큰 위기를 맞이할 수밖에 없었다.

녹스는 이 결혼이 가져올 위기를 심각하게 여겼다. 그리하여 세인트자일스에서 설교를 통해 귀족들에게 잘못된 결혼을 막고 하나님의 교회를 지켜야 할 의무를 역설했다. 그리고 만일 귀족들이 여왕의 결혼에 동의한다면 이는 "이 왕국에서 그리스도 예수를 제거하는 것과 동일한 일을 허용하는 것이며, 그 결과로 당신들의 권력에 조금은 위안이 될지 모르지만 결국 이 나라 위에 하나님의 진노와 역병을 가져올 것이다"라고 경고했다.[31]

녹스의 강력한 설교에 대해 로마 가톨릭 귀족들뿐 아니라 개신교 귀족들까지 거부감을 느꼈다. 특히 비밀리에 여왕의 혼사를 추진하고 있던 메이틀랜드는 녹스를 강하게 비난했다. 모레이 백작에 취임한 제임스 스튜어트도 녹스의 설교를 경솔한 행동이라고 비판했다. 메이틀랜드와 제임스 스튜어트

---

31) History, II, 81, Dawson, 236.

는 여왕이 스페인 왕실과 혼인을 맺는 것이 국내 개신교도들을 위해서도 나쁘지 않은 협상안이라고 생각했다. 하지만 녹스는 정치적 이해타산을 따르지 않았다. 정치적 판단에 따른 여왕의 혼사를 도저히 용납할 수 없었다. 세속적 이익을 따라 이런 중대한 사안을 결정하려는 자들은 상황에 따라 하나님의 진리도 쉽게 포기할 수 있는 위선자들일 뿐이었다. 녹스는 세인트자일스 강단에서 이렇게 한탄했다. "오호라! 무엇보다도 잔인하고 완고한 군주들의 발자취를 따라 결국 당신의 복음의 빛을 멸시하고 무지와 우상 숭배 가운데 기뻐하고 있도다!"[32]

반면 모레이 경과 메이틀랜드는 녹스가 사리 판단을 할 줄 모르는 꽉 막힌 인물이라고 생각했다. 무엇보다도 녹스가 현재 스코틀랜드가 처해 있는 위태로운 외교적 상황을 누구보다 잘 알고 있으면서도 강단에서 고집을 부리고 있다는 점이 마음에 들지 않았다.[33]

이 일에 가장 분노한 것은 여왕 자신이었다. 여왕은 다시 녹스를 불러 자신의 불만을 전하고 더 나아가 정치적 압력을 가하려 했다. 여왕은 화를 내며 고함쳤다. "네가 도대체

---

32) Works, IV, 295.
33) Dawson, 237.

나의 결혼과 무슨 상관이 있느냐? 네가 도대체 뭔데!" 녹스는 다시 한 번 자신은 군주의 조력자나 여왕의 개인적 조언자가 아니라 예수 그리스도의 복음을 설교하기 위해 보냄 받은 설교자일 뿐이라고 대답했다.[34] 이에 여왕은 자신의 결혼 문제가 설교자의 직무와 무슨 상관이 있느냐고 반문했다. 녹스는 목회자의 직무에 대한 다음의 유명한 선언으로 응답했다.

> 저는 이 왕국에서 태어난 백성입니다. 비록 백작도 자작도 남작도 아니며, 폐하의 눈에 시시하게 보이시겠지만 하나님께서 저를 이 왕국 안에 유용한 지체로 만드셨습니다. 그렇습니다. 만일 이 조국에 해를 끼칠 사태를 예견한다면, 이에 대해 경고해야 할 책임은 귀족들뿐 아니라 저에게도 분명히 있습니다. 왜냐하면 저의 사명이나 양심이 모두 저에게 정직하기를 요구하기 때문입니다.[35]

메리와 카를로스의 결혼 협상은 결국 결렬되었다. 녹스의 설교 때문도 아니었고, 여왕의 회심 때문도 아니었다. 스페인

---

34) Works, II, 387.
35) Works, II: 388. Reid, 286-287.

개혁자의 헌신

왕 필립이 또 다른 정치적 계산에 따라 메리와의 결혼을 거절했기 때문이다.

변호 - 종교개혁의 정당성 옹호

대귀족들과 달리 에딘버러 시민들은 여왕의 처신과 결혼 계획에 대해 여전히 녹스와 생각을 같이했다. 1563년 여왕이 에딘버러를 떠나 있던 동안에도 여왕의 측근들이 홀리루드 궁전에서 미사를 드린다는 사실이 알려지자 에딘버러 시민들은 다시 한 번 무장하고 궁전에 난입해 미사를 중단시켰다. 돌아온 여왕은 주동자들을 체포해 재판에 부쳤다. 녹스는 자기의 교구 교인들이 부당한 재판을 받지 않게 도와달라는 내용의 편지를 스코틀랜드 각지에 보냈다. 그러나 귀족들은 이 편지를 빌미로 삼아 녹스를 난동 배후 혐의로 소환했다. 녹스는 8월 15일 추밀원에 출두해 자신은 뒤에서 난동을 부추긴 적이 없으며, 각지에 편지를 보낸 것 역시 개인적 행동이 아니라 교회 총회를 대표한 공적 행위였다고 변호했다. 그리고 부당한 폭력을 동원하려는 쪽은 개혁교회가 아니라 이런 협잡으로 개혁교회를 파괴하려는 로마 가톨릭 측이라고 주장했다. 녹스는 더 나아가 여왕에게 정말로 백성들의 지지를 받고 싶다면 제대로 된 신하들을 곁에 두라고 충고했다. 추밀원과 메리 여왕은 어떻게든 녹스를 처벌하고 싶었지만 책임을 물을 만한 증거나 법적 근거를 찾을 수 없었다.[36]

레팅톤의 메이틀랜드

여왕과 대귀족들은 녹스 개인이 아니라 장로교회 총회 전체를 약화시키려 했다. 이 귀족들은 한때 섭정 메리를 물리치기 위해 개혁신앙의 이름 아래 '언약'을 맺은 사람들이었다. 그러나 이제 그들에게 녹스를 비롯한 스코틀랜드 개혁교회 목사들은 자신들의 정치적 이해 추구를 방해하는 장애물일 뿐이었다. 1564년 총회에 참석한 일부 귀족들이 메이틀랜드의 지시를 받아 총회의 대표성을 거부하고, 자신들이 지명한 10명의 목사들과만 대화를 하겠다고 선언했다. 이 자리에서 메이틀랜드는 심지어 군주의 권위는 신성불가침하다고 주장했다. 녹스는 메이틀랜드와 국가 통치의 근본 원리에 대해 논쟁을 벌였다. 녹스는 군주가 하나님께서 세우신 통치자이기는 하지만, 그가 우상 숭배를 계속한

---

36) Reid, 289. Dawson, 238.

다면 목사에게는 강단에서 군주의 범죄를 책망해야 할 책임이 있다고 주장했다. 하나님께서 세우신 통치자의 권위는 군주에게 정해져 있는 직무에 달려 있는 것이지, 그 직무를 잠시 담당하고 있는 사람 자신에게 전적으로 일임된 것이 아니기 때문이다. 따라서 군주가 하나님께서 정해주신 통치자의 직무에 합당하지 않은 일을 행할 때에는 백성들이 군주의 통치를 거부하고 저항한다고 해도 이를 불법이라고 할 수 없다.[37] 녹스의 주장은 스코틀랜드 장로교 총회의 입장이기도 했다. 따라서 이제 의회 귀족들과 총회 목사들 사이의 대화는 더 이상 어려웠다. 1564년 이후 스코틀랜드 장로교회는 정치권력으로부터 독자적인 위치를 확보했으나, 더불어 치리서에서 제안한 실질적인 제도 개혁을 요청하기는 더 힘들어졌다.

의회가 여왕 편에 선 것이 분명해지자 그동안 움츠려 있던 로마 가톨릭의 세력 확장이 노골적으로 이루어졌다. 각 지방 도시에서 개신교 측과 로마 가톨릭 측 사이에 무력 충돌까지 발생했다. 이런 혼란 중에 4대 레녹스 백작 매튜 스튜어트(Matthew Stuart, The 4th Earl of Lennox, 1516-1571)가 궁정에서 세력을 얻었다. 그는 1540년대 친프랑스 세력이 득세하자 잉글랜드로 도피했다가 1564년 9월 엘리자베스의 지원을 등에

---

37) Reid, 290.

업고 스코틀랜드로 돌아온 사람이었다. 그리고 레녹스와 헨리 8세의 조카 사이에서 태어난 단리 경 헨리(Henry Stuart, Lord Darnley)가 이듬해 2월에 스코틀랜드에 들어왔다.38) 촌수를 따지면 단리는 잉글랜드 왕위 계승

단리 경 헨리와 메리 여왕

서열에서 스코틀랜드의 메리 여왕 다음이었다. 그의 할아버지 제임스 4세(James IV, 1473-1513)와 결혼한 할머니 마가렛이 엘리자베스의 아버지 헨리 8세의 누나였기 때문에 단리는 엘리자베스의 외조카이자 메리 여왕과는 6촌 사이였다.

메리 여왕은 잉글랜드의 왕권에 관심이 있었다. 이때 준수한 외모를 가진 단리가 메리 여왕의 눈에 띄었다. 단리와의 결혼은 잉글랜드의 왕권을 주장하는 자신의 입지를 더 강화시켜줄 수 있을 것 같았다. 그러나 엘리자베스 여왕의 입장에서 볼 때 이 두 조카 사이의 결혼은 자신의 왕권을 노린 일종의 도전이었다. 잉글랜드와의 우호적인 관계를 중시한 모레이 경 제임스 스튜어트와 메이틀랜드는 이 결혼을 반대했

---

38) Dawson, 241-242.

다. 모레이 경은 무력으로 이 결혼을 막으려 했으나 메리의 의지가 단호했다. 여왕은 개신교 귀족들에게 만일 이 결혼을 성사시켜준다면 개신교도인 단리를 존중해 스코틀랜드 개신교도들을 보호하고 예배의 자유를 확대하겠다고 약속했다. 누구도 그 약속을 믿지 않았다. 메리가 왕궁에서 드리는 미사 횟수를 더 늘리고, 로마 가톨릭 인사를 계속 등용하고 있었기 때문이다. 많은 반대에도 불구하고 메리는 7월 29일 단리와 결혼했다. 이 결혼은 로마 가톨릭 예식으로 진행되었다. 이에 모레이와 아가일 등 귀족들은 반란을 일으켰지만 반란은 곧 진압되었고 모레이는 잉글랜드로 망명했다.[39]

여왕과 단리의 결혼을 둘러싼 복잡한 국내외의 정치적 상황에 대해 녹스는 세인트자일스 강단에서 강력한 경고 메시지를 선포했다. 그는 8월 19일 설교에서 단리를 면전에 두고 이사야서 26장 13-21절을 본문으로 설교했다. 녹스는 모든 정치권력은 하나님께로부터 나온 것이므로 누구든지 하나님의 교회를 해하려 한다면 벌을 받게 될 것이라고 경고했다.[40] 단리는 격분하여 그날 저녁 식사도 거르고 다음 날 녹스를 추밀원에 고발했다. 그러나 녹스는 또다시 아무런 처벌도 받

---

39) Reid, 296.
40) Works, VI, 221ff.

지 않았다. 단리가 녹스를 강단에서 끌어내리기 위해 무력까지 동원하려 하자 여러 귀족들이 중재에 나서서 녹스에게 예민한 내용의 설교를 삼가 달라고 요청했다. 그러나 녹스는 이런 요청에 굴복할 사람이 아니었다. 어떻게 목사의 설교가 정치 상황에 따른 타협의 대상일 수 있겠는가? 녹스는 정치인들의 이런 불신앙적인 요청에 정면으로 맞섰다. 그는 도리어 단리 앞에서 전한 설교를 문서로 출판했다. 그러자 의회가 행동에 나섰다. 더 큰 충돌을 방지하기 위해 여왕 부부가 에딘버러에 머무는 동안 녹스의 설교를 금지하는 법령이 제정된 것이다. 하지만 녹스는 이 법령을 따를 생각이 전혀 없었다. 설교는 하나님께서 주신 영적인 사명이지, 결코 세속 의회가 정치적으로 판단할 사안이 아니었기 때문이다. 세인트 자일스 교회 교인들뿐 아니라 많은 에딘버러 시민들이 녹스를 전적으로 지지했다. 녹스가 또다시 설교를 강행한다면 충돌이 일어날 것이 분명했다. 다행히 여왕 내외가 이후 에딘버러가 아닌 지방에서 많은 시간을 보냈기 때문에 의회와 시민 사이의 불상사는 발생하지 않았다.[41]

에딘버러 시민들이 녹스를 강력하게 지지했기 때문에 여왕은 함부로 행동할 수 없었다. 그러나 에딘버러의 시장을 교체

---

41) Dawson, 244.

하고 상인들에게 경제적인 압박을 가해 자신의 입장을 관철시키려 했다. 1565년 총회가 다시 한 번 여왕에게 준법과 약속의 성실한 이행을 촉구하는 탄원을 올렸다. 하지만 여왕은 이를 거절하며 예배건 미사건 이것은 개인의 양심의 문제이므로 누구도 침해할 수 없고, 혹시 자신이 법을 지키지 않았다면 의회가 이를 판단하면 될 것이라고 주장했다. 예나 지금이나 '양심의 자유'는 너무나 많이 남용되는 자기변명의 구실이다. 그러나 성경과 종교개혁자들이 말하려 한 '양심'은 자기 나름의 소신이나 신념을 일컫는 근대적 용어가 아니었다. 종교개혁자들에게 있어 '양심'이란 하나님의 엄연한 심판의 말씀 앞에서 결코 무시하거나 부인할 수 없는 죄에 대한 영적 자각을 의미했다.[42] 하나님의 영광보다 자기의 명예와 사욕을 먼저 앞세우는 것은 신자가 하나님 앞에서 마땅히 양심의 가책을 느껴야 할 범죄이다. 세속 군주들은 세속적이기 때문에 그런다 치더라도 교회 지도자라고 하는 사람들이 '양심의 자유'를 운운하며 자신의 불의와 불신앙을 변명하려 한

---

42) 칼빈은 '양심'을 이렇게 정의한다. "사람이 하나님의 심판에 대한 일종의 감각을 가지고 있으며, 이 감각이 사람에게 결합된 증인같이 하나님 앞에서 고소를 당할 죄를 감추지 못하게 할 때 이 감각을 양심이라고 부른다. 양심은 사람이 마음속에 아는 것을 숨기지 못하게 하며, 도리어 그것을 추궁해서 드디어 유죄를 선언하기 때문에 사람과 하나님 사이의 일종의 중간적 존재이다." *Institutes*, III.19.15, OS.4: 295.

다면 어떻게 하나님의 심판을 피할 수 있겠는가?

총회는 여왕의 서슴없는 행동에 맞서 페이스 교구의 목사 로우(John Row)를 시켜 여왕의 대답에 대한 답변서를 작성하게 했다. 이 답변서는 여왕이 미사를 포기하고 그리스도와 동맹을 맺는 것이 유럽 어떤 왕실과 맺은 동맹보다 더 든든한 지원이라고 충고했다. 또한 교회는 요지부동인 여왕을 설득하고 애매모호한 귀족들을 일깨우기 위해 새로운 방법을 시도했다. 그것은 공동 금식기도회였다. 총회는 녹스에게 심각한 빈곤에 처해 있는 여러 목회자들을 격려하기 위해 편지를 작성하게 하고, 또 녹스와 크레이그에게 하나님께 탄원하는 금식일 예배 순서를 작성하도록 지시했다. 여왕과 정치적인 대화를 하기보다는 하나님께 금식하며 매달리는 것이 교회가 취할 수 있는 최선의 신앙적 방법이라고 생각한 것이다.[43] 녹스는 "공동 금식 순서"(Order of the General Fast)에서 그의 교회론과 국가론을 다음과 같이 요약했다. 하나님께서는 많은 군중이 아니라 간절한 소수의 신실한 자들을 통해 일하신다. 그러나 스코틀랜드 국가 전체는 여전히 하나님의 언약 아래에 놓여 있다. 하나님의 일하심은 이 새로운 언약 백성 전체를 일깨우기 위해 헌신하는 소수의 신실한 택자들

---

43) Reid, 298.

을 통해 이루어진다. "그 남은 자들은 외적으로 부름을 받았으나 순종하지 않았다. 그들은 경고가 선포되었을 때 동시에 자비도 주어졌다는 사실을 들었지만 한 사람도 전혀 실제로 감동을 받지는 못했다."[44]

녹스가 제시한 순서를 따라 1566년 2월 마지막 주부터 시작해 의회가 개회하기 전인 3월 첫째 주까지 금식운동이 전개되었다. 이 공동 금식운동은 정치적으로 볼 때 일종의 비폭력 저항 운동이었지만 근본적으로는 기도운동이었다. 이 시기는 기존 교회력에서 사순절 기간이었다. 당시 스코틀랜드에는 사순절 금식 전통이 여전히 남아 있었기 때문에 이 공동 금식에 참여한 성도들은 이 기간의 금식 관습이 갖고 있는 신앙적 성격을 잘 알고 있었다. 그러나 개혁교회가 전개한 공동 금식운동은 로마 가톨릭의 사순절 금식과는 분명 달랐다. 스코틀랜드 개혁교회의 공동 금식운동은 개인적 복이나 교권 확립을 위한 미신적·통제적 행위가 아니었다. 신앙 공동체와 민족의 진정한 개혁을 구하는 간절한 회개운동이었다. 녹스가 주도해 작성한 "공동 금식 순서"의 표지에 나오는 요엘 2장 12절은 이 공동 금식운동의 신앙적 목적을 잘 증언하고 있다. "여호와의 말씀에 너희는 이제라도 금식하고

---

44) Works, VI, 418.

울며 애통하고 마음을 다하여 내게로 돌아오라 하셨나니."[45)]

모레이가 잉글랜드로 망명한 후 의회에는 여왕의 로마 가톨릭 정책을 반대할 사람이 남아 있지 않았다. 대중 역시 개신교 귀족들을 더 이상 지지하지 않았다. 의회는 모레이를 비롯한 개신교 귀족들의 재산을 압류하고, 대신 1560년에 압류했던 로마 가톨릭 귀족들의 재산과 지위를 회복시켜주었다. 1566년 메리 여왕은 새로운 비서로 이탈리아인 리치오(David Riccio, 1533-1566)를 임명했다. 여왕은 개신교 귀족들을 그동안 잉글랜드에 나라를 팔아버리려 한 매국노라고 비난했다. 그리고 유럽 대륙에서 구성된 로마 가톨릭 연맹에 참여하려 했다.[46)] 메리가 귀국할 때 녹스가 이미 경고한 것처럼 스코틀랜드의 종교개혁은 6년 만에 완전히 실패할 풍전등화의 위기를 맞이했다.

몰락 – 메리 여왕의 실각

스코틀랜드의 종교개혁이 일촉즉발의 위기를 맞이한 순간

---

45) Works, VI, 391. Dawson, 245-246.
46) Dawson, 246.

하나님의 손길이 극적으로 나타났다. 여왕의 측근들 사이에 권력 투쟁이 발생한 것이다. 권력 투쟁은 여왕의 남편 단리와 최측근 리치오 사이에서 벌어졌다. 단리를 비롯한 스코틀랜드 토속 귀족들은 이탈리아인 리치오가 정치적 영향력을 확대하는 것이 영 못마땅했다. 그들은 다시 한 번 개신교 신앙이라는 공통점으로 하나가 되어 리치오가 교황청의 첩자이며 여왕과 불륜 관계를 가지고 있다고 의혹을 제기했다. 당시 메리는 임신 7개월이었다. 메리가 낳은 왕자는 이후 스코틀랜드의 제임스 6세로, 또 엘리자베스를 이어 잉글랜드의 제임스 1세가 된 인물이다. 그러나 제임스 6세가 태어나기도 전에 아버지 단리와 어머니 메리 여왕의 부부 관계는 파국을 맞이했다.

결국 사고가 터졌다. 1566년 3월 9일 단리가 이끄는 일단의 무장한 귀족들이 홀리루드 궁전 내 만찬실에 침입하여 현장에 있던 여왕의 만류에도 불구하고 리치오를 수십 차례 칼로 찔러 살해한 것이다. 분노한 메리는 즉각 남편에게 죄를 묻지 않겠으니 살인에 가담한 개신교 귀족들의 단죄에 동참하라고 명령했다.[47] 이에 리치오 암살에 참여한 귀족들은 잉글랜드로 망명했다. 이 혼란을 틈타 모레이와 아가일이 잉글

---

47) Dawson, 249–250.

랜드에서 돌아왔다. 더 이상 믿을 수 없게 된 남편 단리를 견제하기 위해 과거 이 결혼을 반대했던 모레이와 같은 인물들을 여왕이 다시 불러들인 것이다. 이와 같은 상황에서도 로마 가톨릭에 대한 여왕의 지지는 여전히 확고했다. 여왕은 로마 가톨릭을 강화하기 위한 정책을 계속했고, 마침내 세인트앤드루스 대주교가 주관하는 종교법원을 부활시켰다.

녹스는 리치오의 암살 사건이 일어난 1566년 3월, 에딘버러를 떠나 스코틀랜드 서부의 에어셔 지방에 머물면서 이 지역 교회들을 순회하고 있었다. 그는 리치오의 암살 소식에 20년 전 세인트앤드루스에서 비턴 추기경이 암살될 때와 유사한 입장을 취했다. 즉 폭력적 행동을 지지하지는 않았지만 다만 이 암살의 결과는 하나님의 심판이라고 해석한 것이다.[48] 그러나 정변이 일어났음에도 불구하고 여왕의 반종교개혁 정책이 계속되자 녹스의 절망은 커져갔다.

> 젊었을 때, 중년일 때 그리고 지금까지 수많은 전투를 겪은 후 저는 제 안에 허영과 부패만이 남아 있음을 알게 되었습니다. 저는 침묵 속에서 무지했으며 환란 속에서 조급했고 절망에 빠지곤 했습니다. 그리고 오 주님, 저는

---

48) History, II, 175, 177, Reid, 301-302.

개혁자의 헌신　**341**

이 어려운 상황 가운데 당신의 준엄한 현존 앞에서 제 스스로가 멀어질 만큼 헛된 망상들을 따라 행했습니다.[49]

녹스는 곧 에딘버러로 돌아와 여왕이 만든 종교법원을 반대하는 항의문을 작성했다. 종교법원의 부활은 종교개혁에 대한 조직적인 탄압의 첫 발걸음이었다. 녹스는 이 호소문을 작성한 후 3월 가족들과 함께 에딘버러를 떠나 7년 만에 안식의 시간을 가졌다. 그는 장모인 마조리의 어머니 집에서 자라고 있는 두 아들과 함께 6개월 동안 잉글랜드에 머물렀다. 그는 그곳에서 『역사』 저술을 계속했으며, 당시 잉글랜드에서 벌어지고 있는 여러 종교적 논쟁에 관련해서도 의견을 피력했다. 그리고 다시 돌아와 현재 처가가 있는 에어셔에 머물다가 9월에 잉글랜드와 제네바에서 함께했던 동역자 굿맨이 사역하고 있는 아일랜드의 드록헤다(Drogheda)를 방문했다. 굿맨은 1566년 초 스코틀랜드를 떠나 아일랜드의 귀족 시드니 경(Sir Henry Sidney)의 집에 머물면서 아일랜드 얼스터 지방에서 전개되고 있던 종교개혁 사역에 참여하고 있었다. 굿맨과 시드니는 녹스에게 연락을 취해 얼스터 지역의 종교개혁을 위해 그곳을 방문하여 설교해줄 것을 요청했다. 녹스와 굿맨

---

49) Works, VI, 483.

은 아일랜드에서 짧지만 의미 있는 동역의 시간을 가졌다. 녹스와 굿맨 그리고 제네바 시절 동역자이자 지금은 더럼의 감독이 된 위팅엄은 오래전부터 아일랜드와 스코틀랜드 그리고 잉글랜드까지 포함하는 브리튼 섬 전체의 종교개혁이라는 영적 비전을 공유했다.

그러나 잉글랜드에서 벌어진 청교도와 국교회주의의 논쟁에 대한 입장 차이가 동역의 장애물로 등장했다. 녹스는 여전히 잉글랜드 사역 기간에 교제했던 잉글랜드의 유력 인사들과 교제를 나누고 있었다. 또 여러 차례 잉글랜드를 방문해 스코틀랜드의 종교개혁을 위한 도움을 요청한 바 있었다. 그런 이유로 녹스는 엘리자베스의 국교회 정책을 반대하고 청교도들의 입장을 적극적으로 옹호할 수 없었다. 국교회 감독인 위팅엄의 처지를 인정한 녹스와 달리 강경한 비국교회주의자인 굿맨은 위팅엄의 처신을 이해하기 힘들었다.[50] 흑주 사건을 비롯해 녹스가 잉글랜드 사역 중 보여준 국가교회적 위계체제에 대한 비판적 태도는 이후 비국교도주의자들의 하나의 전형(prototype)으로 인정받았다. 그러나 녹스는 교

---

50) 도슨은 최근 출간한 전기에서 녹스가 가진 종교개혁의 계획이 스코틀랜드를 넘어서 잉글랜드와 아일랜드를 포함하는 비전이었음에 주목했다. Dawson, 258-262.

회 제도와 같은 비본질적인 문제(adiaphora)에 대해서는 의견 차이를 인정하려 했다. 어쩌면 국가교회주의에 대해 보여준 녹스의 비판적 태도와 그의 장로교 제도에 대한 옹호는 그 제도 자체를 타협할 수 없는 본질적 문제로 여겼기 때문이라기보다는 신앙의 결단이어야 할 종교개혁을 정치적 이익에 따라 왜곡하고 남용하려는 스코틀랜드 귀족들의 위선에 대한 녹스의 불신과 염려의 결과라고 볼 수 있다.

녹스가 떠나 있는 동안 스코틀랜드의 정세는 더 급박하게 돌아갔다. 여왕은 남편 단리를 아예 적으로 생각하기 시작했다. 여왕은 로마 가톨릭 귀족인 보스웰 백작(James Hepburn, 4th Earl of Bothwell, 1534-1578)에게 의존했다. 보스웰 백작은 1559년경 왕비 메리와 개신교 귀족 사이에 무력 충돌이 발생했을 때 자신의 병력을 동원해 왕비를 지원한 인물이었다. 그는 1566년 헌틀리 백작의 딸 제인(Lady Jane Gordon)과 개신교식으로 결혼했다. 여왕은 이 결혼식에 참석해 제인에게 많은 하사품을 내렸다. 그러나 이 둘의 결혼은 오래가지 못했다. 백작이 1567년 3월 아내를 간통 혐의로 고소하여 두 사람은 이혼했다. 그러나 두 사람의 이혼은 보스웰과 은밀한 관계에 있던 여왕의 압력 때문이라는 소문이 파다했다. 여왕은 1566년 보스웰 백작이 심각한 부상을 당했을 때 백작이 머물던 헤르미타지 성으로 곧장 달려가 그를 간호한 적이 있었다. 문

단리의 암살

제는 이 방문의 시점이었다. 백작은 결혼한 지 불과 5개월밖에 되지 않은 때였고, 여왕은 제임스 왕자를 출산한 지 불과 몇 주밖에 되지 않은 때였다.

그런데 더 큰 사건이 터지고 말았다. 단리가 암살당한 것이다. 1567년 초 천연두를 앓고 있던 단리는 홀리루드 궁전에서 얼마 떨어지지 않은 커크오필드(Kirk o'Field)의 저택에서 치료 중이었다. 2월 10일 새벽 2시경 여왕이 측근의 결혼식 참석차 집을 비운 사이 폭탄이 날아와 저택이 폭파되었고 단리

개혁자의 헌신 **345**

가 사망했다. 단리의 아버지 레녹스와 에딘버러 시민들은 모두 보스웰 백작을 의심했다. 모레이의 주도하에 수사가 진행되었다. 하지만 보스웰은 자신의 병사들을 동원해 수사 과정에 압력을 가했고, 여왕도 보스웰을 적극적으로 변호했다. 결국 보스웰은 재판에서 무죄 판결을 받았다. 이에 기고만장해진 보스웰은 군사를 동원해 자신을 수사하려 한 개신교 세력을 도리어 위협했다.[51]

여왕과 보스웰의 군사적 위협 앞에서 모레이는 다시 한 번 망명길에 올랐다. 여왕은 보스웰을 앞세워 더 노골적으로 로마 가톨릭의 복원을 추진했다. 로마 가톨릭 사제들이 대놓고 왕실의 추밀원에 참석했다. 보스웰은 메리 여왕과 결혼하기 위해 아내와의 이혼을 급히 마무리 지었다. 그리고 4월 23일 귀족들의 위협으로부터 여왕을 보호해야 한다는 명분으로 여왕을 자신이 머무는 던바 성으로 끌고 가 여왕을 감금해 놓고 며칠에 걸쳐 겁탈했다. 그런 후 5월 12일 여왕에게서 오크니 백작과 파이프 후작 작위를 받아내고, 3일 뒤에 홀리루드 궁전에서 결혼식을 올렸다. 놀랍게도 이들의 결혼은 개신교 의식을 따라 거행되었다. 여왕은 강제로 결혼했다고 변명했지만 아무도 그 말을 믿지 않았다. 또 로마 가톨릭 신자임

---

51) Reid, 305.

이 다 알려져 있는 두 사람이 개신교 의식을 따라 결혼했다는 점은 로마 가톨릭 신자들에게도 큰 반발을 불러일으켰다. 로마 가톨릭은 보스웰의 이혼을 인정하지 않았기 때문에 여왕과의 결혼도 무효라고 선언했다. 이처럼 보스웰 백작 같은 파렴치하고 잔인한 인간이 여왕의 남편으로서 스코틀랜드를 통치한다는 사실을 그 누구도 받아들이려 하지 않았다. 치졸한 정치 치정극 속에서 종교개혁의 대의와 기독교 신앙은 한낱 자신들의 정치적 입지를 위한 이벤트에 불과했다.

아직 의회 권력을 장악하고 있던 개신교 귀족들은 단합하여 메리 여왕의 폐위를 결의했다. 보스웰은 군사를 모아 의회에 저항했으나 이 저항은 성공하지 못했다. 6월 15일 카베리 언덕(Carberry Hill)에서 귀족들의 군사를 맞이한 보스웰은 승산이 없다고 판단해 협상을 요청했다. 백작은 자신의 안전이 보장되자 비겁하게 아내를 버리고 도주했다. 그는 노르웨이와 덴마크로 피신해 여생을 보내다 정신착란에 빠져 1578년 비참하게 세상을 떠났다. 승리한 귀족들은 여왕을 에딘버러로 끌고 갔다. 성난 에딘버러 시민들은 여왕을 간통죄와 남편 살해죄로 정죄했다. 여왕은 한때 녹스를 불러 위협했던 로흐레벤 성에 유폐당했고, 그곳에서 7월 20일 아버지가 누구인지 알 수 없는 쌍둥이를 유산했다. 의회는 7월 24일 여왕을 압박하여 아직 한 살밖에 되지 않은 제임스에게 왕위를 양도한다는 서명을 받아냈다. 그리고 다시 모레이가 잉글랜드에서 돌아와 제임스 1세의 섭정으로 취임했다.

혼란 - 개신교 지도자들의 권력 투쟁

녹스는 6월에서야 잉글랜드에서 돌아와 여왕이 저지른 반역과 우상 숭배, 남편을 살해한 범죄를 강력한 설교로 책망했다. 그는 여왕이 마땅히 처형당해야 한다고 주장했다. 녹스의 주장이 좀 지나친 면이 있어 보이지만 에딘버러의 시민들과 개신교 귀족 대부분 역시 여왕의 처형이 당연하다고 생각했다. 평소보다 좀 늦게 개최된 1567년 7월 스코틀랜드 장로교 총회 역시 여왕의 처형에 만장일치로 찬성했다. 여왕이 하나님께서 주신 권력을 남용하고 백성들에게 모범이 되지 못했을 뿐 아니라 무엇보다도 자신의 남편을 살해하는 데 동조했다고 여겨지기 때문이었다. 12월에 열린 의회는 모레이의 지도하에 보스웰과 여왕의 유죄를 확정하고, 이제까지 여왕이 비준을 미루어 온 여러 개혁 법안을 통과시켰다. 그리하여 치리서가 규정한 목회자 생활 지원 규정이 확정되었다. 마침내 법적인 지원하에 스코틀랜드 종교개혁이 제자리를 찾을 수 있게 되었다.

녹스는 7월 총회와 12월 의회 사이의 기간 동안 중요한 역할을 수행하면서 강단에서는 열왕기하와 역대하 본문으로 설교했다. 그는 아합 가문의 멸망을 기록한 본문을 설교하면서 메리 여왕 퇴위 이후 개신교 귀족들이 취해야 할 합당한 태도에 대해 설교했다. 녹스는 예후가 아합의 온 가족을 멸족했듯이 우상 숭배를 추구한 악한 통치자와 그 행적을 철저하게 제거해야 한다고 생각했다.[52] 녹스는 7월 29일 제임스 6세의 대관식 설교에서 열왕기하 11장을 본문으로 삼아 불법적 통치자 아달랴를 폐위시키고 어린 왕 요아스가 합법적인 유다의 왕으로 즉위했듯이 이제 스코틀랜드도 새롭고 바른길로 들어서야 한다고 선포했다. 녹스는 이후에도 여러 차례 의회에 참여해 귀족들이 요아스를 옹립한 여호야다의 역할을 수행해야 한다고 주장했다. 여호야다가 유다 땅의 모든 바알 숭배를 철폐했듯이 정치인들이 나서서 스코틀랜드에 남아 있는 로마 가톨릭의 우상 숭배를 척결해야 한다는 것이다.[53] 이처럼 녹스는 그토록 기세등등하던 여왕과 로마 가톨릭 세력이 일시에 무너진 것은 누군가의 공로나 정치적 행보의 결과라고 생각하지 않았다. 이런 변화는 절망적인 상황 속

---

52) Dawson, 269-270.
53) Dawson, 271-272.

에서도 금식하며 기도한 스코틀랜드 개혁교회 온 성도의 기도에 응답하신 하나님의 특별한 자비의 손길이었다.

모레이가 여왕을 폐위하고 정권을 잡았지만 종교개혁을 위한 녹스의 투쟁은 끝나지 않았다. 녹스처럼 잘 헌신된 목회자들이 사역하고 있던 몇 지역 교회들을 제외한 스코틀랜드 대부분 지역에서는 여전히 종교개혁의 목적과 방향이 제대로 설득되지 못하고 있었다. 녹스가 생각한 종교개혁은 사람들이 책략과 투자로 이루어내는 인간적 성취가 아니었다. 종교개혁은 신실하신 하나님께서 자기 자녀들을 긍휼히 여기셔서 자신의 언약에 따라 최선의 시간에 허락해 주신 은혜의 역사였다. 녹스는 스코틀랜드 개혁교회 총회의 지시를 따라 여러 차례 지방을 순회하며 종교개혁 신앙의 정착에 힘썼다. 그러나 지역의 현실보다 더 심각한 문제는 여전히 정치 지도자들에게 있었다. 일단 의회는 스코틀랜드 3분의 1세 전체를 개혁교회 목회자들의 생활비와 기타 목회적 용도를 위해 사용하도록 결정했다.[54] 그러한 중에 의회의 귀족들은 여왕과 로마 가톨릭 세력을 축출하자마자 자기들끼리 새로운 권력 투쟁을 시작했다. 종교개혁의 확립을 위한 개혁 정책은 여전히 정쟁의 도구일 뿐이었다. 이 권력 투쟁

---

54) Dawson, 273.

의 과정에서 한때 종교개혁을 지지했던 여러 대귀족과 지방 소귀족은 차라리 여왕이 다시 돌아오는 것이 낫겠다고 말하기까지 했다.

새로 즉위한 제임스 6세는 한 살밖에 되지 않았기 때문에 권력은 사실상 섭정 모레이가 행사했다. 그 사이 어린 제임스 6세와 섭정 모레이를 지지하는 국왕파와 망명한 여왕의 복귀를 바라는 여왕파 사이의 갈등이 점점 더 커져갔다. 이 두 세력 사이의 갈등은 군사적 충돌로 이어졌다. 여왕을 지지하는 귀족들이 군사를 모았고, 그 반란군의 위세는 당당했다. 그러나 모레이의 군사를 이끌던 커크칼디가 5월 13일 랭사이드 전투에서 용맹하게 맞서 여왕파 군대를 무찔렀다. 여왕은 3일 뒤 유폐되어 있던 로흐레벤 성의 성주 더글라스(William Douglas)의 도움을 받아 몰래 쪽배를 타고 국경을 넘어 잉글랜드로 도주했다.[55] 실의에 빠진 여왕은 잉글랜드에서 여러 가지 방법을 통해 스코틀랜드 내의 정치적 혼란을 조장하면서 복귀의 기회를 노렸다. 욕심은 많았지만 능력도 없고 불행했던 메리 여왕은 잉글랜드 여왕 엘리자베스의 도움을 구했다. 그러나 개신교 귀족들의 압력을 받은 엘리자베스는 메리를 지원할 수도 영접할 수도 없었다. 무엇보다 엘리자베스

---

55) Dawson, 275.

여왕은 메리가 자신의 조카 단리와 결혼하면서 잉글랜드의 왕위를 노린 점을 잊지 않았다. 엘리자베스는 메리를 칼라일 성(Carlisle Castle)에서 남쪽 볼튼 성(Bolton Castle)으로 이송했고, 다시 요크(York)로 불러 심문관을 보내 각종 혐의를 조사했다. 판결은 확정되지 않았고 메리는 잉글랜드에서 미결수로 감금 상태에 놓였다. 메리는 긴 시간 잉글랜드의 보호하에서 스코틀랜드 왕위의 재탈환을 시도했지만 성공하지 못했다. 메리는 결국 엘리자베스 여왕에게 반역을 모의한 '바빙턴 음모'(Babington Plot)의 배후 조종 혐의로 재판에 회부되었다. 엘리자베스는 되도록 조카인 메리를 살려서 스코틀랜드 왕위에 복귀하도록 돕고자 했다. 그러나 개신교 세력의 정치적 압력을 이길 수 없었다.

메리는 결국 유죄 판결을 받고 1586년 2월 8일 참수 당했다. 엘리자베스는 이후 자신은 메리의 처형에 책임이 없으며, 자신의 뜻을 따르지 않은 일부 귀족이 무리하게 처형을 강행했다고 변명했다. 엘리자베스는 프랑스에 묻히기를 바란 메리의 마지막 유언과 달리 개신교 예식에 따라 장례를 치르고, 유해를 피터버러 대성당(Peterborough Cathedral)에 안치했다. 이후 메리의 유해는 아들 제임스 6세가 엘리자베스에 이어 1603년 잉글랜드에서 제임스 1세로 즉위한 후 1612년 웨스트민스터 사원으로 옮겨져 안치되었다. 오늘날 메리의 유해는 엘리자베스 여왕과 언니 메리 여왕이 함께 안치되어 있는 방 옆 묘실에 같이 누워 있다. 로마 가톨릭에 끝까지 충성한 두 메리 여왕과 정치적 목적을 따라 국가 교회를 세우려 한 엘리자베스 여왕 모두 이후 녹스의

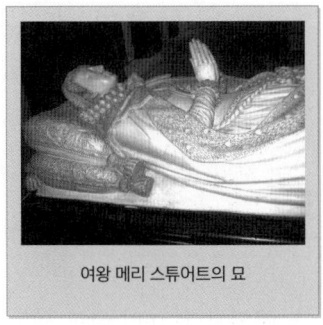

여왕 메리 스튜어트의 묘

후예인 스코틀랜드 장로교인들과 잉글랜드 청교도들이 함께 제정한 웨스트민스터 신앙고백이 공인된 바로 그 대사원에 함께 누워 있는 것이다. 스코틀랜드의 메리와 잉글랜드의 엘리자베스의 통치는 일찍이 녹스가 자신의 책에서 비판한 '여성의 괴물스러운 통치'에 포함되지는 않는다. 이 책은 두 여성 통치자가 즉위하기 전인 1559년에 출판되었기 때문이다. 그러나 이 여성 통치자들의 정권은 정치적 격랑 속에서 신앙이 아닌 정치 상황에 따라 신앙을 선택해야 했을 뿐 아니라 몇 명 되지 않은 혈육까지도 죽음으로 몰아넣을 수밖에 없었던 '여성들의 불행한 통치'였음은 분명하다.

국왕파와 여왕파의 정치적 대립 속에서 녹스는 사실 양쪽 모두를 지지하지 않았지만 그래도 국왕파가 좀 더 정당성을 많이 가지고 있다고 생각했다. 제임스 6세의 왕권이 법적으

로 정당하기도 했지만 무엇보다 국왕파가 스코틀랜드 종교개혁의 대의를 지지하고 있었기 때문이다. 위에서 말했듯이 녹스는 제임스 6세의 즉위식에서 설교했다. 이 사실은 녹스가 국왕파를 지지했다는 사실뿐 아니라 그가 스코틀랜드 개혁교회를 대표하는 지위에 있었음을 잘 보여준다. 그러나 이 무렵 사실상 녹스의 정치적 영향력은 많이 약화되어 있었다. 무엇보다 그의 굽힘 없는 종교개혁을 향한 의지 때문이었다. 그를 지지했던 개신교 귀족들은 항상 단호하게 신앙적 입장을 고수하는 녹스에게 큰 부담을 느꼈다. 여왕이 폐위된 이후에도 개신교 귀족들의 부담은 크게 변하지 않았다. 1567년 여름 이후 녹스는 세인트자일스 교회 강단에서만 자신의 교구 성도들에게 현재 정치적 상황 가운데 하나님에 말씀에 따라 판단하는 신앙의 기준과 헌신에 대해 선포할 수 있었다.[56]

여왕파를 지지하는 지방 영주들이 늘어갔다. 그들은 더 이상 자신들이 정치적 상황에 휘말려 경제적 손해를 원하지 않았다. 그동안 발생한 여러 정치적 격변 속에서 10년 전에 그들이 가졌던 신앙적 열의는 이제 식어버렸다. 그들은 더 이상 종교개혁을 위해 자신들의 정치적 입지나 경제적 이익에 손

---

56) Reid, 310-311.

해를 보고 싶지 않았다. 그리하여 아가일 백작과 헌틀리 백작은 다시 군사를 일으켜 스코틀랜드 각지에서 여왕의 복귀를 주장하며 반란을 일으켰다.[57]

여왕을 지지하는 세력은 수도 에딘버러에서도 지지를 얻었다. 이때 놀랍게도 섭정 모레이의 협력자 메이틀랜드가 입장을 바꾸어 여왕 편으로 돌아섰다. 메이틀랜드는 잉글랜드에 머물고 있는 메리가 엘리자베스를 물리치고 왕위를 계승하게 하여 두 왕국을 통합하겠다는 원대한 계획을 주장했다. 녹스와 모레이는 메이틀랜드의 계획을 전혀 받아들일 수 없었다. 일단 메리 여왕은 반드시 처벌을 받아야 할 우상 숭배자이며 남편을 죽인 살인의 공모자였다. 모레이는 1569년 8월 메이틀랜드를 단리의 살해 혐의로 체포해 구금했다. 그러자 에딘버러 성의 수비대장을 맡고 있던 그렌지의 커크칼디가 모레이에게 반기를 들었다. 커크칼디는 20년 전부터 녹스를 지지해왔을 뿐 아니라 녹스와 함께 스코틀랜드의 종교개혁을 위해 헌신한 군사 지도자였다. 그러나 그는 어린 왕을 앞에 두고 군왕처럼 행세하는 모레이의 전횡이 마음에 들지 않았다. 실제로 에딘버러에는 모레이가 제임스마저 폐위시키고

---

57) Dawson, 277.

자신이 왕이 되려 한다는 소문이 파다했다.[58] 커크칼디는 구금 중이던 메이틀랜드를 탈출시켜 에딘버러 성으로 데려와 보호했다. 그리고 단리 살해 이후 구금되어 있던 헌틀리 등 로마 가톨릭 귀족들을 방면해주었다. 녹스는 이 모든 갈등의 일차적 원인이 잉글랜드에서 원격으로 내분을 조장하는 메리 여왕의 음모 때문이라고 생각했다. 또 이 갈등의 근본적인 원인은 하나님의 뜻이 아니라 자기들의 정치적 입지를 모든 판단의 기준으로 삼고 있는 정치 지도자들의 불신앙 때문이라고 판단했다.

이런 와중에 정치적 급변 상황이 또 발생했다. 섭정 모레이가 암살당한 것이다. 그는 1570년 1월 23일 친여왕파 해밀턴 가문이 점령하고 있던 덤바톤을 포위하고 돌아오는 길에 린리스고에서 제임스 해밀턴(James Hamilton of Bothwellhaugh)의 저격을 받아 사망했다.[59] 제임스 해밀턴은 자신의 삼촌인 대주교 해밀턴의 집 창문에서 모레이에게 총을 쏘았다. 분명 이 암살의 배후에는 여왕을 지지하던 로마 가톨릭 세력이 있었다. 녹스는 진심으로 섭정 모레이의 죽음을 슬퍼했다. 조석변

---

[58] 이 소문은 모레이와 권력 투쟁을 벌이고 있던 메이틀랜드의 동생 토머스 메이틀랜드가 돌린 문서를 통해 확산되었다. Dawson, 278.
[59] 이 사건은 총기 저격으로 이루어진 최초의 암살이라는 점에서도 역사석 의의가 있다.

개하는 정치가들 중 그래도 모레이는 초지일관 개신교도였으며 종교개혁을 일관되게 지지하는 몇 안 되는 인물 중 하나였다. 녹스는 모레이가 암살당한 직후 주일 기도 중에 하나님의 형상이 빛나던 인물이 세상을 떠났고, 이제 스코틀랜드 국민들은 "정치 영역에서 목자 없는 양떼로 남았으며, 폭풍의 한가운데에서 방향타를 잃은 배와 같이 되었다"라고 슬퍼했다.[60]

모레이 경 제임스 스튜어트

녹스는 2월 14일 세인트자일스 교회에서 거행된 모레이의 장례식에서 설교했다. 녹스는 평소 장례식 집례를 거절해왔다. 세상을 떠난 사람을 기념하는 것은 예수 그리스도만을 기념하고 증거하는 예배의 취지에 맞지 않다고 여겼기 때문이다. 그러나 모레이의 장례식은 예외였다.[61] 녹스는 이 장례식 설교에서 신실한 지도자 제임스의 죽음을 애도했다. 그리고 시편 43편을 인용하면서 암살자들에게 임할 하나님의

---

60) Works, VI, 569-570.
61) Ridley, 488.

심판을 선언했다. 또 모레이에 대해 악한 유언비어를 퍼뜨린 자들도 비참한 죽음을 당하게 될 것이라고 경고했다.[62] 녹스는 여전히 이 모든 악행의 배후에 끊임없이 우상 숭배를 한 메리 여왕이 있다고 생각했다. 그리고 공공연하게 여왕의 복귀를 주장하는 메이틀랜드도 신의도 저버린 배반자라고 비난했다.[63]

결별 – 정치 지도자들과의 의견 대립

모레이의 뒤를 이어 4대 모턴 백작(The Fourth Earl of Morton, 1516-1580)이 국왕파를 이끌었다. 모턴은 여왕파를 진압하기 위해 잉글랜드에 군사 지원을 요청했다. 사태의 위급함을 깨달은 엘리자베스 여왕은 군대와 더불어 단리의 아버지이자 어린 국왕 제임스의 할아버지인 레녹스 경을 스코틀랜드로 파견했다.[64] 1570년 7월 모레이의 뒤를 이어 레녹스가 새로운 섭정으로 선출되었다. 그러나 레녹스는 개신교 귀족 사이

---

62) Dawson, 283-284.
63) Dawson, 280.
64) Reid, 322.

에서 큰 힘을 발휘하지 못했다. 자신은 로마 가톨릭이지만 정책은 개신교를 지지하는 방향으로 정해야만 했기 때문이다. 더군다나 섭정은 항상 '왕정 회의'(King's Council)의 통제에 따라야 했다. 특히 교회와 관련한 섭정의 모든 정책은 신앙적 목적이 아니라 로마 가톨릭 세력을 등에 업고 있는 여왕을 막기 위해 이루어졌다. 여왕을 지지해 군사를 일으킨 헌틀리와 커크칼디는 새로운 섭정을 인정하지 않았다. 특히 여왕파로 돌아선 에딘버러 수비대장 커크칼디는 레녹스의 설득에도 불구하고 여왕의 복귀를 위해 에딘버러 성을 지키겠다고 말했다. 레녹스와 국왕파는 시내에서 철수해 몇 년 전 메리 여왕이 개신교 회중의 영주들을 피해 강화시켜 놓은 리스 요새에 자리를 잡았다.

안타깝게도 에딘버러의 상황은 정반대로 바뀌었다. 여왕을 지지하는 세력이 수도의 핵심 거점인 성을 장악했고, 국왕을 지지하는 개신교 세력은 시 외곽 리스로 밀려났다. 이 상황은 20여 년 전 세인트앤드루스에서 농성자들(Castilians)이 일으킨 반란의 상황과도 정반대였다. 그때는 대주교 해밀턴을 살해한 개신교 귀족들이 성을 차지하고 농성을 벌였는데, 이제는 모레이를 살해한 해밀턴 가문과 여왕파가 에딘버러 성 안에서 농성을 벌이고 있다.

커크칼디는 개인적으로 오래전부터 녹스와 깊은 교분을

나누어왔고 주일에는 세인트자일스 교회에 참석해 정기적으로 녹스의 설교를 경청한 교인이었다. 그러나 혼란스러운 정치적 상황은 녹스와 커크칼디의 사이도 완전히 갈라놓았다. 이 무렵 커크칼디가 자신의 조카 존(John Dunfermline)을 구타한 시턴(Henry Seaton)에게 사병들을 보내 그를 죽이는 사건이 발생했다. 시의회가 사적 보복 혐의로 이들을 구속해 처벌하려 하자 커크칼디는 군사를 동원해 살해범들을 톨부스에서 구출해냈다. 녹스는 그 주일인 1570년 12월 24일 설교를 통해 이 불법행위를 비판했다. 그는 특히 커크칼디가 자신의 교구에 속한 교인이었기 때문에 이 사건으로 인해 하나님의 교회가 더 큰 상처를 입었음을 지적했다. "별이 하늘에서 떨어지는 모습과 지식을 가진 사람이 이토록 명백한 반역을 저지르는 모습을 보는 것보다 경건한 심령이 더 애통하고 떨며 두려워할 일이 있겠는가? 하나님이여, 이 끔찍한 사건에 자비를 베푸소서."[65] 이 설교에 분노한 커크칼디는 무고 혐의로 녹스를 세인트자일스 당회에 고발했다. 녹스는 당회에 출석해 설교 중 커크칼디의 실명을 거론한 적이 없다고 변명했고, 결국 무혐의로 풀려났다.

그러나 녹스의 단호한 책망의 설교는 계속되었다. 그는

---

65) Dawson, 294-295.

1571년 1월 주일에도 나봇의 포도밭에 대한 본문을 가지고 회개를 촉구하는 설교를 전했다.[66] 마침 예배에 참석했던 커크칼디는 더 큰 앙심을 품었다. 섭정 레녹스뿐 아니라 잉글랜드 엘리자베스 여왕까지 커크칼디를 우려했다. 그가 모레이의 암살에 책임이 있기 때문에 이를 무마하기 위해서라면 군사들을 동원해 자신의 정적들을 해칠 수 있기 때문이다. 그 정적 중에는 녹스도 있었다. 커크칼디가 통제하고 있는 에딘버러 성은 세인트자일스 교회뿐 아니라 녹스의 사택과도 지척 거리였다. 만일 커크칼디가 군대를 보내 공격한다면 누구도 녹스의 생명을 보장할 수 없었다.

우려는 현실이 되었다. 1570년부터 녹스를 고발하는 익명의 문서가 총회에 여러 차례 도착했다. 이 고발장은 녹스가 마땅히 복종하고 안녕을 위해 기도해주어야 할 여왕을 향해 그동안 차마 입에 담을 수도 없는 모독적 언사를 해왔으며, 이런 행동이 스코틀랜드의 분열 원인이라고 주장했다. 만일 스코틀랜드 교회 총회가 이렇게 자격도 없는 자를 계속 설교하게 용납한다면 이 때문에 발생하는 모든 불상사에 대한 책임은 전적으로 총회의 몫이라고 위협했다. 이 고발장은 아마도 당시 커크칼디의 보호 아래 에딘버러 성에 머물고 있는 메

---

66) Works, VI, 597. Dawson, 296.

이틀랜드 집안의 한 사람이 보낸 것으로 생각된다. 일단 총회는 익명으로 제출된 문서를 접수할 수 없다는 이유로 고발장을 반려했다. 녹스는 만일 총회가 설교를 중단하라고 한다면 무조건 순종하겠지만 그 이전에는 자신에게 주어진 설교의 사명과 직무를 절대 포기할 수 없다고 말했다. 그리고 이 고발 내용에 대해서는 강단에서 적극 해명하겠다고 예고했다. 돌아온 주일 녹스는 강단에서 자신은 과거에 부당한 언사로 여왕을 비난한 적이 없으며, 더군다나 지금 메리는 합법적인 군주가 아니기 때문에 더 이상 메리를 위해 기도할 의무도 없다고 해명했다. 또 자신은 설교를 통해 스코틀랜드를 분열시키려 한 것이 아니라 하나님의 뜻에 따라 개혁하려 한 것이라고 말했다.[67]

녹스의 설교는 뚜렷하고 분명했으나 에딘버러의 여론은 점점 여왕 쪽으로 기울어져갔다. 왕으로 즉위한 제임스는 아직 너무 어렸고 섭정은 시민들의 지지를 받지 못했다. 시민들은 섭정이 결국 어린 왕을 폐위시키고 스스로 왕이 될 것이라는 의심의 눈초리를 보냈다. 녹스의 설교도 의심에 찬 시민들의 마음을 되돌리지 못했다. 1571년 4월 덤바톤 성에 머물던 세인트앤드루스 대주교 존 해밀턴이 체포되어 스털링에 잡혀왔

---

[67] Reid, 328.

다. 메리 여왕의 충신이었던 해밀턴 대주교는 재판에서 단리와 모레이의 암살에 가담했다는 혐의가 확정되어 교수형을 당했다. 그러나 역풍이 불었다. 섭정 레녹스에 맞선 세력들에게 대주교 제임스 해밀턴의 처형은 여왕과 로마 가톨릭을 위해 생명을 바친 순교로 보인 것이다. 그래서 이 처형으로 국왕파의 입지가 강화되기는커녕 도리어 여왕파가 시민들의 지지를 얻었다.[68] 녹스의 오랜 동지 커크칼디는 여왕파를 대표하는 인물이 되어 에딘버러 성에서 나와 시민들의 지지를 등에 업고 도시의 중요 거점을 점령했다. 세인트자일스 교회도 커크칼디에 의해 요새화되었다. 녹스가 강단에서 종교개혁을 위한 복음의 사자후를 토했던 세인트자일스 교회의 첨탑 위에는 여왕의 복귀를 지지하는 세력이 설치한 대포가 들어섰다.

윌리엄 커크칼디

이런 위험한 상황 속에서도 녹스는 세인트자일스 교회에서 설교를 계속했다. 녹스의 설교는 과감하게도 여왕파를 우상

---

68) Dawson, 298.

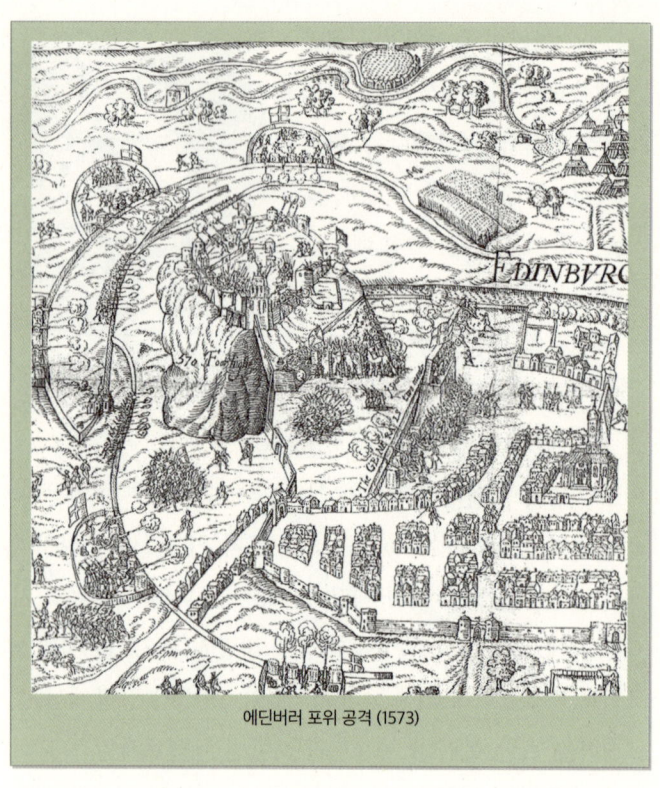
에딘버러 포위 공격 (1573)

숭배자들과 배반자들이라고 공격했다. 따라서 녹스는 큰 위험에 노출될 수밖에 없었다. 녹스의 설교를 못마땅하게 여긴 여왕파 측 사람이 녹스의 집에 총을 쏘기도 했다.[69] 녹스의

---

69) Reid, 330.

건강과 정신력은 예전만 못했다. 모레이가 암살을 당한 이후 건강이 급속히 악화된 것이다. 그래서 아내 마가렛의 친구인 반나타인(Richard Bannatyne)이 녹스의 설교와 『역사』 저술을 돕는 비서 역할을 맡아주었다.[70] 1570년 10월 뇌경색으로 쓰러진 후에는 목소리가 많이 약해졌고, 왼쪽 몸에 마비도 찾아왔다. 녹스는 스스로를 '죽은 사람'(ane died man)이라고 불렀다.[71]

녹스를 비롯한 목회자들은 커크칼디와 여왕파 귀족들을 만나 중재를 시도했다. 그러나 이 자리는 오히려 이전 동역자들과 공식적으로 결별하는 자리가 되고 말았다. 커크칼디는 오랜 친구인 녹스를 해칠 생각은 없었지만 그의 설교를 그냥 방치할 수도 없었다. 에딘버러의 상황을 크게 우려한 서부 지역의 개신교 귀족들이 커크칼디에게 편지를 보내 만일 녹스의 신변에 무슨 일이라도 생긴다면 이 편지에 서명한 13명의 귀족들이 반드시 보복에 나설 것이라고 경고했다.[72] 이에 커크칼디는 에딘버러의 수많은 폭도들이 저지르는 폭력을 자

---

70) 반나타인은 녹스가 세상을 떠난 후 『회고록』(*Memorials*)을 저술해 녹스의 마지막 시간과 그의 말과 행동을 후대에게 생생하게 전해주었다. Dawson, 286, 288.
71) Dawson, 287.
72) 그 가운데는 녹스의 장인인 오칠트리 경도 포함되어 있었다. Dawson, 296.

신이 다 막을 수는 없다고 답했다. 모두가 녹스의 죽음을 바라지 않았다. 녹스의 죽음은 국왕파 입장에서도 큰 손실이었지만 여왕파 입장에서도 너무 큰 부담이었다. 양측이 볼 때 가장 적당한 결론은 녹스가 스스로 에딘버러를 떠나는 것이었다.

후퇴 - 세인트앤드루스로 이주와 논쟁들

녹스는 강단에 서서 "예수 그리스도의 교회가 영적인 전투를 치르고 있다"라는 군사 용어를 사용하면서 자신의 마지막 순간은 이 전투에서 하나님께서 주신 사명을 끝까지 감당하다가 장렬하게 전사하는 것이라고 고백했다.[73] 그러나 그의 건강 상태는 더 이상 세속 정치의 회오리를 감당할 수 없었다. 녹스의 동역자들은 더 강해지고 예민해지는 그의 설교가 자꾸 위험을 불러일으키는 것을 더 이상 방치해서는 안 된다고 판단하여 녹스에게 잠시라도 피해줄 것을 강권했다. 그는 결국 동료들의 충고를 받아들여 에딘버러를 떠나기로 결정했다. 그리하여 1571년 5월 리스에서 배를 타고 세인트앤드루

---

73) Dawson, 291.

스에 도착했다. 세인트자일스에는 동역 목사 크레이그가 남아 예배를 인도했다. 녹스는 그가 처음 종교개혁자로서 소명을 받은 그 도시, 세인트앤드루스로 돌아온 것이다. 녹스는 이제 11년간 벌어졌던 스코틀랜드 종교개혁의 격변을 정리하고 새로운 진로를 제시해야 했다.

녹스는 1570년 5월부터 1571년 8월까지 세인트앤드루스에 머물렀다. 그는 세인트레오나르드 대학 근처 사원에 머물면서 교구 교회에서 다니엘서 1장부터 9장을 본문으로 삼아 설교했다. 장소가 어디이든 간에 그에게 주어진 사명은 강단에서 하나님의 말씀을 담대하게 전하는 일이었다. 그의 설교는 일단 성경 본문에 대한 해설로 시작했지만 후반부에 이르러서는 스코틀랜드의 암담한 현실을 말씀에 따라 비판하는 적용으로 이어졌다. 이때 세인트앤드루스 대학의 학생이었던 멜빌(James Melville)은 녹스의 설교를 기록해 이후 자신의 『일기』(Diary)로 출판했다. 멜빌은 "그의 설교가 끝났을 때 그는 너무나도 활기차고 열정적이어서 마치 강단을 부수어버리고 그 위로 날아오르려는 것 같았다"고 녹스의 설교를 묘사했다.[74]

건강이 급속도로 나빠진 녹스는 5월 13일 미리 유언장을 작성했다. 유언장에서 유산을 누구에게 남겨줄지 기록한 후

---

74) James Melville, Diary, 33, Dawson, 300.

자신의 영적 유산의 대상에 대해서도 기록했다. "나의 마음의 증언은 교황주의자들과 감사하지 않는 세상뿐 아니라 주 예수 안에서 사랑하는 이들에게 남긴다."[75] 그리고 7월에 출판한 『타이리에게 보내는 편지』(Letter to Tyrie)에서 잉글랜드와 스코틀랜드 교인을 향해 다음과 같이 마지막 인사를 남겼다.

> 나는 두 왕국의 모든 신실한 성도에게 진심으로 문안과 작별의 인사를 드립니다. 그들의 기도의 도움을 간절히 바라는 것은 내가 예수 그리스도의 복음에 혐격한 추문을 남기지 않고 나의 싸움을 마치고자 함입니다. 내가 이토록 염려하는 이 세상만큼이나 저도 이 세상에 속해 있기 때문입니다.[76]

그러나 그의 사역은 아직 끝나지 않았다. 세인트앤드루스에도 여왕과 로마 가톨릭을 지지하는 사람들이 적지 않았다. 특히 일찍이 패트릭 해밀턴이 처형을 당한 세인트살바토르 대학과 가장 유서가 깊은 세인트메리 대학은 녹스가 머물던

---

75) Works, VI, lvi-vi. Dawson, 300.
76) Works, VI, 514.

세인트앤드루스의 세인트살바토르 대학

세인트레오나르드 대학에 비해 훨씬 더 보수적이었다. 세인트살바토르 대학의 학장인 존 러더포드(John Rutherford)는 노골적으로 여왕을 지지했다. 이 도시의 또 다른 설교자인 로버트 해밀턴(Robert Hamilton)은 녹스가 자기 가문을 비난했다고 생각해서 녹스 역시 단리의 죽음에 참여한 살인자라고 말했다. 녹스는 이들과 지루한 논쟁을 벌여야 했다. 특히 대주교직의 회복에 관한 문제와 교회와 대학교 사이의 관계 문제와 관련해 뜨거운 논쟁이 벌어졌다.

먼저 대주교직 회복에 대한 문제는 새로운 섭정의 요구로 인해 발생했다. 섭정 레녹스가 여왕파와 전투 중 사망하자 마르 백작 어스킨(John Erskin, Earl of Mar, d.1572)이 새로운 섭정 자리에 올랐다. 그리고 새로운 마르 섭정 치하에서 의회가 1571년 8월 분쟁 중인 에딘버러를 피해 스털링에서 소집되었다. 의회는 실권자인 모턴 백작의 계획에 따라 삼부회를 구성하기로 결정했다. 이를 위해 추밀원은 교회의 대표자로서 주교와 대주교를 선출할 것을 교회에 요청했다. 이와 더불어 제대로 세금을 내지 않는 목회자들은 추밀원에 출두해 재정 상황을 보고할 것을 요구했다. 스코틀랜드 장로교회 지도자들은 일단 교회의 재정을 통제하고 더불어 주교제도를 부활시키려는 의회의 요구를 거부했다. 무엇보다도 세속 의회가 교회의 제도와 관련해 이런 요구를 하는 것은 명백한 월권이라고 주장했다. 이에 마르 백작과 모턴 백작은 재정 관리에 대한 요구는 취소했지만 의회가 주교를 임명하는 방안은 철회하지 않았다. 모턴은 어떤 식으로든 교회를 재정적으로 통제하여 자신의 권한 아래 두려고 했다.[77]

교회는 1572년 1월 리스에서 다시 회의를 열어 의회의 요구대로 주교와 대주교를 선출하되 이들의 권한은 종전의 감독자의 권한과 동일하게끔 제한했다. 이 결정에 따라 2월 세인트앤드루스의 학장이며 스코틀랜드 신앙고백의 작성자 중

---

77) Reid, 337-338.

한 명인 존 더글라스(John Douglas)가 대주교로 선출되었다.[78] 녹스는 대주교직의 부활을 반대했다. 그가 보기에 세속권력과 효과적인 대화를 유지하기 위해 교회가 스스로 위계체제를 다시 도입하는 것은 그리스도의 주권과 모든 성도의 평등한 지체로서의 권리를 손상시킬 수 있는 정치적 타협에 불과했다. 그러나 녹스는 메리 여왕이나 배반한 귀족들을 비판할 때만큼 강한 어조로 주교직의 부활을 반대하지 않았다. 주교제의 부활보다 더 중요한 문제는 개신교 진영이 힘을 합쳐 언제든지 돌아올 틈을 엿보고 있는 여왕과 그의 지지자들을 진압하는 일이라고 생각했기 때문이다. 따라서 1572년 3월 세인트앤드루스에서 모인 장로교회 총회는 대주교의 존재를 인정했지만, 예전 로마 가톨릭 주교와 달리 주교의 권한을 제한하는 데 세심한 주의를 기울였다.[79]

두 번째 논쟁점은 교회와 대학 사이의 권한에 대한 문제였다. 세인트앤드루스는 대학이 중심인 도시였다. 대학의 학자들과 당국자들은 거침없이 스코틀랜드의 정치 상황을 비판하는 녹스의 입을 막으려 했다. 특히 이 지역과 대학에 큰 영향력을 가지고 있던 해밀턴 가문 사람들은 모레이를 저격한 보

---

78) Dawson, 301.
79) Reid, 338-340.

스웰하우의 제임스 해밀턴을 정죄한 녹스를 거부했다. 트리니티 교회의 로버트 해밀턴과 세인트메리 대학의 교수 아치볼드 해밀턴(Archibald Hamilton)은 여러 차례 녹스의 설교와 행동을 노골적으로 비난했다.[80] 그들은 대학이 건전한 교리를 수호하고 교회의 연합을 유지하기 위한 기관이기 때문에 문제가 되는 설교에 대해서 대학 당국이 제제를 가할 수 있다고 주장했다. 이에 녹스는 대학은 교회를 섬기고 말씀에 순종해야 할 책임에서 예외가 아니므로 대학 당국이 교회의 강단에 영향을 주면 안 된다고 주장했다. 만일 대학 당국이 설교를 통제한다면 이는 중세 시대 로마 가톨릭 교권이나 메리 여왕이 복구하려 했던 종교재판소가 저지른 월권의 재현이 될 것이라고 경고했다. 녹스는 교회가 학교를 통솔하는 관계를 더 바른 형태로 보았다.[81]

그러나 오랫동안 로마 가톨릭 세력의 전진 기지 노릇을 해 온 전통적 대학이 새로운 종교개혁 신학을 받아들여 변화하는 일은 결코 쉽지 않았다. 정치적 상황에 민감한 대학의 지도층이 하나님의 뜻에 따라 바른 진리를 가르치고 따르는 일

---

80) Dawson, 302-303. 아치볼드 해밀턴은 세인트앤드루스 교회법정(Kirk Session)의 장로로 선출되기도 했지만 후에 결국 로마 가톨릭으로 개종했다.
81) Reid, 341.

은 특히 어려웠다. 건강이 악화된 녹스는 예전처럼 왕성한 열정을 가지고 이 모든 논쟁에 참여할 수 없었다. 그는 세속 정치에 대해 깊은 환멸을 느끼고 있었으며, 더욱이 자신의 사명이 끝을 향하고 있음을 절실히 느끼고 있었다. 녹스가 세인트 앤드루스에서 작성한 한 편지는 그의 심경을 이렇게 전한다. "세상이 나를 지겨워하듯이 나도 세상이 지겹습니다."[82]

이런 위기 상황 속에서도 개신교 지도자들은 하나님 앞에서 판단하고 정책을 세우기보다는 자신들의 권력과 경제적 이익을 찾아 챙기는 데 급급했다. 개신교인들도 자신의 이익에 따라 여왕을 지지했고, 로마 가톨릭 신자들도 자신의 필요에 따라 국왕을 지지했다. 하나님 앞에서 말씀의 진리가 가르치는 기준이 무엇인지 도무지 종잡을 수 없는 혼돈의 시대였다. 그 가운데 녹스는 항상 강한 어조로 로마 가톨릭의 우상 숭배자들과 위선적인 스코틀랜드 개신교 귀족들을 모두 책망했다.

> 나를 부르시고 나를 거룩한 신비의 청지기로 만드신 은혜의 하나님의 심판대 앞에 서게 되었을 때 내가 어떤 모습으로 하나님께서 나에게 부여해주신 대사로서의 사

---

82) Works, VI, 481ff.

명을 감당했는지 보고해야만 한다는 어떤 경건한 두려움이 내게는 너무도 컸다. 그래서 나는 어떤 사람들의 요구와 상관없이 하나님께서 내 입에 넣어주신 말씀을 무엇이든지 담대하게 전했다. 그러므로 하나님과 거룩한 천사들 앞에서 고백하건대 나는 하나님의 말씀을 가지고 무언가를 취하지 않았으며, 사람들을 기쁘게 할 궁리도 하지 않았고, 나 자신의 사적 욕구나 다른 이들의 욕구에 몰두하지도 않았다. 오히려 내가 살펴보아야 했던 교회의 교화를 위해 나에게 주어진 은사를 신실하게 사용했을 뿐이다.[83]

유산 - 에딘버러 복귀와 마지막 시간들

녹스는 가족들과 함께 8월 말, 자신이 감당해야 할 사역이 남아 있는 에딘버러에 돌아왔다. 1572년 7월 31일 국왕파와 여왕파 사이에 휴전이 맺어졌다. 이들은 오랜 대치 상황에 지쳐 있었고 양측을 지원하던 잉글랜드와 프랑스에서 분쟁을

---

83) Works, VI, 654ff.

멈추라는 요구가 있었다.[84] 녹스는 다시 세인트자일스 강단에 설 수 있었지만 그의 건강은 더 이상 회복할 수 없는 상태였다. 녹스는 당회에 요청하여 아버딘의 목사 로슨(John Lawson)을 후임으로 추천했다. 로슨은 9월 7일 에딘버러에 와서 회중의 동의를 얻어 청빙을 받았다.[85] 녹스는 더 이상 설교를 계속할 기력도 의무도 없었지만 목숨이 붙어 있는 한 하나님의 말씀을 설교하려 했다. 에딘버러 시 당국은 세인트자일스 교회 바로 앞 톨부스에서 녹스가 설교할 수 있도록 배려해주었다.

1572년 11월 9일 녹스는 톨부스에서 설교를 마친 후 세인트자일스 교회에서 후임 로슨의 취임식 설교를 마지막으로 전했다. 그는 이 마지막 설교를 마치면서 새로운 목사와 성도들을 위해 간절한 마음으로 하나님의 복을 비는 기도를 올렸다.[86] 담임목사로서 녹스의 마지막 공식적 사역이었다. 그의 대적 메이틀랜드와 커크칼디는 그 주간에도 녹스를 명예훼손 혐의로 고발했다. 그러나 그 고발은 아무런 의미가 없었

---

84) Reid, 343.
85) 리드는 녹스와 에딘버러 시민들이 녹스의 동역자 크레이그가 아닌 로슨을 선택한 이유는 크레이그가 녹스가 없는 사이 녹스의 단호한 태도와 달리 여왕파와 타협했기 때문이라고 주장했다. Reid, "Coming of the Reformation to Edinburgh," 35.
86) Works, VI, 633.

다. 이후 두 번의 주일이 지나갔지만 그는 설교할 수도, 자리에서 일어날 수도 없었다. 그 두 주간 사이에 많은 사람들이 그를 찾아 왔고, 녹스는 그들에게 최선을 다해 신앙적 권면을 하였다. 특히 자신과 대적관계가 되어버린 커크칼디가 생각을 바꾸고 회개하기를 바란다는 진심어린 당부를

녹스의 무덤 표식

전했다. 11월 24일 월요일, 녹스는 아내에게 자신이 사명을 발견했던 성경 본문인 요한복음 17장을 읽어달라고 부탁하고 잠이 들었다. 세상의 그 어떤 위협도 두려워하지 않던 참 개혁자는 밤 11시경 하나님의 부르심을 받았다.[87]

녹스는 이틀 뒤 세인트자일스 교회 묘지에 묻혔다. 갑작스럽게 병으로 사망한 마르 백작을 이어 섭정에 오른 모턴 백작이 녹스의 장례식을 인도했다. 그는 추모사에서 "그 어느 인간도 두려워하지 않던 사람이 여기에 누워 있다"라고 말했다. 그러나 예수 그리스도 이외에는 그 누구도 기념되어서는 안 된다고 생각한 녹스 자신의 지론대로 그가 누운 자리는

---

87) Reid, 348.

후대에 잘 알려지지 않았다. 사람은 죽어서 이름을 남기지만 하나님의 종으로 살기로 헌신한 개혁자 녹스는 오직 예수 그리스도의 이름만을 남기려 했다. 오늘날 세인트자일스 교회 뒤편 주차장에 표기된 녹스의 무덤 자리는 정확한 매장지가 아니다. 이곳이 복개되어 주차장이 되기 전 교회의 묘지였음에 착안하여 후대가 표식을 남긴 것일 뿐이다. 그냥 노란색 표기만 있던 주차장 23번 자리에 녹스의 무덤이라는 표시가 생긴 것도 찾아오는 관광객을 배려하여 시 당국이 최근에 설치한 것이다.

계속 그를 대적했던 수많은 정치 지도자들은 섭정이 추모사에서 남긴 말에 동의할 수밖에 없었다. 그들은 끝까지 정치적 입지를 기준 삼아 로마 가톨릭과 개혁신앙 사이를 오가면서 때로는 친구가 되고 때로는 적이 되곤 했다. 반면 녹스는 여왕이 미사를 드리는 홀리루드 궁전과 귀족들이 반역을 도모하던 에딘버러 성 사이에 위치한 세인트자일스 교회 강단에서 어떤 상황에도 변함없이 담대하게 진리를 선포했다. 즉 교회를 그리스도의 주권하에서 개혁하고, 예배를 하나님께만 영광을 돌리는 감사의 예식으로 회복하기 위해 설교한 것이다. 에딘버러 성을 개신교 진영이 차지하고 1마일 아래 홀리루드 궁전에서 여왕이 미사를 드릴 때에도, 상황이 바뀌어 어린 국왕이 홀리루드 궁전에 거하고 로마 가톨릭의 복구를 원했던 여왕파가 성을 장악했을 때에도 마찬가지였다. 녹스는 자신의 강단에서 끝까지 스코틀랜드 교회와 사회의 진정한 개혁을 부르짖었다. 녹스는 사람을 두려워하지 않았다. 시대의 변화에 요동하지도 않았다. 자신을 모함하고 고발하는 수많은 공격 속에서 잠시 낙심하거나 실망하기는 했지만 결코 완전히 절망하지 않았다. 하나님께서는 반드시 자신의 교회와 백성들을 구원하셔서 온전하게 하실 것이며, 자신은 그런 신실한 하나님의 역사 가운데 말씀을 선포하는 선지자로 이 땅에 부름 받았음을 확신했기 때문이다.

결론

결론

자신의 세속적 유익과 이생의 명예를 위해 바른 신앙을 운운하며 교회와 신앙, 심지어 삼위일체 하나님의 이름을 이용할 것인가? 아니면 예수 그리스도께서만 내 삶에 사시도록 그래서 하나님께서만 영광을 받으시도록 우리의 모든 것, 아니 우리 자신을 십자가에 날마다 못 박을 것인가?

녹스가 세상을 떠난 후에도 스코틀랜드의 종교개혁은 완벽하게 완성되지 못했다. 녹스의 뒤를 이어 수많은 신실한 하나님의 사람들이 로마 가톨릭의 잔재와 정치 권력자들의 위선에 맞서 교회와 사회를 바르게 개혁하기 위해 땀과 피를 흘려야 했다. 그러나 녹스와 그의 동역자들이 남겨 놓은 신앙과 신학 그리고 개혁을 위한 노력들은 스코틀랜드와 잉글랜드를 넘어 신대륙을 거쳐 전 세계 장로교회들과 개혁교회들이 설립되고 확장되는 데 실질적으로 기여했다. 하나님께서는 녹스가 생각하고 확신했던 그 이상으로 그의 사역과 신앙의 유산들을 사용하셨다. 첫째, 녹스의 종교개혁 사상과 그 실현 노력은 실제 개신교 역사에 큰 족적을 남겼다. 루터와 츠빙글리가 시작하고 부써와 멜란히톤이 정립했으며 칼빈이 체계화를 시도했던 종교개혁의 구체적 실현은 스코틀랜드에서 처음으로 국가적 차원에서 성공적으로 이루어졌다. 스코틀랜드의 장로교 제도는 이후 네덜란드 개혁교회와 잉글랜드 웨스트민스터 회의 등을 통해 발전했고 그 제도와 신학적 유산은 미국 장로교회를 거쳐 한국교회에까지 영향을 끼쳤다. 지난 500년간 전 세계 장로교회가 시행해온 목사와 장로의 치리적 협력, 노회와 총회를 구성하는 대의 원리 그리고 이 제도를 통해 추구했던 그리스도의 실제적 통치 실현의 이상은 녹스에게 큰 빚을 지고 있다.

둘째, 개혁 운동을 전개함에 있어서 녹스가 보여준 태도는 후대 교회 지도자들에게 큰 귀감이 되었다. 종교개혁의 역사와 사상을 연구하면서 특정 인물, 특정 영역, 특정한 경우들을 살피는 것은 불가피한 일이다. 그러나 특정 인물을 영웅으로 삼거나, 특정 영역을 종교개혁의 모든 것으로 와전시키거나, 특정 주제를 현재의 과제로 무리하게 끌고 오는 것은 종교개혁 본연의 취지를 왜곡할 위험이 있다. 영웅이 되어 자신들의 업적을 대대손손 기념하게 하는 것은 결코 16세기 종교개혁자들이 추구한 목표가 아니었다. 우리가 아는 종교개혁자들은 자신들의 모습이 곳곳에 동상으로 남아 있고, 자신들의 업적이 부조로 새겨져 참배객들을 모으고 있으며

500년 후 대한민국에서 자신들을 이토록 기념하고 있다는 사실을 결코 달갑게 여기지 않을 것이다. 녹스의 경우도 다르지 않다. 그는 자신의 출생 연도를 비롯한 자신의 어린 시절을 잘 밝히지 않았다. 사후에는 자신의 무덤이 널리 알려져 기념할 만한 순례의 장소가 될 것을 바라지 않았다. 그는 시작과 끝이 불분명한 인생을 살았지만 한 가지는 분명히 말하고 드러내려 했다. 그것은 그의 글에서 수도 없이 반복되는 "하나님께 영광"(soli Deo gloria)이다. 녹스는 하나님의 영광을 드러나는 데 가장 장애가 되는 걸림돌이 자기 자신임을 잘 알고 있었다. 그래서 그는 항상 자신이 어느 사이 조국 스코틀랜드와 이웃 나라 잉글랜드 그리고 더 나아가 유럽 여러 나라 종교개혁의 지도자가 되어버릴 가능성을 가장 위험한 일로 경계했다.

셋째, 녹스의 종교개혁 사상과 활동은 현실 사회 속에서 신앙의 회복을 추구하는 교회의 바른 태도가 무엇인지 잘 보여주었다. 이와 같은 영적인 유산은 오늘날에도 여전히 유효하며, 어떤 의미에서는 오늘날 우리의 상황 가운데 더 필요하다고 생각한다. 녹스가 평생 종교개혁을 위해 힘쓰면서 늘 상대해야 했던 논란의 영역은 현실 정치였다. 종교개혁은 시작부터 정치적 상황에서 시작되었고 정치적 상황 속에서 전개되었으며 결국 정치적 상황에 따라 이해될 수밖에 없었다.

중세 시대 화형을 당한 후스(Jan Hus, 369-1415)와 달리 루터와 츠빙글리가 종교개혁을 추진할 수 있었던 것은 그들을 지원해준 세속 권세 때문이었다. 그래서 루터와 츠빙글리, 부써와 칼빈 그리고 녹스를 비롯한 16세기의 주요 종교개혁자들은 관주도형 종교개혁자(magisterial reformers)라고 불린다. 그러나 이들 개혁자들은 신앙의 영역과 세속의 영역을 항상 정확하게 '구별'하려 했다. 종교개혁자들은 로마 가톨릭처럼 교회가 세속권력을 지배하는 관계를 비판했지만 그렇다고 해서 교회와 세속사회와 단절되거나 대립하는 형태의 관계를 추구하지도 않았다. 종교개혁자들이 추구했던 올바른 관계는 교회의 권세와 세속의 권세가 각자의 구별된 영역에서 서로 협력하여 함께 하나님 앞에서의 바른 신앙, 합당한 종교를 세워가는 조화로운 관계였다. 이 관계의 성경적 회복을 위해 종교개혁자들은 때로는 교회와 국가의 상호 협력과 조화를 강조했고, 때로는 교회와 국가의 상호 견제와 검증을 주장했다.

녹스의 지치지 않는 바른 신앙 회복을 위한 나팔 소리는 로마 가톨릭을 숭앙하는 군주들만을 향하지 않았다. 그의 비판의 외침은 개혁신학을 지지한다고 하면서도 자신의 정치적 이익을 탐했던 정치, 종교 지도자들에게도 일관되게 우렁찼다. 자신의 세속적 유익과 이생의 명예를 위해 바른 신앙을 운운하며 교회와 신앙, 심지어 삼위일체 하나님의 이름을 이용할 것인가? 아니면 예수 그리스도께서만 내 삶에 사시도록 그래서 하나님께서만 영광을 받으시도록 우리의 모든 것, 아니 우리 자신을 십자가에 날마다 못 박을 것인가? 세인트 자일스 교회 뒤편 이름 없는 녹스의 무덤은 준엄한 나팔소리가 되어 오늘도 한국교회에게 묻고 있다.

저자소개

서울대학교 철학과(B.A.)를 졸업한 후 총신대학교 신학대학원(M.Div.), 미국 예일대학교 신학대학원(S.T.M.), 영국 에딘버러 대학교(M.Th.), 영국 캠브리지 대학교(Ph.D.)에서 공부했다. 박사논문은 칼빈의 교회론을 역사적 관점에서 분석한 "The Identity and the Life of the Church: John Calvin's Ecclesiology in the Perspective of His Anthropology"로서 미국 Pickwick 출판사에서 출간되었다. 칼빈과 개혁파 신학을 중심으로 한 16세기 종교개혁 신학과 그 역사적 계승에 대해 꾸준히 연구해 왔으며 칼빈의 신학과 종교개혁의 역사와 신학, 또 장로교회 역사와 신학적 기초를 다룬 여러 편의 논문을 국내외 학회와 학술지를 통해 발표했다. 현재 복음주의역사신학회 편집위원장과 한국장로교신학회 총무, 한국칼빈학회 부회장으로 섬기고 있으며 2012년부터 모교인 총신대학교 신학대학원에서 종교개혁사와 장로교회사를 가르치고 있다.

존 녹스

하나님과 역사 앞에 살았던 진리의 나팔수

초판 발행 2019년 7월 29일
초판 2쇄 2019년 11월 20일

지은이 김요섭
발행인 최우식
발 행 익투스

기획 박상범 **편집책임** 김귀분
마케팅 팀장 김경환 **마케팅** 박경헌
마케팅지원 주정중, 박찬영
행정·경영지원 현지혜
편집·제작 서우석 **홍보·교정** 홍주애
외부교정 송지수

표지 및 내지 디자인 생기

주소 서울시 강남구 영동대로 330
전화 (02)559-5655~6 **팩스** (02)564-0782
홈페이지 www.holyonebook.com
출판등록 제2005-000296호

ISBN 979-11-86783-20-7 03230
ⓒ 2019, 익투스
※잘못된 책은 바꾸어 드립니다.

익투스 익투스는 예수 그리스도와 그분의 복음을
ΙΧΘΥΣ 사랑하는 모든 사람과 함께합니다